本书是温州大学校级特色研究培育项目《丽岙旅欧华侨华人口述历史》(项目编号：WDQP20－ZZ002)的最终研究成果。本书出版获得温州大学资助。

温州大學 WENZHOU UNIVERSITY 华侨华人研究系列丛书

旅欧丽岙华侨华人口述历史

徐　辉 / 著

上海社会科学院出版社
SHANGHAI ACADEMY OF SOCIAL SCIENCES PRESS

序

温州大学徐辉博士给我寄来他即将付梓的大作:《丽岙旅欧华侨华人口述历史》,希望我为其作序。丽岙乃浙江温州的著名侨乡之一,我自20世纪90年代以来就曾多次到过丽岙进行侨乡调研,在我多年来访谈过的欧洲侨胞中也不乏祖籍丽岙之人,因此我欣然应允。

徐辉博士从日本学成归国后任职于温州大学,借地利之便,矢志于浙江侨史研究。他以侨乡丽岙为基点,以采集侨民的口述历史为开篇,不辞辛劳,兢兢业业,认真访谈了数十位有着旅欧生活经历的丽岙人,逐字记录下他们的人生履历,遂有这部丽岙华侨华人口述历史集粹奉献于世。当浮躁之风腐蚀学界之事时有所闻时,徐辉博士植根田野扎扎实实搜集资料的治学精神值得点赞!

披阅这部20万字的文稿,我的眼前似乎闪现着一位又一位似曾相识的旅欧朋友熟悉的身影:从出国,打工,立足,创业,到报效亲人,回馈乡梓,他们在离乡背井跨国拼搏的征程上,追寻着自己的生命价值,践行着自己的初心使命,从而也在不经意间为侨乡历史文化增光添彩。

搜集口述资料无疑对于侨史研究,尤其是其中的侨乡研究具有特殊意义。中国人航海梯山谋生异域的历史久远,辗转奔波、胼手胝足者多为平民百姓。虽然中国民间历来有编修族谱的传统,但族谱上的简单记录又怎能涵盖当事人跌宕起伏的人生篇章。如此,以普通民众叙事为主要特色的口述历史资料就有了鲜活的生命力,成为书写侨乡历史、传统、文化之必不可少的资源。

通过搜集口述历史追寻侨史、剖析侨情、探讨侨务在我国侨研学界已有传承。早在20世纪五六十年代,当时厦门大学南洋研究所和广州中山大学东南亚研究所的老一辈侨史研究学者们就曾相继访谈了1 000余位从东南亚回国的归侨，记录下了总计500余份600多万字的口述资料。这上千名被访对象包括从印度尼西亚、马来西亚、泰国、越南、新加坡等东南亚国家归来的原工厂主、手工业者、商人、店员、农民、鱼商或渔民，而其中最引人关注的是上百位曾经“卖身”于东南亚殖民者矿山、种植园的契约华工。1979年，当时参与访谈的4位学者将其中44位契约华工的访谈资料汇集成《“猪仔”华工访问录》一书正式出版。2018年，厦门大学南洋研究院又将当年的所有访谈资料统一整理编排，出版了总计8册的《东南亚华侨口述历史丛编》。从访谈迄今半个多世纪过去了，当年接受访谈的许多归侨已不在人世，但他们留下的口述资料则为后人提供了不可多得的东南亚殖民时代亲历者的见闻与感悟。

进入20世纪90年代后，采集、整理、出版华侨华人的口述资料蔚然成风。在我国台湾省，相继有陈扬琳、杨年熙、郭乃雄等辑录的《欧洲华人访谈录》(1992年)，张存武、朱宏源、潘露莉等辑录的《菲律宾华侨华人访问纪录》(1996年)，钟少华辑录的《早年留日者谈日本》(1996年)等口述资料辑。自2008年到2014年期间，还有福建省金门县出版的一套共13册《金门乡侨访谈录》，访谈对象涵盖了在印度尼西亚、菲律宾、泰国、日本、马来西亚、文莱、新加坡、越南8个国家的金门侨胞。

进入21世纪之后，在中国侨联主导、策划和推动下，由各省华侨历史学会具体实施，先后以省为单位出版了天津、山西、广西、海南、广东、福建、浙江、河北、吉林、湖北、安徽11本“归侨口述录”，随后，又有昆明、南通等地、市侨联相继编辑出版了本地的归侨口述录，如《春城侨海情：昆明归侨口述录》《南通老归侨口述史》《南通新侨口述史》；以及厦门侨史工作者陈毅明等主持采集出版的《国门内外：“侨”的口述历史资料》《侨星起落：厦门侨星企业归侨口述历史资料》《竹坝沧桑：同安竹坝华侨农场归侨口述历史资料》等。在“广东华侨史文库”中，也收入了如《归国与再造侨乡：越南归难侨访问录》《从森林中走来：马来西亚美里华人口述历史》等以华侨和归侨为叙述主体的口述历史资料集，而在暨南大学华侨华人研究院主编的“世界华侨华人研究文库”中，我们也读到了厚重的《归侨口述史：暨南篇》。此外，还有《1950年代归国留美科学家访谈录》《寄托的一代：清华人和北大人留美口述故事》《九十九种他乡：美国华人口述实录》《美国岁月：华裔移民口述实录》《温州人在日本：温籍华侨华人口述历史》等面向不同侨界群体的口述资料集，林林总总，资讯丰硕。

在中国本土之外，新加坡对于华人口述历史资料的搜集整理可为典范。新加坡国家档案馆之下设有“口述历史中心”，围绕“新加坡华人社会”“新加坡先驱人物”等不同专题，采集收藏了众多不同阶层、不同背景之新加坡华人的口述资料，分门别类，供研究者查询使用。另据介绍，在澳大利亚国家图书馆收藏的口述历史档案中，也包含有近百位华人的口述资料，他们当中有移民澳大利亚的华人先驱，有活跃于华人社区的代表人士，还有一些则为华人企业家。

当然，采访、记录只是口述历史研究的基础，更重要的还在于对口述历史资料的解读与使用。

口述历史资料多是被访者从个体的微观视角回望历史，追溯人生，带有较明显的主观性。由于受访人的记忆能力不同，表述风格不一，所忆所述难免有所欠缺甚或失误，亦有可能呈现出与正统史料档案之文字记载完全不同的另类陈述。然而，个体的不同，并不妨碍研究者对于口述历史资料的探讨与深究。换言之，如果将一群有着相似经历之个体对于同一事件、同一时段所回溯的口述历史资料汇聚一起，相互比较，理当有助于我们还原、再现若干重要历史场景，进而有助于我们去认识某个特定群体在某个特定时期曾经想过、做过、实践过的史实。就此而言，个体的诉说或许点滴琐碎平淡无奇，但由群体汇聚而成的集体诉说则具有重现历史的潜能。口述历史作为草根叙事是正统精英叙事不可匮缺的补充，尤其对于往往处于大历史边缘的乡村而言，更是存续民间历史的重要路径。

口述历史资料的重要意义还在于它是被访者经过有意无意忘却之后的记忆重构，这种重构不是简单的对于被询问的既往某个史实或某个时段的复述，而是被访者想要诉说的“真实”。口述历史不是万能的，其所回溯的“史实”不一定是历史的真实，但多半会是讲述者心里的“真实”，更是讲述者希望向史料征集者呈现的“真实”，无所谓对、错，也无所谓真、伪，对其内涵的认真研读，深入剖析，正是从事口述历史研究者需要着力之所在。

综上，正如英国著名口述历史学者保罗·汤普逊所言：口述历史资料的意义正在于“它给了我们一个机会，把历史恢复成普通人的历史，并使历史密切与现实相联系。”

由衷期待徐辉博士在采集、整理浙江侨乡口述历史资料的道路上坚持不懈，持之以恒，不断推出新资料，持续奉献新成果，为构建浙江侨史研究宝库添砖加瓦。

谨此，是为序。

厦门大学　李明欢

2021 年 9 月 25 日

目　　录

第一章 引　言

无巧不成书。2019 年 12 月，一次偶然的机会，笔者遇到了褚纯略先生，聊天中得知他就任于丽岙街道办事处并负责统战部的相关工作。笔者告诉他自己主要从事海外移民研究（海外华侨华人、海外印度人研究），目前正在从事“欧洲浙江籍年轻一代华侨华人民族主义的教育人类学研究”。他听后告诉笔者，丽岙有很多华侨华人在欧洲，如果有需要可以帮忙。2020 年 1 月初，在温州大学外国语学院党委副书记陈勃的引荐下，笔者认识了丽岙街道归国华侨联合会主席王云弟先生。王云弟和褚纯略先生又是同事。同年 4 月 13 日，笔者前往丽岙街道侨联拜访了王云弟主席、褚纯略先生和孙芸荪先生（丽岙街道侨联秘书长），并对他们三人进行了两个半小时的采访。采访中，秘书长孙芸荪说他们打算编写一本关于丽岙华侨百年历史的书籍，邀请笔者一起帮忙编著。有鉴于此，笔者在温州大学外国语学院党委书记姜海燕、副院长杨红、党委副书记陈勃和温州大学侨务公共外交研究所所长毛继光及所内成员、丽岙街道侨联主席王云弟、秘书长孙芸荪和丽岙街道统战部部长褚纯略、滕挺树等领导的支持下，2020 年 4 月开始了针对欧洲丽岙华侨华人进行口述历史访谈和丽岙侨乡三留守人员（留守老人、留守妇女和留守儿童）的田野调查。本书是本次调研的研究成果之一。

第一节　研究方法

本次调研采用口述历史的形式，听取了丽岙华侨的家族背景、出国动机、海外创业、回馈家乡和祖国以及未来打算等。所谓口述历史，是通过传统的笔录、录音、录影等现代技术手段,记录历史事件当事人或者目击者的回忆而保存的口述凭证。“口述史学”(Oral History,或 History by Word of mouth),这个术语最初是由美国人乔·古尔德于 1942 年提出来的,之后被美国现代口述史学的奠基人、哥伦比亚大学的阿兰·内文斯教授加以运用并推广。口述史并不是像有的人所理解的那样,就是一人说,一人记。而是一种将记录、发掘和认识历史相结合的史学形式。即通过调查访问,用录音设备收集当事人或知情者的口头资料,然后与文字档案核实,整理成文字稿。

运用口述历史的方法研究海外华侨华人问题,在以往的研究中不多见,如黄晓坚、陈俊华等编著的《从森林中走来:马来西亚美里华人口述历史》、郑乐静的《温州人在日本:温籍华侨华人口述历史》、暨南大学国际关系学院/华侨华人研究院编著的《归侨口述史》等。在华侨华人研究中,口述历史与文献资料同样具有对社会和历史重新认识和重新评价的价值①。口述历史研究方法的最大问题在于其真实性和可靠性,欧洲丽岙华侨也不例外。由于受访人的记忆能力、表述风格各不相同,所述史实难免有不尽准确之处。采访人在比对文献资料、核实基本事实方面也有作业不够扎实之处②。但是,个人的口述历史是社会历史的写照。编撰华侨个人的生活历史,可以把现代华侨历史,及当代历史的事实作为时代共存的老一辈华侨的生活来重新认识。而且口述历史具有跨学科性,特别是在文献资料不足的当今,华侨的记忆可以成为珍贵的历史资料③。

本次一共采访了 30 位丽岙华侨,其中 6 位华侨由于种种不便未列入。因此,本书列举了 24 位受访者的案例。访谈形式主要采取以下三种方式:第一种是通过微信采访。采访前几日,笔者把采访提纲通过微信发给受访者,之后约定采访具体时间。考虑到欧洲和中国的时差问题④,笔者把采访时间安排在受访者比较方便的早上 10 点钟以后(中国时间下午 4 点钟以后)。采访前,笔者征得受访者的同意,使用录音笔对全程访谈进行了录音。24 位受访者中 17

① 王维:《华侨华人研究中口述历史的可能性:以日本华侨女性口述史、口述生活史为例》。

② 黄晓坚、陈俊华、杨姝、陈海忠编:《从森林中走来:马来西亚美里华人口述历史》,南方传媒广东人民出版社,2014 年,第 11 页。

③ 王维:《华侨华人研究中口述历史的可能性:以日本华侨女性口述史、口述生活史为例》。

④ 法国、意大利、西班牙和丹麦与中国的时差为 6 小时。

位是通过此方式完成。第二种是面对面采访。24 位受访者中有 6 位是通过面对面的形式完成。采访地点各不相同，一位是在受访者下榻的温州市内的酒店，一位是在受访者家楼下的咖啡厅（温州市瓯海区），一位是在温州市瓯海区茶山镇大学城学子广场，另外一位是在温州市瓯海区茶山镇大学城商务中心的星巴克。这 6 位受访者均是本次疫情爆发前回国，由于疫情暂时在国内生活。第三种是受访者通过笔答后通过邮件的形式完成，24 位中有 1 位通过此方式完成。

研究对象主要是通过滚雪球抽样的方式收集。滚雪球抽样是指先随机选择一些被访者并对其实施访问，再请他们提供另外一些属于所研究目标总体的调查对象，根据所形成的线索选择此后的调查对象。滚雪球抽样往往用于对稀少群体的调查。在滚雪球抽样中，首先选择一组调查单位，对其实施调查之后，再请他们提供另外一些属于研究总体的调查对象，调查人员根据所提供的线索，进行此后的调查方法。

笔者，首先选择的调研单位是丽岙街道归国华侨联合会（以下简称丽岙侨联），并对其主要负责人进行了 2 个半小时的访谈。之后，委托丽岙街道侨联主席、秘书长、丽岙街道统战部以及温州市瓯海区商务局相关负责人引荐了 41 位海外丽岙华侨华人。在采访对象的遴选上，笔者注重其在欧洲当地华侨华人社会中的地位、影响力，最终选取了 24 位华侨的案例，与大家分享。

第二节　本书的结构

本书由四部分组成。第一章主要阐述本书的写作动机、研究目的、研究方法和研究意义。第二章主要介绍本书的研究地域侨乡丽岙的概要。第三章主要通过访谈，听取了 24 位海外丽岙华侨的生活史，是本书的重点。第四章是在第一、二、三章的调研基础上总结成文的两篇论文，先后在《华侨华人蓝皮书：华侨华人研究报告(2021)》和《华侨华人文献学刊》期刊上公开发表。

第三节　创新之处

本书与已出版同类著作的不同之处表现在以下两个方面：第一，研究对象新颖。本书聚焦在欧洲居住的温州籍（丽岙出生）华侨。众所周知，浙江华侨祖籍主要集中在浙南地区，而温州是浙南地区华侨最多的地方，也是全国重点侨乡之一。温州籍华侨共约 68.84 万人，其中大多数都属于新侨。他们在政治上有地位、经商上有实力、科技上有专长，他们的发展在一定程度上影响着温州的发展。第二，关于新冠肺炎疫情期间海外华侨对祖国的认同。本书除了了解各位侨领的个人事迹和家族事迹之外，还涉及了关于新冠肺炎疫情方面的情况。比如海外华侨华人如何看待本次疫情？如何看待我们国家在疫情防控方面的做法？以及如何看待在住国在疫情防控方面的做法等。通过比较我们国家和欧洲各国在抗击疫情方面的做法，海外华侨深深地感受到我们祖国的强大，从而促发了他们作为中国人的骄傲。

第四节　研究目的及意义

本书从(1) 自我介绍(学历、工作、家庭子女等)；(2) 出国动机；(3) 海外生活(语言学习、工作状况、华人社团的参与情况、孩子教育、婚姻及工作问题、海外生活中遇到的棘手问题及应对方法)；(4) 对家乡的情感与联系(包括父母的赡养问题等)；(5) 对国内目前的发展状况的看法及想法；(6) 最终是否回国及理由；(7) 是否加入在住国国籍及理由；(8) 关于欧洲各国(法国、意大利、西班牙等)疫情，你如何看待？(9) 海外华人回国治疗疫情，你的看法和想法？(10) 其他(未来的打算)等十个方面对旅欧丽岙籍华侨华人进行了访谈，不仅了解了他们个人的相关事迹，也通过他们的个人事迹进一步了解当时我们国家和侨领们所在在住国对移民的政策，比如意大利、法国等国家对难民的大赦政策等。对我国在海外移民研究以及政策制定方面有一定的学术意义。

另外，本书的出版在服务海外侨胞以及在对日益发展的祖国的认同方面有一定的现实意义。通过本次调研，发现了一些问题，比如初期移民海外华侨的身份认证和身份证获取问题。由于当时各种条件的限制，部分华侨出国之后，国内户籍上自己的姓名被取消了或者户籍上的名字与现在的名字不一样，还有孩子们回国无法接受教育、留守老人、留守配偶和留守儿童等一系列问题。针对以上问题，申请者和他们的团队向政府部门提出了一系列的建议和意见。

第二章　丽岙侨乡简介

温州市丽岙街道是浙江省著名侨乡之一，总面积只有 34.7 平方公里。全街道现有归侨、侨眷约 1.6 万人，海外华侨 2.2 万人(遍布 27 个国家与地区)。海外华侨加上街道内归侨、侨眷占全街道总人口的 90%左右。丽岙街道位于芙蓉山东麓笔架山下，东南与仙岩相连，西与瑞安市桐溪、潘岱接壤，北与南白象为邻。居温瑞塘河淤积平原中段。地理坐标介于东经 119°37′至 121°16′，北纬 27°5′至 28°37′之间。丽岙属亚热带季风海洋性气候，气候温润，四季分明，宜多种作物生长，尤为适宜居住。全街道耕地 11 463.15 亩，其中水田 8 807.15 亩，旱地 2 656 亩，水域面积 1 065 亩。街道区域西为丘陵地带偏高，东为小平原河道偏低。境域为沿海海积、冲积平原，是在火山喷发形成盆地的基础上，进一步由滨海和河流冲积海积而逐渐成陆。境内有吹台山等主要山系，最高峰为白云山，海拔 694 米。温瑞塘河流经街道东侧，支流密布，为丽岙人民的生活生产带来充足的水源。境内自然景观优美，辖地五条溪流将其分割为五个山岙，溪流自西向东汇入温瑞塘河，其中以紫溪最长(5 公里)。溪流两岸茂林修竹，清丽幽雅，风景秀丽，故素称丽岙。2019 年统计丽岙街道户籍人口 3.5 万，工业总产值 27.3 亿元，人均收入 5 万元(瓯海区人均 3.66 万元)，是改革开放后温瑞平原最富庶的乡镇之一。同时也是温州市华侨侨人最多的乡镇之一，对周边乡、镇移民出国产生一定的助推作用①。

丽岙自三国吴赤乌二年(239)后一直在瑞安市及其前身罗阳、安阳、安固县境内，素有瑞安北大门之称。北宋天禧间(1017—1102)属瑞安帆游乡一都；

---

① 以上信息来自温州市瓯海区丽岙街道归国华侨联合会办公室。

清光绪年间属瑞安县罗阳镇；民国 6 年，属瑞安县东区 13 年；民国 13 年，属塘下镇梓霞乡；民国 20 年至 23 年（1931—1934）析置丽岙、梓霞两乡；民国 35 年至 37 年（1946—1948），属梓霞乡。1949 年属梓岙乡，1950 年 8 月置丽岙乡，辖下呈、茶堂、任宅、杨宅、叶宅、河头、后中、上坦 8 个行政村。1958 年称丽岙管理区，1961 年为丽岙人民公社，1984 年复置丽岙乡，1985 年撤乡建镇，1992 年扩镇并乡，白门乡的下川、王宅、丽塘、泊岙、下章、曹建、姜宅 7 个行政村及梓岙乡的上胜、林山、后东、梓河、路溪、梓上 6 个行政村并入丽岙镇，共辖 21 个行政村。2011 年撤镇建制设丽岙街道，至 2019 年并村扩镇，原后东、梓上、上胜、梓河、路溪五个村合并称为五社村，丽塘、王宅村撤村设立社区。

现丽岙街道辖 15 个村 4 个社区。其中，杨宅村：全国文明村，地处芙蓉山脚下，是古迹洞桥所在地。任宅村：在紫溪沿岸，是著名侨领任岩松故乡。明朝太常少卿任道逊纪念馆就坐落在该村。下川村：在街道最北端，与白象街道接壤，属海涂冲积的水网平原，温瑞塘河从中穿过。太阳刚从地平线上升起，整个村庄就被阳光笼罩，风景优美，所以原来的地名就叫霞川。著名的地质学家戴金星院士就出生在该村。丽塘：元、明间丽塘村曾设温瑞驿道铺舍，有宋朝古井为温州市级文保单位。现整体拆迁成为肯恩大学校址，瓯海区贸易回归基地也落户该村。下章村：原属白门乡，千年古刹永宁寺就建在此处。现为温州花城所在地。茶堂村：丽岙街道中部，街道办事处所在地。原为丽岙街道水路交通要道，有一所庵堂，庵内有口水井，庵内师父常年烧水供应过往客商，因此得名茶堂。现有著名侨领任岩松先生捐资建造的瓯海区任岩松学校。旅意归侨陈国华捐建的茶堂小学，现改为茶堂村文化礼堂，内设有专门为侨服务的场所“侨吧”。姜宅村：古称横塘，背靠笔架山、面朝剑水（现称白门渎），前有大罗山为屏，东临青龙山，西依五凤楼，中有剑溪（现称大岙底溪）曲流绕村，是一个历史悠久、人文荟萃、山川灵秀的古村落。村内的原姜宅小学被改建成了文化中心、文化礼堂，内有百姓舞台、图书室、侨馨园、健娱室、三贤馆、横坛讲坛、横坛书院等多项功能设施，成为姜宅一带村民的精神文化家园。位于姜宅村的凯易路马术俱乐部是浙江省著名的马术基地，是姜宅特色文体产业基地，也是丽岙的一张“金名片”，当今的姜宅村是丽岙的一大文体强村。梓上：丽岙梓上是一个著名的华侨村，一个充满诗情画意的乡村，一个美丽乡村的精品村。苍劲的古树、斑驳的老屋、原生态的五社溪静静地躺在丽岙街道南部。它三面环山，依山傍水，环境优美、空气清新。村为金姓聚居地，以姓名村，曾称上金，后因重名而更名为梓上。村中分别有两棵树龄 320 年和 523 年的大榕树，原生态五社溪从北横穿村域。2001 年 8 月温州市行政区域调整时析属温州市瓯海区。

第三章　旅欧丽岙华侨华人口述历史

一、受访者：WYD、SUN、CHU

采访时间： 2020 年 4 月 13 日
采访地点： 丽岙侨联办公室
采 访 者： 徐辉

采访者：请您介绍一下丽岙华侨出国的历史。

SUN：关于丽岙华侨出国的历史有很多种说法，有的人说是有 90 多年的历史，也有人说是 100 多年，但是据我了解大约有 108 年。最早应该是 1912 年，青田有一位姓陈的人出国。这人最早东渡日本，之后到苏联，然后到欧洲。回来以后在我们这里买了田地，定居到我们这里。现在他的孙子是丽岙华侨中学的体育教师。这是丽岙华侨出国的第一代人，这一批人已经不在了。第二代丽岙人的出国是在中华人民共和国成立后，这一批人在国外主要办工厂、做生意，之后把自己的子女带出国。第三代是改革开放前后。这时出国有三个目的。第一个目的是逃避计划生育。当时中国的计划生育是比较严格的。第二个目的是当时国内的经济不是很好，大家都想去国外赚钱。第三个目的是很多华侨在国外已经扎住了根，比如办工厂、做生意等成功了。回来找人过去帮忙。这一时期出国的人就比较多了。

采访者：当时大家一般通过哪些途径出国？

SUN：当时出国的途径有三种：第一是改名换姓。比如自己家族中有人在国外，打算出国的人将自己名字改成在国外亲戚的儿子或女儿的名字。第二是偷渡，温州人也叫“黄牛掮”，很多人通过这一种途径出去的。第三是正规办理出国。到 2014 年，我们丽岙出国人数达到了 3.7 万人，其中也包括一部分华人。因为当时条件所限，统计时没有具体把华侨与华人分开。

采访者：这一部分人也属于第三代，是吧？

SUN：是的。第四代出国的人比较幸福，因为他们的父母或亲戚朋友都已经在国外了，也有了固定的职业，稳定的收入。第五代基本上都是在国外出生的。因此，在我们丽岙这里你提到的留守妇女几乎是没有的。因为第一代、第二代和第三代华侨出去后基本上把自己的妻子都带出去了。WYD 主席就是一个很好的例子。第四代和第五代的华侨基本上就在国外结婚了。我当时带的班级一共有六十几个学生，出国的大约有四十几人。他们的对象都是在国外找的。也有回国结婚后带到国外去的。有一个典型的例子，我有一个学生他出去的时候想到意大利（黑户），之后经朋友介绍认识了在西班牙的丽岙塘下家族的女儿，到了西班牙之后结婚，从此由黑户变成了白户。现在他们有四个孩子。

采访者：您以前是教师？

SUN：是的。我在任岩松中学教了几十年的书。退休后来到侨联工作。教书期间，我们学校的老师放弃教书出国的也有。

采访者：以前出国的华侨的受教育程度如何？

SUN：第一代、第二代和第三代的海外华侨华人的受教育程度不是很高，很多是小学毕业、初中毕业，高中毕业的不是很多。但是到了第四代和第五代的时候，受教育程度是相对比较高的，因为他们的父母开始重视教育了。根据 2018 年的调查数据，我们丽岙 21 个行政村中获得硕士以上学位的有 108 位。这个数据不是很完全，但是可以看出丽岙海外华侨华人对教育的重视。

采访者：这个调查结果是哪里的调研结果？

SUN：是我们丽岙侨联前往各行政村调研所获得数据。

采访者：这 108 位获得硕士以上学位的人，是在国外还是在国内获得的学位。

SUN：都是在国外。其中一位是在国外读完硕士回国到清华大学读完博士。也有很多人都担任了海外华侨华人社团的会长。据我们的统计，前前后后有 100 多位会长，当副职的就更多了。

采访者：你们团队有没有对获得学士学位的子弟做调查呢?

SUN：没有。因为从第四代华侨华人开始，家里有孩子的基本上都是大学毕业。

采访者：原来如此。

SUN：是的，只是对获得硕士学位以上的子弟进行了调研。因为第一代、第二代和第三代出去的华侨都是做事业的，或者说是忙着创业，没有时间学习。

采访者：那么，丽岙大约有多少归侨。也就是说，有出国经历，之后回国，或者在国外发展得挺好，回国创业的华侨华人有多少呢?

SUN：具体多少我们没有做过统计，但是，我们丽岙青壮年这个年龄阶段的人，基本上都有出国经历。在国外有事业，国内又有事业的人不多。但是，在国外赚了钱回来做事业的人很多。

采访者：WYD 主席就是一位典型的代表。

SUN：是的是的。

采访者：WYD 主席，您当时出国的动机是什么?

WYD：我没有读过多少书，高中没有毕业就工作了。当时我在塘下区政府工作。做了两年，当时的工资是一个月 40 多块钱。之后我被调到了瑞安市政府工作，工资加了 1 块钱，变成 41 块钱。41 块钱不够用呀。那时我看到我身边的朋友们创业，而且还赚了不少钱。于是，我辞掉了工作，和现在乐清正泰集团的老总两个人去了广州，做起了电器生意。那个年代做电器生意还是蛮赚钱的。当时一年可以赚到五六十万元。其实，当时辞职的时候，被爸妈骂得很惨。他们主要怨我放弃了“铁饭碗”。我当时就和他们说，我在广州两个星期赚的钱可能是我在单位一辈子也赚不到的。之后也赚了一些钱，爸妈也不说什么了。之后我回到村子里的时候，听说村里的很多人去了国外，也赚了不少钱。当时是计划经济，什么东西都要用外汇票或者侨汇票的。看到他们用外汇票或者侨汇票买电视机、买自行车等，很羡慕，于是决定出国。人嘛，总是希望自己活得比别人好一些。

采访者：回到刚才我们谈到的华侨回国创业的话题。您是如何认为的?

WYD：我认为一部分人以度假的形式前往欧洲，几经周折之后没有拿到正式身份,没办法就回国创业。但是,像我这样在国外发展后再回国创业的相对比较少。为什么呢?我们丽岙,家家户户都是华侨,一人带十人,十人带百人,百人带千人做贸易。特别是中国加入WTO后,在欧洲的丽岙华侨华人做生意的大约有60%以上。当时做贸易比较好,中国有14亿人,什么都有,价格便宜,把中国的东西运到国外比较容易赚钱。真正回来创业的大约仅有1%—2%。

SUN:正如WYD主席讲的那样,回国的虽然比较少,但也不是没有。这里有一个比较好的例子。有一位丽岙华侨他去了葡萄牙,之后回来再创业,事业做得不错。

WYD:所以,欧洲的丽岙华侨华人混得好的一般不会回来。虽然他们有一点钱,但是赚钱是比较辛苦的。我们那一代去法国的人一是没有什么文化,二是没有好的经济条件,去了法国就是为了生存。但是我们具有中华民族的那种拼劲,那种勤劳和吃苦耐劳的精神。我们到了法国,首先语言不通,可以说要啥没啥。当时我就想只有通过自己的辛苦工作,明天才会有饭吃。靠着这种为了生存而努力的精神才有了今天的生活。说实话,我们丽岙华侨华人很能吃苦的。在法国也有很多从国内其他大城市去的中国人,他们的吃苦精神没法和我们丽岙人相比。因为他们大多数生活在城里,也没有吃过什么苦,生活得比较安逸。但是在法国和国内不一样,除非你家里的经济条件比较好,不用为生活而担心,否则就必须出去工作。很多人因为吃不了苦而放弃在法国生活,纷纷回国。在这一点上,我们丽岙人是比较厉害的,因为我们中大多数都来自农村,从小就具有吃苦耐劳的精神。另外,丽岙华侨华人在法国辛苦工作,努力拼搏的一个原因是很多人去法国的时候花了很多钱,一般要花二三十万的。不努力工作,不拼命打工赚钱是不行的。即使眼泪在流也要出去工作,没有办法。我们这一代去法国的人,每个人都是起早贪黑的干活。老板说一天干八个小时,我们都想再多干两个小时甚至更多。为什么?因为多干两三个小时有两三个小时的钱呀。当时一个小时可以拿到30法郎,同样的一天二十四小时,干八个小时和干十个小时完全不一样的。也可以说,我们那一代出去的华侨华人都非常的爱国、爱乡的。但是,文化程度不高。如SUN老师讲的那样,我们那个时候出去的人中大概只有两个大学生。但是现在完全不一样了。我儿子女儿这一代,包括我的孙子们他们就大不一样了,因为我们深深地意识到文化的重要性，给他们提供了上大学的机会，希望他们认真学习，提高文化素养。这样未来才有希望、有寄托，生活才会更好。特别是在法国这个无情的社会，你没有文化、没有吃苦耐劳的精神很难立足的。

采访者：听说在欧洲，华侨华人开餐馆的比较多。你如何看待？

WYD：开餐馆的是比较多，一年赚 10 万、20 万欧元，但是也不容易。做贸易好的时期，有好机会的时候，一个星期或者两个星期就可以赚到 10 万、20 万欧元，甚至还要多。因为当时中国的信息技术还不是很发达，相对闭塞。比如我们在国内买一件东西 10 元，运到国外，就可以卖到 20 元。我们赚的是中间的差价。但是现在不一样了，生意很难做了，因为互联网，信息很透明，也很公平。我认为接下来海外华侨华人将会更加难。

采访者：您是指疫情之后吗？

WYD：是的。疫情之后，欧洲人以及海外华侨华人的生存都会面临很大困难。特别是欧洲人，因为他们没有存钱的习惯，一到 25 号之后，口袋里就没有钱了，如果没有饭吃可以向政府伸手要饭吃。现在，疫情下的法国也实施居家隔离。隔离期间，我们华侨华人两三个月不出门都有饭吃，因为我们早早地就准备好了食物。但是法国人两天不出去就没有饭吃了，因为他们没有存储食物的习惯。据我了解，法国人家里存储的食物不会超过一个星期。因此，问题就出现了。但是，法国的华侨华人同样也会出现问题，因为当地法国人一旦没有了工作，没有了食物，他们什么事情都会做得出来的，比如抢劫、暴力等。现在在法国的乡下已经出现了这样的情况。在乡下住别墅的人就遭到了抢劫。对法国华侨华人来说，今年可以说是什么生意都没得做。还有，大家都盼着开学，我想欧洲 9 月都未必能开学，有可能 12 月才能开学。另外，我国在党的领导下，大家都非常守秩序，很自觉地遵守国家颁布的相关法令。而法国却不一样，人们追求的是浪漫、欢乐，很傲慢，没有人会听政府的话，所以我认为，法国要渡过本次疫情的难关，不仅很艰难而且需要很长一段时间。

笔者：听说您的家人还在法国。

WYD：是的。今天和一位朋友吃饭的时候还说这事。我和我爱人是中国国籍可以回来，但是我的三个孩子是法国籍回不来的，因为现在外国籍的人不能随便入境的。

采访者：在丽岙侨联的网站上看到您的介绍。有一句话我印象非常深刻，您对您的子女说："虽然你们加入了法国籍，但是你们的黑头发、黄皮肤是永远改变不了的。"您能谈谈对子女的教育问题以及对中华文化的认知吗？

WYD：我是80年代出国的。有三个孩子，他们都是在国内出生，三四岁时我们带他们去了法国。他们现在会说五个国家的语言，在法国的学校可以学习到法语、西班牙语、意大利语、德语和中文。为了学习中文，他们到复旦大学留学。现在，他们在广州做生意。因为我们是做国际贸易的，语言对我们来说非常重要。他们现在还学习印地语和阿拉伯语。对我们做国际贸易的人来讲，如何把别人口袋的钱转移到自己的口袋，我认为，首先是要懂得对方的语言。语言非常重要。你听不懂对方的语言，谁会把钱给你呀！举一个最简单的例子，本来是好好的一单生意，因为语言不通或者沟通中的误会，就可能告吹。这些我们都经历过。所以，掌握一种或几种语言对我们来说非常重要。他们（儿女）现在都会说七个国家的语言。语言通了，做生意就比较容易，也不容易上当受骗，减少了很多麻烦。其实刚开始让他们学习中文的时候，他们还有一些不情愿，但是我很严肃地告诉他们"虽然你们加入了法国籍，但是你们的黑头发、黄皮肤是永远改变不了的。你永远改变不了你是龙的传人这一事实。"因为当你走在法国大街上，在没有拿出法国籍证明的时候，人家就认识你是中国人或者说亚洲其他国家人，理由很简单，刚才我也提到了，你是黑头发，黄皮肤。因此，我认为，只有自己国家强大了，我们才会强大，才会有更好的发展，才会被人家认可，才会被人家尊重。这一点是很现实的。现在，法国大街上有很多难民，特别是一到下雨天，地铁站、公交车站的亭子下边会出现很多难民。他们很多来自阿富汗、伊拉克等国家。为什么他们会变成这样，我认为其中一个重要的原因是他们的国家不够强大，不会被人尊重。因此，我认为，无论我们到哪里，我们永远要爱自己出生的土地，我们永远是中国人，因为国家和党是我们的最坚强最有力的后盾。这样我们才有更好的发展，才有更好的生存空间，才会得到尊重。如果这一点理念或者意识都没有了，我认为什么都会没有的。

采访者：我听说您给丽岙的相关机构捐赠很多物资和钱。这一点和您刚才讲的理念或者意识是息息相关的。

WYD：是的。所以，在国外赚钱一样，要认清自己是谁，你来自哪里，无论你发展得是好是坏，不能忘本和忘祖。我的事业有了起色，还要感谢我们的祖国和我们的党，没有祖国这个强大的后盾，我们华侨在法国也没有那么多的底气。现在国家需要我们，我们必须要出一份力量。我先后为国务院侨办中国教育基金会捐资100万元人民币，为中国侨联基金会捐资110万人民币，为温州肯恩大学发展基金会捐资100万元人民币，为家乡公益事业（如家乡的道路建设、五水共治等）累积捐资超过了400万元。所以我始终想，人呀！只要心中有梦想，远方就会有属于你的太阳。如果一个人自己的梦想都没有了，那他还能做什么事情。

采访者：除此之外，听说您和您爱人一直在做一些公益事业？

WYD：是的。七八年前，我爱人和中国驻法国大使馆领事的夫人及法国妇女联合会一行到北京参观，之后又去了云南。到了云南之后，她们发现，云南相关农村的孩子们非常苦，有的孩子很想上学，但是没有钱上学。能够上学的孩子，早上8点钟上课，6点钟就要起床，走路两个小时就是为了上两个小时的课，然后还要走两个小时的路程才能回家，实在是不容易了。回法国后她对我说："我们应该帮帮这一群孩子。"我立刻答应了，之后，我们就在那里建立一所学校，每年给他们提供学习用具和必要的设施。还有，四川的一个农村地区，也很穷，小孩子们很可怜的。我们也在那里建了一所学校，每年9月份我们都会给孩子们带去一些学习用品。因为那里的很多孩子很优秀，因为没有钱而不能去学校上学，真的太可惜了。所以，我们就决定支持他们。每次被邀请去北京人民大会堂，记者采访我的时候，我都会说：我书读的不多，能力也有限，但是我会尽我最大的努力帮助需要帮助的孩子们。希望有更多的海外华侨华人能够伸出援助的手，帮帮需要帮助的孩子，也希望中国国内的企业家能够帮帮这群孩子。孩子们都很优秀，给他们提供机会学习中国五千年的优秀的传统文化，并将其传播到祖国各地和世界各地。平日我也经常和我的三个孩子说，"你们要学会感恩，人不能仅仅为自己而活着，要学会奉献。但是奉献的前提是必须自己先活好，如果自己都不好，那如何去帮助别人，奉献更谈不上了。"

采访者：您未来是否考虑回国。

WYD：像我这个年龄段（55—60岁）的海外华侨都有回国的想法。因为我们在这里出生，这里长大，这里永远是我们的家，我们的根在这里，我们爱这片美好的土地。但是我们的下一代，下下一代，他们就不一定了。虽然我的三个孩子都在国内出生，但是三四岁的时候就去了法国。他们从小就融入了法国社会，应该会在那边生活。孙子在法国出生，除了肤色，应该说是完完全全的法国人。

采访者：您如何看待中国经济的发展。

WYD：现在的中国和以前完全不一样了，经济世界第二了。以前的中国相对比较弱一些，人家说压你就压你，没有办法。但是我们现在强大起来了，就不一样了。以前只是"站着"，现在不仅"站着"而且"站得很稳"。比如这一次的疫情，充分说明了我们祖国的强大，社会主义制度的好。疫情期间，只要你持有中国国籍，感染后就可以得到免费治疗。而在欧洲国家，你不敢生病，也生不起病。刚才我也讲了，在法国，人们不存钱，在家待不了几天就没有饭吃了。

采访者：您认为如何才能把海外第三代、第四代的华侨华人吸引回来。

WYD：这个问题，我认为，首先政府要有所作为。很多第三代、第四代的华侨华人想回来看望父母或爷爷奶奶、看看自己的家乡。但是，真正当他们回来的时候，来到丽香，没有一个比较好的酒店，也没有一个像样的宾馆，人家想消费，啥都没有，如何消费？有一个朋友的孩子，从国外回来住在温州市区，早上从温州市区来到丽香晚上不得不回市区。如果丽香有一个比较像样的酒店或者宾馆，他就不会去温州市区找地方住。结果，人家来一次就不想来了。如果政府没有这方面的打算或者计划，想吸引第三代、第四代的华侨华人比较困难。也就是说，留住海外华侨华人的根，是一件非常伟大、长期的工程。如果政府能够把这一块做起来，我相信第三代、第四代的华侨华人不仅会纷纷回国，还会带更多的国际友人前来投资。现在领导都很现实，但是缺乏长远目光和计划。只看到眼前、没有考虑到长远的发展。在任期间看不到效果的东西，就不会去做。因为领导换了，前任领导所做的事情基本上不会再被关注或者直接取消，自己另起炉灶。长此以往，到头来啥也没有留下。所以，我刚才讲了留住和吸引海外第三代、第四代的华侨华人，政府必须要有一个长远的计划。不要仅仅盯着眼前，比如一个好的项目，你现在投资了 20 亿元，10 年后可能就会带来 50 亿元的效益。因此，政府制定长期的规划和投资是很有必要的。

采访者：您说得非常好，也很现实。毕竟第三代、第四代在国外长大，资源、人脉都在国外,如果国内有比较好的环境或市场,相信他们会把这些分享给他们的朋友。

WYD：是的是的。如果丽岙有比较好的环境,我相信他们会的,而且会把我们丽岙,整个瓯海甚至是整个温州推介出去。很多领导都会优先考虑自己在任期间的政绩,不关心某个长期项目是不是好项目或者将来会给人们带来多大的益处(不是所有领导都这样)。其实,一个城市的长远规划和我们海外华侨华人在海外的生活是一样的。我们先出去打拼的目的是为了子孙有更好的发展。就拿我来说吧！我把我人生中最宝贵的 30 年奉献给了中国和法国。现在我的孩子们在法国得到了我们没有得到的教育等,他们不用再像我们以前一样为了生存而工作,因为我们的付出给他们提供了现有的条件。这也是我们长期对家庭的投资。要去培养,他们才能成才,而培养到成才是需要过程的和时间的。你说是不是这个道理。因此,如果领导有一个长期的、合理的规划,即使在自己任职期间看不到政绩,我相信将来肯定会看到。因此,政府部门一定要下功夫、下决心。有了规划,我们华侨华人出钱就有方向和目标了。

采访者：您能谈谈海外华侨华人对丽岙(温州)的贡献吗?

WYD：丽岙是一个小小的侨乡镇,但是存款却有 800 多个亿,可以说我们丽岙是全中国的金融小镇,夸张一点说,全世界有几个像我们丽岙这样的小镇。你想想,全国有哪个小镇存款可以达到 800 多亿元？在法国,丽岙的名气要远远大于杭州,甚至浙江。很多法国人知道丽岙,却不知道杭州。法国巴黎很多我们丽岙人。任岩松老先生你们也知道吧！他就是我们丽岙法国华侨华人的榜样。他自己爱国、爱乡。我刚去法国的时候就认识了他。他中午就吃六法郎的一碗面条,别人吃一碗面去买一瓶矿泉水,他不买,拿着碗接自来水喝。他把在国外挣来的钱都攒起来,回国在丽岙修路架桥,创建任岩松中学、自来水厂,你们温州大学的大礼堂都是任岩松老先生捐资建造的。我们丽岙 21 个行政村建立了 15 所华侨小学,都是海外华侨华人捐资建立的。正如习近平主席讲的"我们不能忘记历史",所以,我们也不能忘记丽岙老华侨华人前辈的付出,他们是我们的榜样,是我们的标杆。但是不愉快的事情还是发生了。任岩松先生捐资建立的"任岩松中学",瓯海区政府竟然要改名为"瓯海第一高级中学",实在不应该呀,好在在丽岙华侨华人强烈的反对之下,最终保留了"任岩松中学"的校名。

采访者：能说说“任岩松中学”改名的事吗？

WYD：这个问题孙老师最有发言权，因为他在“任岩松中学”教了几十年的书。

SUN：“任岩松中学”是任老先生用在法国打拼攒下来的钱建立的一所学校。经过多年的发展，任岩松中学如今已是省二级重点中学，高考本科上线率80%以上。华侨华人们把她当作自己的孩子一样看待。但是，2009年的时候，温州市教育局决定把“任岩松中学”和“梧田中学”合并，统一改名“瓯海第一高级中学”，并修建新的校园。这一决定遭到了海外法国、意大利、西班牙等国华侨华人校友的强烈反对。同时“温州任岩松中学校友行动联盟”发起了“护校保名”的倡议。如一位定居海外的华侨说：“希望祖国能答应我们的请求，不要让任岩松中学改名，不要让任岩松精神在可预见的未来销声匿迹，不要让我们失去一面承载着我们祖国诸多优良传统的鲜明旗帜。这是我们身在国外根在国内的全体华人华侨的共同愿望。谢谢！”“我们希望瓯海区教育局能认真对待和正面回应各界的质疑，希望瓯海教育局能名副其实地‘办人民满意的教育’，希望当地政府及教育主管部门能听取各界声音，维护任中师生家长校友的权益，尊重海外华人的爱国情感。勿让师生家长心伤，勿使海外华人心寒！”等。最终，瓯海区教育局决定保留“任岩松中学”的校名，同时“任岩松中学”也被重新命名为“瓯海第一高级中学”。因此，目前“任岩松中学”有两个校名。

WYD：虽然任老先生人不在了，但是他的这一种为国家、为家乡人们奉献的精神始终存在。如果任老现在还在世的话，我相信他还会一如既往地为家乡人们做贡献。因此，教育局没有与任老先生的家人商量，也没有征求校友、在校老师以及学生们的意见更换校名实在不应该。举个例子，我在法国这么多年，也去了不少地方，发现法国有很多博物馆，而且保存得很好。为什么呢？是因为法国政府把以前人们建造的博物馆完整地保存了下来，并不断维护。其实“任岩松中学”是一样的道理，任老先生走了，他也不可能把东西带走，政府应该保持原状，适当的时候进行整修，完整保存。因为我们华侨后代回来的时候可以看看老一辈华侨华人为家乡的贡献，从而激发他们对家乡的爱，为家乡做更多贡献。如果你把“任岩松中学”的名字改了，人们也就慢慢地忘记了老一辈华侨华人，实在是对不起任老先生，也会伤害海外华侨华人的心，以后谁还会为家乡做事？说实话，丽岙的发展，华侨华人的贡献非常大。因为丽岙地处温州与瑞安之间，很长一段时间比较落后，比如许多道路、自来水厂、各行政村小学校等都是华侨华人捐建的。

SUN：WYD 主席讲得非常好。我非常认同他的观点。也就是说只有把第三代、第四代、第五代的海外华侨华人吸引回来，对我们丽岙未来的发展才会有很大的帮助。上世纪七八十年代，很多丽岙华侨华人回国投资，他们选择了广东，为什么呢？因为广东出台了很多优惠政策。比如许多华侨回国投资牛仔裤厂、皮革厂等，现在都还在而且很成功。相比而言我们温州这边创业环境等方面稍微差了一些。刚才 WYD 主席也提到，丽岙这里没有一个像样的酒店，也没有娱乐场所等，环境还需要进一步地改善，这样才能把第三代、第四代、第五代的华侨华人吸引回来。

采访者：第三代、第四代、第五代的海外华侨基本上都加入了在住国国籍，成了外国人。

SUN：是的。但是，就目前的疫情发展来看，很多人很后悔当时加入在住国国籍。想回来回不来了。现在的话，你让他们加入外国籍他们不愿意，因为中国强大起来了，国外不好混了，谁还愿意加入呀！因此，这里边存在很多矛盾。还有，当时为了出国，很多人把姓名改了，当时他们没有加入在住国国籍，还是中国人。现在回国想办理身份证办理不了，有的甚至直接把户口给注销掉了。因为系统里边没有他们的名字，当时由于条件所限没有输入电脑系统，现在也查不到。另外还有因为当时户籍登记等都是手写的，在写的过程中把别人的名字写错，在输入系统的时候把错误的信息输入系统，也给海外华侨华人带来了一些不必要的麻烦，从而造成他们回国办事办不了等现象。这一种现象的产生不是华侨华人自己的错，是政府部门造成的。因此，在处理这一系列问题的时候，我认为要灵活一些，不要过于死板，给华侨华人带来一些不必要的麻烦。

采访者：接下来你们能谈谈疫情期间，丽岙华侨华人对家乡的贡献吗！

SUN：国内出现疫情之后，法国华侨华人立刻就动员起来了。我们侨联收到了来自华侨华人的口罩大概有 130 万个，还有 180 万元的捐款，其中，WYD 主席一个人就捐了 50 万元。国家有难的时候，海外华侨华人都想着国家。像刚才讲的办理身份证办不了等问题，相关部门不应该为难他们，在情况弄清楚后应该给予办理，不然真的会伤了海外华侨的心。

WYD：欧洲华侨华人在这一次疫情中表现得非常好，有钱的出钱，有力的出力。国内疫情严重的时候，法国华侨华人几乎把法国的口罩都给买光了，寄回国内。但是，当法国疫情蔓延的时候，很多华侨华人打算回国，却想回也回不来，因为飞机停飞了。欧洲一些国家，虽然物资不足，但会派专机接滞留境外的同胞，因此，还是存在一定的差距。

采访者：目前国内就海外华侨华人，特别是海外华人回国治疗的事有各种各样的说法。你们如何看待。

WYD：无论有多少说法，我认为：第一，无论是华侨还是华人，他们永远都是中国人，永远是黑头发，黄皮肤，永远是龙的传人。第二，他们虽然加入了外国籍，但是赚来的钱很大一部分寄回国，用在了亲人以及家乡建设等方面。我举一个简单的例子，在法国的很多丽岙人都加入了法国籍，但是在法国赚的钱，没有存到法国自己的银行账户上，很多人就把钱存到了国内家人的银行账户里。这一部分钱对国家的外汇储备做出了很大贡献。很多人没有出国经历，认为华侨是中国人，而华人不是中国人。但是你要明白，先有华侨才会有华人。和先有鸡才有蛋，一样的道理！华侨变成华人其实有很多种原因的，比如小孩子在法国读书，到了16、18岁一定要你加入法国籍，你不加入就让你回国。一家人都在法国，孩子一个人回国读书，谁放心呀！也不现实。是吧！还有，要长期在法国生活，没有正式的身份，无论是孩子上学，还是做生意等都很不方便。不做生意，不工作，哪里来钱，没有钱如何生活，如何贡献家乡和祖国，是吧！现在我们国家是强大了，华侨华人的外汇可能没有以前那么重要了。但是，不能忘记以前华侨华人为国家的贡献。我们不能忘记在抗日战争时期，华侨华人对国家的贡献。在国家最艰难的时候，海外华侨华人心系祖国，有的华侨华人甚至把自己的房子卖掉把钱捐献给国家；有的把正在读高中的孩子送他们回国学习驾驶战斗机。当时保卫祖国的华侨的下一代正好是现在的华人。再说了，过了这么多年，无论在哪个国家，他们都会变成华人。从某种意义上讲，可能他们中有很多人不愿意加入在住国国籍，但是为了生存，为了活命，有时候是不得已而为之。我刚才也讲了，无论他们加入了哪一个国家的国籍，他们永远是龙的传人。你说对不对。所以，在特殊时期一定要考虑到他们(海外华人)。他们真的不容易呀！在国外，人家说他们是“中国人”，回到中国又被称作“外国人”。没有出去过的人不会理解这种感受的。我在网上看到了很多对海外华人的评论，比如：国家建设中你没有帮忙，现在需要国家的时候才想到国家……但是，我认为他们可能没有对家乡或者祖国直接做过贡献，但是，他们的上几代人我相信肯定会有，有可能贡献很大。

SUN：WYD 主席讲得很对，因为海外华人的“根”在这里。实际上他们国籍是外国人，内心却是地地道道的中国人。

WYD：我刚才也讲过，再过三个月，欧洲一些国家可能会出现一些严重的社会现象，比如大规模的失业、游行、骚乱等。再这样继续下去，欧洲社会可能会动荡。一旦动荡，遭殃的第一个就是华侨华人。所以我近来一直在考虑，采取哪一种有效的方法，尽快把法国的华侨华人接回国。但是，目前你也知道，没有航班啊！国家把航班给控制住了，因为害怕海外疫情传到国内。政府这种做法肯定是对的，也是为了大家的安全考虑。但是，考虑到欧洲各国的疫情，还是早一点把华侨华人接回来比较安全。在美国的华侨华人已经开始买枪。为什么要买枪，就是有朝一日可以保护好自己和家人。听说美国华侨华人组织打算群体购枪，实施群体保护的做法。言外之意，他们已经意识到因为本次疫情带来的问题的严重性。

笔者：两位的意思是国家应该给海外华侨华人提供回国的机会，是吧！

WYD：对了。现在他们是想回来回不来，也没有机会回来呀！虽然他们回来可能会带来一些不必要的麻烦，但是他们毕竟是自己的孩子呀！孩子不管做了什么坏事，孩子永远是孩子。

CHU：在这个紧要关头，如果事情处理得当，海外华侨华人更会感激国家。平常可能他们感受不到祖国对他们的爱。在疫情这一特殊时期，如果政府能够雪中送炭，他们会感受到祖国对他们的关怀，从而产生更强的凝聚力。

WYD：你讲的一点都没错。比如美国政府就号召海外美国人尽快回国，派专机接送，回不回去由本人决定。因此，我认为，祖国的大门应该向海外华人敞开。这样我相信，更能激发海外华侨华人对祖国的热爱和感谢，从而拧成一股绳。现在很多海外华人就说，国家没有把他们当作自己的孩子，他们想回回不去。实际上，因为疫情，他们在国外也没有事情做。我认为最起码到下半年生意是没法做的，特别是做贸易的。你有东西，外国人不来买。今年的生意什么都没有了。只能待在家里，在家里待的时间久了，各种矛盾就会出现。

CHU：一般情况下，大家都很忙，即使有矛盾也相互忍让，但是一旦没有事做，情绪可能会恶化，从而出现冲突或矛盾。

WYD：是的。还有可能因为压抑等心理问题出现自杀现象。因此，我近来一直在考虑如何让海外华侨华人尽快回国。当然了，回国前，首先，填好相关表格，让他们承诺必须遵守中华人民共和国的法律和相关规定。比如，到规定的地方隔离，确认没有问题时才可以回家。其次，费用自理。如果被感染，在国内的一切治疗费用自己承担。

采访者：近来也传来了很多从欧洲回来的人感觉自己比国内的人有优越感，说什么"国内的环境差、设施不好"，还有人和工作人员吵架。你们如何看待此现象。

WYD：我认为这个是极个别的。举个例子，我们国家有这么多的党员，不遵守党章、做一些不正当的事情的人也是存在的，但是大多数，也可以说 99% 的党员同志是好同志，都能自觉遵守党章，为人民的利益服务。同样的道理，大多数海外华侨华人都是很爱国的，回来后也能自觉遵守国家法律。有个别不讲道理、不遵守法律或规定的人存在也是很正常的。我在法国，有时候和法国人聊天，他们问我，中国的谁谁因贪污被逮捕了，还是党员，你如何看待？我就说，哪个国家没有几个不遵守法律的人，难道你们国家就没有吗？也同样有吧！

采访者：您讲的没错。但是，我认为对不遵守法律或规定的人适当的教训一下也是应该的。

WYD：是的。但是我认为说服力或者给出一定的解释也很重要。比如工作人员让他们隔离，他们不同意。我们要有耐心地说明隔离的原因及利弊。可能还有很多人说，我居家隔离不就行了吗！其实，居家隔离也存在很大风险。亲戚朋友们都知道你回国了，来家里看你，你不让他们进门没有礼貌。但是如果让他们进门，一旦感染，谁负责呢！因此，回国采取集中隔离是有必要的，只要向他们说明情况。我相信大多数人还是能够接受的。

CHU：本次疫情来得太突然，领导层开会决定一个政策或者决策的时候，有时候也很为难，因为早上发生的事情下午就有可能变了，因为情况有所变化。但是，像 WYD 主席刚才讲的（打开国门，欢迎海外华人回国）是必要的。现在国内的疫情基本上得到了控制。抱怨的声音其实就是一种个人观点，是大家站在不同的点上或立场上发出的声音。现在国外的疫情比较严重，我们也密切关注国外疫情的发展与变化。我们就应该把这种声音传出去，不仅仅是为了我们丽香，同时也是为了整个浙江，甚至整个中国。如果能够把 WYD

主席刚才提到的关于海外华人回国一事处理好的话，我相信会聚集更多的力量。因为在最危急的时候，国家帮助海外华人解决困难，华人们也会深深地记在心里，因此，增加航班，尽快让能够回国的海外华人回国是最好不过的事情。现在只要有航班，一下子就被抢光了，而且价格也很高。这一点恰恰说明海外华人回国的愿望还是很迫切的。我想他们也深深地感受到国外疫情的危险以及不稳定性。

WYD：我刚说过三个月后欧洲各国会发生暴乱。如果疫情继续持续，再过六个月，你再看看，连粮食可能都会供不应求了。法国人吃粮食基本上都是从缅甸、越南、巴基斯坦等国进口，哪里会有粮食呀！除了我们中国。

CHU：对的，那些粮食出口国现在都停止了粮食出口，比如越南等。

WYD：如果没有粮食吃，会带来更大的动荡。没有吃的，为了生存，他们什么事情都可以做得出来。

CHU：生产不出来，流通不起来，库存的也卖完了。

WYD：现在除了少数几个国家，大家都在隔离，谁去下地干活，谁去种粮食，没有人去呀！库存越来越少。好像你家里今天有一万元，明天用了一千，后天用了两千，只出不进，几天后就没有了。

CHU：生产农药的停了，生产化肥的停了，种地的人效率也低了，再加上种的人又少了，生产出来的东西流通又跟不上……各个环节上都受影响，整个社会的供应就会出现问题。

WYD：很多人都没有想这个问题，一旦想到了，感觉很可怕的，晚上都睡不着觉。真的，我有时候在想，如果出现这种现象，欧洲的华侨华人可能是第一个受害者。我们法国的华侨华人和其他国家的移民不一样，移居法国的历史没有他们长。可以说他们的根在法国，而我们华侨华人的根在中国。第二个原因是我们华人群体还没有融入法国等国家的政治体系中。而融入当地政治体系是非常重要的。我们华侨华人去了法国就是为了赚钱和谋生。不过，现在比以前好了一些，我们的第三代、第四代因为在法国出生，从小就融入了法国社会中，现在也有一部分华人在村里当上了委员。现在法国巴黎的每个区都会有两个华人被提名，选一个华人做副区长。为什么呢！因为中国强大了，在那里的中国人也多起来了，地位也慢慢提升了。所以，外国人一定要和中国人搞好关系。当然了，除此之外，我认为最重要的是中国人当了副区长可以替中国人说话，同时，与当地政府部门可以深入沟通，维护华侨华人利益。

采访者：也就是说，法国华侨华人已经步入法国政界了，是吧！

SUN：其实，也没有真正的实权。他们（法国人）不会给华人实权的。你做得好就用你，做得不好就换。

WYD：对对，摆摆样子。或者说，你（副区长）帮忙给中国人传传话。

CHU：其实，我认为这也是一个好的开始。刚开始可能就会这样，慢慢地会好起来的。

WYD：从一无所有，发展到今天能担任副区长，还是不错了。

SUN：不过这一点说明，海外华侨华人的地位在不断提升和我们祖国的强大是分不开的。要到达主导地位，还需要很漫长的岁月。

WYD：所以，有时候我也想。我去法国做生意，我让我的儿子也做生意，让孙子慢慢融入法国社会，让重孙子去从政。但是，从政还有一个条件，就是必须要和法国人结婚，身边必须有一位黄头发的人，不然他们不会信任你。

采访者：是的，万事开头难。

WYD：有时候，和法国人聊天，他们会问我："你是中国人，现在住在法国，你认为中国和法国哪一个国家更好？"我说："中国和法国都是联合国成员。中国是我的第一故乡，希望中国繁荣富强。法国是我的第二故乡，为法国的自由民主感到自豪。两个国家应该和平共处，共同发展。"其实这个问题很难回答。如果你说法国不好，他们就会说，那你为什么还要来法国？因此，在巴黎，无论是左派还是右派来拉票的时候，一定要注意，哪一个都不能得罪。得罪哪一派，华人都会有麻烦，很现实的。

采访者：由于时间关系，我们今天先谈到这里，感谢三位提供的宝贵信息。

二、受访者：HUA

采访时间： 2020 年 4 月 19 日

采访地点： 温州威斯汀酒店

采 访 者： 徐辉

采访者：请您介绍一下您和您的家族情况。

HUA：我是 HUA，1962 年 2 月在丽岙路溪村出生，初中毕业。我有两个女儿，她们都是法国籍。我和我爱人是中国国籍。我有五个姐姐、一个弟弟和一个妹妹。除了我二姐没有出国外，其他的兄弟姐妹都出国了。我父母亲都去世了。父亲去世的时候由于那时我在法国还没有身份，没有回来，都是我的几位姐姐一手操办的，很感谢她们。现在我每年都会回来看她们。当时很想回来但是回不来，真的没有办法。目前我们家族有 60 多人在国外，包括我这边和我爱人那边。

采访者：兄弟姐妹中，为什么您二姐没有出国？

HUA：我二姐人比较聪明，也会做生意，生意做得也不错，生活比较富裕。再加上老人在国内也需要人照顾，因此，她一直在国内。她有三个孩子，都很有出息。两个孩子做生意，另外一个孩子是公务员，在税务局工作。

采访者：您的两个女儿加入法国籍的动机是什么？

HUA：加入法国籍办事比较方便吧！比如去英国、澳大利亚等国留学比较方便。相对中国籍，法国籍更容易，注册一下就可以了。中国籍的话比较麻烦。

采访者：能谈谈您两个女儿的教育问题吗？

HUA：大女儿在初中的时候就拿到了法国身份，但是当时没有去法国，直到在国内大学毕业。她是在国内的(杭州)的一所大学毕业后去了法国。到法国后，在法国一所大学学习了三年，之后又去了英国学习了三年，目前在帮我经营公司。我们公司总部在法国。二女儿十一岁的时候去了法国。大学毕业后，现在经营一家貌似小百货生意的店。是我帮她投资，因为像她开的这个店需要明的钱(现金)，而且需要很多。他们小孩子没有那么多钱的呀！这种店原来是为法国退伍军人开设的专门店。没有了战争之后，就转给民间做。因此，我女儿就买了这样的店。

采访者：那她(二女儿)大概是什么时间开始经营这家店的呢？

HUA：3 年前开始。

采访者：您的两个女儿都已经结婚了吧！

HUA：是的，她们俩都已经结婚。

采访者：她们的爱人是中国人还是外国人？有孩子吗？

HUA：她们的爱人都是华人，也都有了子女。

采访者：能谈谈您当时出国的动机吗？

HUA：我出国的原因很简单，就是为了挣钱。当时，中国的经济还比较落后的，吃是可以吃得饱的，但是没有多余的钱。出国之前，我在一家集体企业工作，一个月也就 30 多块钱，感觉也没有什么前途。父母担心我个子小，找不到好工作，就让我去学习木工，也就是木工学徒。之后看身边的人出国了，还挣了钱，就打算出去了。其实，我父亲对我的影响很大。记得他经常说："一定要让孩子们出去看看，不出去，没有发展的"，我很敬佩他的。当时，国内经济不好，政府也不像现在一样可以支持想创业的人创业。

采访者：当时是如何出去的？

HUA：偷渡。当时温州出国的人中有 98%以上的都是偷渡。

采访者：当时也花了很多钱吧！

HUA：当时我们花了十几万法郎吧！

采访者：出国的路径是？

HUA：我们先到云南的昆明。

采访者：之后呢？

HUA：我们出境之后先到了缅甸，再到泰国。那时的泰国还是相当富有的。当时，我们这边没有柏油马路，他们那里都有了。之后从泰国坐飞机到了法国。当时蛇头给我们弄的护照是中国台湾地区的护照。因为当时没有电脑，入关检查时就用放大镜看看，做得好的话，一般是看不出来的。总的来说，我还是比较幸运的。

采访者：您到法国之后，刚开始从事什么样的职业？住在哪里？

HUA：当时我们就会中文，不会法语，很困难的。当然，去之前我们也做好了吃苦的准备，我们知道会很辛苦。到了法国之后，我们先是给别人打工，比如剪剪线头、烫烫衣服、学习缝衣服等。就这样慢慢地赚一些钱，之后就和几个朋友开了服装厂。因为经常和犹太人打交道，法语是在工作中学习的，没有专门学习过。当时去的时候就已经 30 多岁了，就想赚一些钱之后回国。当时手里也没有钱，老华侨子女有钱，他们的法语比我们要好很多，也很羡慕他们。到目前为止，我也只会听，只会讲，不会写，像我们所说的文盲一样。

采访者：能再具体谈谈您的服装厂吗？

HUA：好的。我做服装，主要做女装。我们的品牌是 see u soon。也许你也知道吧！法国华侨华人中做品牌的人不多。可以说我们是第一家做品牌的。法国华侨华人的一个特点是很多人不愿意做像我们这样长期投资一个项目。他们都喜欢做一些来钱快的生意。法国有很多品牌，我既然到了法国，因此，也想做自己的品牌。

采访者：我在网上看到你们的品牌很多个国家都有。

HUA：是的。我们的产品目前远销美国、意大利、瑞士、澳大利亚、日本、迪拜、中国、西班牙、比利时等40多个国家和地区。但是，在中国我做得不好。

采访者：为什么？中国市场很大，不是吗？

HUA：因为我不懂中国的游戏规则，做得很失败。我们做的主要是女装时尚系列，也可以叫巴黎时尚。巴黎是一个被公认的时尚之都，大家都知道。做了这么多年，感觉中国人可能不认可西方国家的一些时尚。或者说我们的产品不是很适合我们中国人的需求，因为我们中国人对时尚的追求和西方国家不一样。还有，谷歌在中国不能被使用，而谷歌的信息量很大，很多时尚的东西都是通过它来传播。国内我们最常用的是百度。当然了，百度也做得很好，但是也有很多不足，比如在时尚方面。所以，我认为以上可能是我们在中国国内做得不好的原因吧！

采访者：我在网上也看到您在东莞也有分公司？

HUA：有的，有的。这些公司都不是我名字注册的，我只是投资。现在也很难做。

采访者：刚才您说当时您很羡慕老华侨华人子女，您在法国时有没有碰到过任岩松先生？

HUA：见过一次面。在我的朋友的叔叔家里打麻将的时候见过。任岩松先生的胸怀比较宽广。他也看到当时中国的落后，就把自己在法国赚来的钱，贡献给祖国和家乡，还办了学校。我认为如果一个人能够认识到教育的重要性的话，这个人是很了不起的，而任老先生就是这样的人，他是我们海外华侨华人的榜样。

采访者：当时，给别人打工大概打了多长时间？

HUA：大概三年多吧！之后就开了服装厂。

采访者：那个时候开始，您就有意向从事长期投资服装业，或者说想创造自己的品牌吗？

HUA：那个时候没有的。那个时候就想着赚一些钱之后回国。当时回国的念头还是有的。但是一年一年过去了，慢慢地习惯了法国的生活。然后，法国政府也很人性化，对我们这些难民给了居留身份。

采访者：给了一个身份，您是指大赦吗？

HUA：是的。给我们的时候是在1997年，当时有很多人由黑变白。

采访者：那你们在1997年大赦之前没有身份，工作、生活等是如何安排的？

HUA：在大赦之前，我花了8万欧元买了越南人的一个身份。

采访者：你有了越南人的身份，在大赦的时候没有给您带来不好的影响吗？

HUA：没有。大赦的时候他们不会追究你是哪个国家的人。法国政府在这方面还是比较人性化。

采访者：您如何看待法国的难民？

HUA：在法国，虽然有很多难民，也给法国社会带来一些问题，但是，总体而言，没有什么特别大的事件发生。我们华侨华人对法国的贡献还是很大的，特别是在税收方面，因为法国的税很高的。

采访者：您到法国之后多久您爱人也去了法国？

HUA：两年多吧！我是1991年去的，我爱人是1993年去的。

采访者：她是通过哪种途径出去的？

HUA：一样，和我一样。从中国到俄罗斯之后到法国，也是偷渡的。

采访者：哦！是这样呀！都很不容易。不过现在你们全家都在法国生活，一家人在一起很幸福呀！我听说您在泰国也有投资。

HUA：是的。有苦就有甜嘛！或者是先苦后甜。在泰国，我是和几个朋友一起投资了一家酒店和一些地产。在法国我们中国人还是比较团结的，有了多余的钱，就一起投资。除了泰国，我们在法国、美国也有投资。我主要负责泰国的项目，还有专门负责美国项目的人。我们这几个人做得还可以。在管理方面也用了很多土办法。泰国我在负责管理。

采访者：我也听说，您在这一次疫情中从泰国购买了很多医疗物资捐献给国家。

HUA：是的，我在法国的时候，每天下雨很冷。当时法国那边的华侨华人还是比较平静的。到了泰国就听说国内疫情爆发，需要口罩。我在群里就发了相关信息。当时发的主要内容是动员在法国的侨胞齐心协力，援助祖国，抗击疫情。在这之前，很多侨胞都知道国内爆发了疫情，因为没有人倡导或者动员，他们也都保持沉默。我在群里发了信息之后，侨胞们都纷纷动员起来了。捐资、捐物。之后我到了泰国。我们村的书记问我，有没有防护衣，说瓯海有一家医院很缺。本来一个医生一天穿一件，但是出现了三个医生穿一件的情况，有的还穿着雨衣。于是，我就在泰国找呀找，就是没找到。但是，我找到了一万多只口罩，我们通过泰国温州商会寄了回来。但是，不知道寄到温州哪个部门了，是红十字会还是政府部门，到现在也不知道谁接收了那批口罩。

采访者：当时地址写的是哪里？

HUA：我具体也不知道，可能是红十字会吧！我当时找了很久就是没有找到防护衣。然后，一位朋友就打电话给我，说："HUA，你不是认识泰国前总统的儿子吗？你问军队里有没有？"之后，我就立刻打电话给那个前总统的儿子。他说可以拿一点出来，因为军队里需要定期换的，其实他们的库存很多的。他们做化学实验的时候要用到防护衣的。他说的换是把新的拿进去把旧的拿出来。虽说是旧的但是也没有过期。他答应我三千多件，最后就给了一千多件。我给温州邮寄了六百多件，给湖北、医院寄了四百多件，也给广东那边寄了很多医用手套。广东那边是卫健委收的。这一次我知道如何捐、捐给谁了。第一次我们不知道，当时慌慌张张的，只想着救命呀！

采访者：国内疫情得到有效控制后，法国疫情开始蔓延。法国的华侨华人有没有捐资或者口罩给他们？

HUA：有的。我也在群里动员大家为法国捐助相关的医疗物资如口罩等。当时的原文如下：

亲爱的 AGA 朋友们，法国华侨同胞们，大家好！

在全球爆发新冠肺炎疫情的当下，前不久我国疫情紧急，我们的法国华侨同胞们都情牵祖国，慷慨捐赠，出钱出力，共同帮助我们的祖国和同胞共渡过难关。但随着疫情的迅速蔓延，没想到法国已成为第二重灾区。法国是我们生活的地方，也是我们下一代成长与生活的祖国、家园，当祖国、家园处于灾难之时，我们责无旁贷，需要再次伸出爱心援助之手，向法国政府捐赠救灾物资，共克时艰。为此，如何提出快速、有效的方案去支援法国政府，想听听我们华侨同胞们的宝贵意见和建言，指导我们共同去实现和落实，作为法国政府抗击疫情的坚强后盾！守护好我们共同的生活家园。最后，祝愿华侨同胞健康万岁！团结万岁！

HUA：2020 年 3 月 19 日

法国华侨华人都是很热情的。因为一位朋友和法国前总理让-皮埃尔·拉法兰(Jean-Pierre Raffarin)很熟悉，通过法国外交部把我们华侨华人买的 28 万只标准口罩捐给了法国的一家医院。之后，让-皮埃尔·拉法兰发来了感谢信。感谢信的具体内容如下：

亲爱的 HUA 先生，

我非常热烈地感谢您为普瓦捷大学医院送去口罩。您知道普瓦捷是我的故乡，我非常感谢您为中法友谊所做的努力。我希望很快能向您致意。

简-皮埃尔·拉法兰　前总理

2020 年 5 月 20 日

Cher Monsieur Hua,

Je tiens à vous remercier très chaleureusement pour votre envoi de masques au CHU de Poitiers. Vous savez Poitiers est ma ville natale et j'apprécie beaucoup votre geste au service de l'amitié Franco-Chinoise. J'espère saluer de vive voix votre générosité très bientôt.

JEAN-PIERRE RAFFARIN　Ancien Premier Ministre.

May 20. 2020

中国温州还是哪里邮寄给法国华侨华人组织的口罩出现了一些问题。因为法国华侨华人组织收到口罩后，在分的时候被法国警察给发现了。法国警察就认为华侨华人在做口罩的买卖。因为是医疗物资。他们认为，你们一个小小的社团，怎么会有这么多医疗物资。之后又问了很多问题，比如这么多东西如何通过海关的？说我们又不是医药公司，你怎么入关的。因此，他们存在很大怀疑。把华侨华人组织的相关负责人给逮捕了，关了整整 48 个小时。这件事情给我们华侨华人思想上带来了很大的打击。之后很多人就放弃了对法国的援助。还有几个朋友赶快打电话给我，说："你的口罩没有运出来就不要运了，会被没收的。"我说，我们是正当途径，没有问题的。之后，我们就邮寄了 18 万只口罩到了法国后捐给了他们。

采访者：那最终这批口罩如何处理了？

HUA：相当于捐给了法国。因为我们华侨华人家里都存有大量的口罩，都是提前准备的。我们华侨华人深深地认识到，防护疫情最重要的手段就是不出门，出门时要戴口罩。这次疫情中，我们很多人认为法国的医疗设施不行，其实不是的。因为两个国家人们的想法以及对待生病的认识不一样。比如欧洲人感冒一般是不吃药的。即使去看医生，医生也很少给你开药。医生还会说，人就是要感冒，感冒对你整个身体循环有一定的帮助，回家洗洗澡，好好睡一觉就行了。但是，我们中国人就不一样，感冒时要吃药，有时还会打点滴。也就是说两个国家人们的观念是不一样的。因此，我不能说人家的医疗不好，不先进等。再举一个例子，我们中国人发烧的时候要用厚厚的被子盖起来之后出汗。但是，法国人认为之所以发烧，是因为体内的温度过高，要脱掉衣服把热释放出去，才会好。

采访者：疫情期间，很多国外的华侨华人纷纷要回国，特别是感染了病毒的人，有的还采用欺骗的手段回国，您如何看待这种现象？

HUA：我认为如果他持有中国护照的，国家应该敞开大门让他们回来。如果不让他们回来，会伤感情的。说实话，海外华侨华人对祖国贡献很大的。没有在国外生活过的人他们想象不到海外华侨华人的生活，我们都很团结的、很热爱祖国的。我 3 月 20 日在各个微信群里发了关于“中国病毒”用语的信息。原文是这样的：

全球侨胞谴责“中国病毒”用语

近日，美国及西方一些政客将日前正大流行于全球的新冠病毒公开称之为“中国病毒”，法国华侨和全球同胞坚决反对，并表达强烈不满与愤慨，这一行径充分暴露出美国及西方国家污名化中华民族的卑劣做法，违背科学精神和人类道德伦理。新冠肺炎疫情已危害到我们全人类，需要我们全人类共同去面对。此次疫情最先在武汉被发现，中国人民蒙受了巨大的痛苦与损失。“中国病毒”这一说法是绝对错误和不适当的，带有种族主义色彩的，目前遭到世界各国和一些美国国内有识之士及专家的共同谴责，我们华侨华人呼吁美国在内的世界各国政客，绝不允许用“中国病毒”这一说法。立刻停止这种不理智的言论。我们坚决反对！声明没有政治立场，只是讨公道。

HUA　2020 年 3 月 20 日

采访者：您对回国需要隔离如何看待。

HUA：我认为政府做得很对，为了防止疫情的扩散，隔离是必要的而且也是很重要的。但是，少数工作人员在工作态度、文明用语方面和欧洲国家相比还需要提高。其实，大多数海外华侨华人还是很好的，都能做到入乡随俗。但是，在机场等公共场所，一些工作人员的态度真是很难接受。对我们比如"嗨，你，那边的你"大喊大叫，很不尊重别人。我们又不是犯了什么罪，有必要那样吗？不可以这样的。还有，我在上海下飞机，去松江的一个地方隔离的时候，有几位高高大大的、戴着口罩的人站在那里。我就说了一句"哪个王八蛋害得我们人类遭此罪"。话音刚一落，旁边站着的一位工作人员就对我大声喊"你在说什么？你既然来到这里了，就必须听我们的"。我说："我没有说不听你们的呀！这样的话不可以说吗？"当时他给我的感觉好像就是黑社会。你说，这种做法不是很文明吧！我认为越是这个时期，越要对人民好，处事态度要好，这样才能进一步体现我们伟大祖国的大国风范，才能让人们感觉到祖国的温暖，不是吗！

采访者：那您对关于海外华人回国提出免费治疗疫情的事情，如何看待？

HUA：我感觉，政府做的没错。你看看其他国家，是谁付的，不管高鼻子矮鼻子都是自己付的。但是，对海外华侨，也就是说，手持中国护照的人，应该免费治疗。还要提供他们回国治疗的机会。

采访者：以上是关于疫情捐赠等事情。在孩子的婚姻问题上，您如何对待？

HUA：我的两个女儿都结婚了，他们的对象都是华人，而且都是温州人。

采访者：如果当时您的女儿和法国人结婚，您会介意吗？

HUA：我是比较开放的，她们喜欢就行。她们自己幸福就好。好多华侨华人不喜欢把孩子嫁给老外，但是我不会反对的。

采访者：您父母亲一直在国内生活，是吧！

HUA：是的，他们一直在国内生活。不过，目前都去世了。刚才我也讲了，我父亲去世的时候因为我在法国还没有身份，也没有回来。相对我父亲来说，母亲还是比较幸福的。因为父亲走了之后，我们兄弟姐妹们的经济条件也都逐渐变好了，她也享了好多年的福，走的时候八十几岁。

采访者：在法国，您遇到的困难我相信也有很多吧！特别是您刚到法国的时候，遇到了什么样的困难，能分享一下吗？

HUA：我还好吧！都还挺顺的，虽然当时也没有正式身份。企业上规模了之后，也聘请了财务顾问、法律顾问等为公司服务。目前也没有什么困难。

采访者：您刚才讲了在没有拿到正式身份之前，您买越南人的护照，当时还是遇到了一些困难吧！

HUA：那个时候，我们对自己的身份确实是很担心的。那时因为法国是社会党（左派）的天下。他们上台之后，对非法移民还是很严厉的，比如抓黑工抓得比较严。在街上都有查身份的警察。左派的人的想法就是有一些极端。

采访者：那么，在当时，一旦被查出来，会不会遣送你们回国？

HUA：很少的，被查到的人很少，万分之一吧！万一运气不好被查到，他们也不会遣返你，因为他们也不可能买机票给你。其实，非法移民在法国对法国社会也没有造成多大的坏影响，比如我们华侨华人都是很遵守法律的人，还给法国做了那么大的贡献。

采访者：您当时是如何买到越南人的身份证件的？

HUA：前面有交代。我认识在法国的越南籍教师，在法国工作得很辛苦。他准备回越南了，就卖给我了。

采访者：但是，护照上的照片完全不一样呀！

HUA：也没有什么问题的。因为我们一般出去的时候都只带复印件，原件放在家里。还有，很多时候都混过去了，因为我们会说一些法语嘛！如果把原件带在身上，一旦被查出来，是有罪的。有的时候为了做生意用嘛！

采访者：没有身份，孩子在法国上学也很困难吧！

HUA：法国在教育方面还是很人性化的。不管你是哪个国家的难民，孩子一旦到了上学的年龄，只要你报名，就会给你机会上学，而且是免费的，和法国小孩子们一样，一直到高中。大学是要收费。

采访者：您现在是法国华人高尔夫球协会会长，在您入职演讲中您说："400年前欧洲人发现了新大陆，40年后我们华侨华人有了新生活"，这一句话背后好像有很多故事，能分享一下吗？

HUA：是的是的。当会长我就是玩玩，为华侨华人服务。因为我们中国人到法国，很多都是为了赚钱去的。到了法国之后，就开始拼命地赚钱。为了活着而赚钱，生活上几乎没有娱乐时间。我父亲一代还遭受过饥饿。经过三四十年的打拼，我们也赚了一些钱，发现我们不是不爱玩，不想玩，我们很喜欢玩的，比如高尔夫球。只不过我们当时想玩条件不允许呀！我不知道你对高尔夫球了解不了解，在法国不是很贵的。说实话，街上讨饭的都打得起。有兴趣就可以去打。我在法国买一张卡，只要 2 000 欧元，可以打一年，随便你打。但是，在国内，打高尔夫球的几乎都是一些高官、富二代、富豪等，而且也很贵。有时候我们四个人在国内打球，一场 15 000 元就没了，这个真的是不一样的。

采访者：您未来有什么打算？是落叶归根还是继续留在法国？

HUA：回到中国是不可能的。目前还不知道留在哪个国家。但是，我会找一个对我生活比较方便，医疗设施比较齐全的地方吧！回到中国从来没有想过。

采访者：不打算回来。为什么呢？

HUA：有几个原因吧！第一，环境问题。比如水污染还是很严重。第二，医疗方面跟不上。相对来说，中国的医疗条件还是比较落后的。你在日本待过，相信你也知道的。第三，食品方面也存在很多问题。第四，收入和支出不成正比。比如温州的物价就是比较高的，人们收入却不是很高，不是吗？第五，服务方面也不行。服务人员的服务意识有待提高等。

采访者：以上就是我今天想对您采访的相关内容。除此之外，您还有没有要分享的或者想讲的。

HUA：我初中毕业，没有什么文化。但是，我很喜欢和读书人聊天。如果你不是读书人，我接下来讲的话你可能没有兴趣或听不懂。我们海外华侨华人真的是很爱国的。但是，在国外生活久了就会发现我们国家在一些领域中存在很多问题。刚才你也问我以后会不会回国，我也说明了我的想法。除此之外，我认为，我们中国想要得到更好的发展的话，必须改变教育方式。钱是个好东西，也很重要。但是，不是钱多了，一个国家就真的强大了。我们国家在教育方面存在一些问题。你看看，我们国家的小孩，多么地可怜。一个七岁的孩子一天要学习十三四个小时，这是错误的。我们中国的科技相对来说还比较落后。不要因为有了支付宝、微信支付等网上支付就感觉了不起。我们的邻国日本，没有支付宝，也很少用网上支付，但是人家每年都能够拿到诺贝尔奖，为什么？人家重视科技，而且重视大科技研发。我们国家的支付宝、5G等科技是很好，也很方便。但是我认为这些是小科技。目前很多人都向着这个方向发展，我们认为是没有前途的。那么，什么是大科技或者说是伟大的科技呢？如果你能研发一种大型机器，把地底下的污水通过这个机器后处理能够达到使用程度，这才是真的大科技。我只是举一个简单的例子而已。而研发这样一种大机器靠的是什么？是教育，因此，我们必须改变传统的教育观念、教育方式等，不然真的没有发展的。

采访者：好的，谢谢您花费宝贵时间给我以支持。和您聊了近两个小时真的受益匪浅。也希望您身体健康。

三、受访者：CJY

采访时间：2020 年 4 月 22 日
采访手段：微信（线上）采访
采 访 者：徐辉

采访者：请您介绍一下您和您的家族。

CJY：我是 CJY，1963 年出生，高中毕业。有两个孩子，一个儿子，一个女儿。女儿 1992 年出生，已婚，目前在帮忙管理公司。儿子 1995 年出生，大学刚刚毕业，接下来要读硕士研究生。他们两人都在法国出生，持有法国国籍。我和我爱人是中国国籍。我是 1987 年出国的。我爱人也是丽香人，1989 年出国的。我们在法国相识并结婚。我父母都在国内生活。我还有两个姐姐，两个哥哥，我是老小。除了大姐以外，我们兄弟姐妹都在国外。

采访者：大姐为什么没有出国？

CJY：我们家是开中药店的，祖传的中药店。因为她一是要负责中医药店，因为我们兄妹几个人都出去了，没有人打理。另外我父母在国内，她需要照顾我们的父母亲。所以，就没有出去了。

采访者：原来是这样呀！有机会我一定去您大姐经营的中药店参观一下，也拜访一下大姐。

CJY：好的，好的。就在丽香镇的华侨新街，离任岩松中学不远。

采访者：出国前，您主要从事什么职业？

CJY：我们家是开中药店的，我在店里帮帮忙。1985 年我和朋友一起办了一家化妆品厂。

采访者：1985 年您和朋友办厂，1987 年就出国了，为什么？

CJY：主要有几个方面的原因吧！第一，那个时候，家里的两个哥哥已经出国了，家里人还是比较积极地要求我出国。第二，当时，国内的很多政策还不是很明朗，我指的是办工厂方面的。第三，我想去欧洲国家看看，长长见识。

采访者：当时您是通过哪一种途径出国的？

CJY：当时，我哥哥委托了一位在荷兰的朋友，帮忙办了旅游探亲签证。说实话，当时在国内有工厂，出去的时候我自己不是很积极。就抱着出去看看的念头，结果一去就没有回来了。我之后从荷兰到了法国。在法国打工很辛苦，中途也有回国的念头，因为真的很辛苦。我这个年纪的人大多数都是去法国，再后来很多年轻人则选择去了意大利、西班牙等国家。

采访者：你说您的亲戚和朋友都在法国。到法国之后，工作还是比较容易找吧！

CJY：我哥哥他们把一切都准备好了。所以，前往法国的途中一点也不辛苦。但是，在法国工作，还是比较辛苦的。你也知道，80 年代，我们国家很穷，我们温州人出去就是为了赚钱。当时在法国的收入确实比在国内要多得多，但是很辛苦的。那时，每天都要工作十几个小时，根本没有节假日，只要有活干就行，最怕没有活干。大多数温州人都这样过来的。

采访者：那时具体一个月有多少钱工资呢？

CJY：我当时的第一份工作是一个月 7 000 法郎，在朋友的一个皮革工厂上班。

采访者：在这个皮革公司大概做了多久？

CJY：两三年吧！然后就和朋友开了工厂，之后开始自己单干。结婚后，慢慢地走向服装批发、制造等行业，一直到现在。

采访者：听您这么一说，在正式拿到法国居留身份之前，您已经开始办厂了。当时法国政府没有为难你们吗？

CJY：当时还好吧！那个时候法国政府对难民还是蛮不错的。比如在路上开车，会讲几句法语就可以了。出去的时候我也学习了大概一年的法语。简单的法语还可以应付。在法国待的时间长了，政府就会出台相关大赦政策，也没有遇到很大的麻烦。

采访者：您是哪一年拿到身份的？

CJY：1992 年。

采访者：您刚说您有学习法语大概一年的经验，是在国内学的，还是在法国？

CJY：不是在国内，是在法国。刚到法国的时候，一边打工一边学习法语。是白天上班，晚上学习法语。因为我在朋友的工厂上班，他对我挺好的，还不到下班的时候我就可以下班，之后去学习法语，当时是一次学习一个半小时。

采访者：不容易呀！

CJY：当时都这样的。学会了法语工作、生活会方便很多。当时还有很多人的父母已经在法国了，他们可以去正规的学校学习法语，很羡慕他们。我们只能一边打工一边学习。

采访者：您哥哥他们不是提前去法国了吗？

CJY：是的。他们去法国也不是很久，比我早上二三年。再加上他也成家了，有自己的家，大家都很不容易。

采访者：那么，现在您的法语和一般的法国人交流是没有问题吧！

CJY：现在吗！是的，没有问题。但是，阅读文字类的东西还是存在一定的困难。能看懂一点，但是还是需要法语好的人来帮忙。我们那个年代的人总体讲法语讲得不是很好，我感觉我还是比较好的。那个时候，我的法语都可以当翻译了。哈哈。但是和现在的小年轻比起来要差很多。再加上当时我们在法国的交际圈基本上都是华侨华人。不会说法语的大有人在。

采访者：孩子们的语言是没有问题吧！他们会说中文吗？

CJY：2003 年我们在国内创办了一个小服装厂。当时由于人手不足，就让女儿来帮忙。因此我女儿没有去读大学。之后，她就到法国总公司帮忙管理。她的法语和英语都挺好的。

采访者：那她是高中毕业还是其他？

CJY：她高中毕业去英国留学九个月，之后又去了美国学习。没有正式的大学文凭。但是，她的业务水平我感觉要比普通的大学生要强得多。儿子就不一样了，他不仅上了大学，读完了一个电信工程硕士研究生，还有读有关管理方面(MBA)的研究生。我具体也不是很清楚，这些东西他们和我们交流的不多。

采访者：目前，您国内的工厂谁在负责？

CJY：主要是我和我爱人。一年中我们几乎一半的时间在国内，一半时间在法国，两头跑。

采访者：国内您的工厂在哪里？生意如何？

CJY：在浙江湖州市，靠近杭州。效益还可以，因为我们主要是加工之后发到法国。但是，现在因为疫情已经放假，目前，大多数做服装、做贸易的工厂基本上都停了。大家都在家里，居家隔离，都一个多月了。待在家里什么事也没有做。

采访者：提到疫情，目前法国疫情状况如何？华侨华人有没有感染的？

CJY：还是挺严重的，但是华侨华人感染的比例极低。据说，到上周，一共有三十多位华侨华人轻度感染。你想一想，在法国几十万的华侨华人呀！因此，比例不是很高，因为我们中国人对疫情的防控意识是很强的，自控能力也很强。

采访者：本次疫情中，听说您也捐了很多医疗物资。

CJY：对，对的。我们会总共捐了九万多欧元(大约 75 万元人民币)吧！还捐了医用 N95 口罩、护目镜、防护服等。我们会在购买上述医疗物资的时候，对质量要求都很高，因此在寄给国内时候稍微比其他一些会要晚一些。我自己也捐了大概一万七千多个口罩。我是我们会的前一届的会长。听现任会长说，个人捐赠我还是算捐的比较多的一位。我也不知道。哈哈。在这一次疫情中，我们协会和 HUA 会长所在的法国华侨华人高尔夫球协会一起一共捐了二十八万只口罩给法国，交给了法国前总理让-皮埃尔·拉法兰，他还给我们发来了感谢信。你说你上一周采访了 HUA 会长，应该知道的吧！黄其成会长所在的法国华侨华人高尔夫球协会的很多成员也是我们协会的成员。“大流行”爆发后，欧洲很多国家还有美国的医疗物资很紧缺。总体来说，我们国家在这一次疫情中做得很好，政府领导的决策也很到位，十四亿中国人也很给力。给世界在疫情防控方面做出了榜样。

采访者：抱歉，您说的“会”的全称是什么？

CJY：全称是“法国华人服装业总商会”，成立于 1999 年，是整个华人社团中的第一个行业总商会。目前已经有 21 个年头了，历史是比较悠久的。

采访者：在疫情期间，很多法国人还是没有戴口罩，您是如何看待这一现象。

CJY：我认为这个问题比较复杂。首先，涉及中西文化差异方面。欧洲人自由散漫惯了，认为有病的人才戴口罩，没有病的人是不戴的。其次，我认为他们从思想上轻视了本次疫情的发生。不仅仅普通民众，政府部门的领导层也轻视了本次疫情。他们都误认为是普通的流感，没想到本次疫情的杀伤力有这么大。第三方面，我认为是受到了宗教信仰的影响。欧洲国家的人们对死亡、病毒的看法比较淡定一些，和我们中国人有很大差异。如果不是感染了这么多人，他们政府颁布的居家令根本实施不了。我们浙江省四五千万人口，仅有一千多例感染，因为我们充分认识到了这次疫情的可怕，乖乖地待在家里隔离、比较听话。我们政府的动员能力很强，完全不同。这一种动员能力我认为全世界没有的，十四亿人口的大国呀！很厉害呀！

采访者：目前法国的疫情每天还是呈增长趋势吗？

CJY：是的。但是这几天重症病人的人数在不断减少。总体来说，我还是对法国的疫情比较乐观。按照我们国家专家们的意见，十四天零增长才可以。但是法国人对居家隔离的承受能力比不上我们中国人。因为平日里他们自由散漫惯了。还有经济方面的原因，中国人会存钱。即使最穷的人，你让他们隔离三五个月，他们生活上的东西(吃的、喝的等)都可以支撑下来。欧洲一些国家(包括法国)他们都是月光的，也就是月光族。听说美国 70%的人的账户里的钱不到 1 000 美元的。这说明什么问题呢！如果你让他隔离十四天，有可能就没得吃了，从而造成了很多人宁愿出去工作，也不想饿死在家里的现象。为此，美国很多民众还出来游行。本次疫情中，欧美人对戴口罩的理解、对死亡的理解、对病毒的理解完全和我们不一样，这也是中西文化方面的差异吧！英国首相还提出群体免疫，其实，现在的法国也是一种变相的群体免疫，还排斥戴口罩的人。现在法国天气比较好，路上的行人，他们出去时几乎都不戴口罩，还带着孩子。我们国家居家令开始后，大人们都不让小孩子们出门的。而欧洲国家是不一样的，父母亲经常带孩子们出去。因此，法国也可以说欧洲的很多国家虽然实施了居家令，但是效果不大的。学校一放假，不待在家里，都出去散步。因此，我认为，欧洲国家要完全控制住疫情，还需要相当长的时间。但愿疫情能够尽快过去。要不然怎么办呢！哈哈。

采访者：听说你们协会也积极参加中国国务院侨办的扶贫活动。

CJY：是的。我们会通过中央统战部为甘肃省临夏回族自治州积石山县吊坪村蔚林小学捐赠 50 万元，建设独立宿舍和新办公楼。

采访者：您对海外华侨华人回国治疗，有何看法？

CJY：我认为在法国感染的华侨华人想回国治疗的人是少数。最早的回国治疗的华侨应该是从意大利回去了，而且他们大多数是打工族。刚开始国内是比较欢迎海外华侨回国治疗的，但是，可能是考虑到人数过多的话会给国内带来一些不好的影响，因为好不容易才控制住了疫情。这个可以理解，但是，针对海外华侨我认为国家应该给予免费治疗，因为他们拿的是中国护照，是中国人。海外华人的话，国家做得很对，他们应该自己付治疗费，因为他们已经是外国国籍了，这个他们也应该理解的。当然，我也听说了一些海外华人隐瞒病情回国要求免费治疗，这是很不道德的行为。我建议，如果真正在国外感染了，还是待在原地治疗比较好。这不仅是对自己负责，而且也是对他人负责。还有很多“键盘侠”的言论，很伤海外华侨华人的心。像这种不好的、消极的言论，我认为是不太好，因为它会造成海外华侨华人对国内的一些误会，非常不好，不是一般的不好，我认为。意大利的部分华侨为什么要回国，我认为，第一，部分在意大利的打工族，他们没有居住的地方，或者居住的地方条件不好。在那样的环境中隔离，给他们带来了一些恐慌和不安全。法国华侨很少回去，即使回去也都是为了做贸易等。第二，意大利的医疗物资很短缺。主要是这两个原因吧！

采访者：可不可以这样说，意大利的华侨的生活没有法国华侨生活的好。

CJY：对对对。我感觉是这样的。当然也不是所有的意大利华侨没有法国华侨生活得好。很多也很不错的。我在网上看到的意大利的老板带着他们的员工回国的事情。他们回国是可以的，但不应该隐瞒感染的事实，这种做法是很不好的。还有，“跑步女”“矿泉水”事件等，像这类人的行为也是很不好的，他们最终得到了惩罚。林子大了什么鸟都有。也是很正常的。

采访者：您说您一年中几乎有半年的时间在国内，那么在温州的时间大概多久呢？

CJY：其实我在丽岙也没有几个好朋友了，回去也待不了多长时间。我父母也已经过世了，但是岳父岳母还都健在，回去也都是为了看看他们。我刚才也提到，我们村大部分人都出国了。但是，每次回去都会和王云弟主席等在国内的朋友们见面聊天。

采访者：您父母是哪年去世的呢？

CJY：我爸爸是 2011 年，妈妈是 2016 年去世的。

采访者：以后您考虑回国养老还是在法国养老呢！

CJY：如果身体条件允许的话，在国内的时间会多一些吧！我目前处于半退休的状态，孩子们在打理法国公司的业务。国内的事务自己在打理。以后的事情很难说，谁知道接下来会发生什么事情，比如今年突如其来的疫情，还有石油的暴跌，是吧！总的来说，我有回去的念头。我们在国内有公司，都有缴纳养老保险的。但是，孩子们一般是不愿意回去的，因此，我们也只能待在法国陪他们。这一次，疫情中，因为没有航班，这也是种变相的不鼓励回国，我们也就不回去了。我们也不给国家添麻烦。哈哈。

采访者：其实，这个时候回国存在很大风险。

CJY：对对对。自己没有感染也可能被感染，在飞机上、在机场等场所。还有听说隔离十四天的滋味不是很好受的。居家隔离还好一些，在宾馆隔离很难受的，因为不能挑选好一点的、房间比较大的、方便的宾馆。

采访者：是的。但是正是因为大家都遵守隔离，才减少了很多风险。

CJY：对的对的。我认为大多数中国人还是很善良的，很遵守法令的。我经常说“中国好，世界好；世界好，中国好”。我们要本着这样一种思想去做事、做人。

采访者：您讲得非常好。现在我们不是提倡共建“人类命运共同体”吗？

CJY：对对，对的。本次的疫情不是中国人的挑战、不是法国人的挑战，也不是美国人的挑战，是全人类的挑战。我们在法国可能看的负面的、消极的消息比较多吧！一定要有一个宽阔的胸怀面对各种各样突如其来的事情，不能夸大宣传等。

采访者：是的。

CJY：我们公司是最早提倡大家戴口罩的。客户进来也是强制性让他们戴口罩。我们的理念是戴口罩是帮助你，也是在帮助别人、帮助你身边的人。

采访者：是的。病毒是不分国界的。

CJY：你说的很对，病毒不分国界的。我们也不知道以后会发展成什么样子。还是要抱着一种谨慎的态度面对。本次疫情对我们做外贸的人来说影响很大很大。因此，我们都希望全世界都早早地好起来，平平安安的。这是我目前最大的愿望。

采访者：您如何看待跨国婚姻？

CJY：我的思想是比较开放的。但是在欧洲的温州人基本上建议自己的子女在找对象的时候要找温州人或者华人。我女儿爱人是华三代。如果孩子们真正喜欢欧洲人，愿意和他们结婚，我也是可以接受的。因为毕竟他们从小在法国长大。

采访者：您儿子还没有结婚，如果突然有一天带回家一个法国女孩说要和她结婚，您会反对吗？

CJY：哈哈，可能不会太反对，也不会很积极吧！因为毕竟中国和法国文化差异比较大，生活习惯、处理事情的方法等不同，肯定会在生活中带来一些麻烦。但是，极端的反对也不会，还是建议他找我们中国人吧！如果儿子真正喜欢，我们也会支持。孩子们的真正幸福也是我们的幸福，而且他们也已经是大人了。我们不会作过多的干涉。

采访者：以上就是我今天要采访的所有问题，谢谢您的支持。您看看还有没有什么需要分享的？

CJY：我在法国生活了几十年，感觉他们（法国人）还是有一些高傲或者是傲慢的。还有就是，改革开放和中国加入 WTO 后，对我们海外华商带来了很多机会，我们都是受益者，我们要感谢祖国。但是，疫情后，我还是比较担忧的。是不是可以像以前那样走下去。因为这一次疫情直接影响了我们的经商环境和经商方式。再加上互联网的飞速发展对我们海外温州人经商也带来了一定的影响。真的是比较担忧。近来，我一直在考虑这个问题。如何面对以上问题？

采访者：您说您感觉法国人有一些高傲的，能具体说说嘛！

CSC：比如：在这一次疫情防控中，他们不相信我们中国或中国人。在我们公司，他们进来，我们送口罩给他们。但是他们不仅不戴，而且有时候会骂人。看不起我们这种通过戴口罩来防御疫情的方式，认为我们过度紧张。但是，如果是美国人让他们戴口罩，他们会乖乖地戴上，我认为。我当时在群里说他们是“傲慢，无知，愚昧，不见棺材不落泪”的信息来。现在好了，他们是“见了棺材流了一点泪”。如果本次疫情能够自然消失，那是再好不过了。否则，会给我们的生活和工作带来很大的麻烦。到目前为止，也没有好的疫苗。

从疫情方面讲就是这样。

采访者：好的，再次感谢您花费宝贵时间并给我以支持。祝您和您的家人健康，也祝愿所有华侨华人们健康。

四、受访者：CLJ

采访时间： 2020 年 4 月 20 日

采访手段： 微信（线上）采访

采 访 者： 徐辉

采访者：您好 CLJ 先生，能听得到吗？

CLJ：你好，能听到。我刚才出去走了一圈，哈哈。

采访者：哈哈，听说法国目前疫情挺严峻的。

CLJ：是的，很严峻。

采访者：目前，法国华人社区有没有被感染的？

CLJ：有的。有两三位来自丽香的华人被感染了。

采访者：在法国感染后去医院治疗的话，需要自己付费吗？

CLJ：不用付钱，不知道国内是如何描述。我认为媒体报道总会有一些偏差。都说自己好，别人不好。很多人从来没有出过国，对国外（法国）不是很了解。还有人说，在法国老人跌倒了，没有人敢去扶，其实这在法国是没有的。你帮了人家，人家会感谢你，不会讹诈你。

采访者：疫情期间，听说在很多国家去看病治疗需要花很多钱。您能谈谈法国的情况吗？

CLJ：其他国家我不是很了解，但是，在法国几乎不用花钱。即使花钱，也很少，仅仅付饭钱而已。不知道国内媒体是如何报道的。我在法国这么多年，看病花不了多少钱，法国是全民医保。你接触的华侨也很多，我相信你也了解很多，媒体的报道不能一概信之。

采访者：我自己也在日本留学和工作十三年，对日本的医疗有一些了解。

CLJ：是嘛！那你应该知道的。日本和西方国家差不多，走的线路也差不多。

采访者：陈先生，我知道您也很忙。要不这样吧！我们还是按照我给您的采访提纲采访，可以吗？

CLJ：好，可以的。

采访者：请您介绍一下您和您的家族。

CLJ：我是CLJ，丽岙人，在1967年出生。中专毕业，专业是检验，那时的中专很厉害。我父亲让我从小好好读书，找到一个铁饭碗的工作。当时温州医学院（现在的温州医科大学）开了一个本科的检验专业。以前检验专业从来没有本科。那个时候由于没有老师，毕业的时候就被分配到那里去当老师。也就是说，我们中专毕业的人去教大学生了。当时我还是很幸运的。不过我在温州医学院待了不到一年，就出国了。我是1988年9月去温州医学院，1989年6月就出国了。1992年在法国结婚，有两个女儿。我爱人也是我们丽岙人，和我一样来自乡村。结婚后就一起打工，一起赚钱。他当老板娘，我当老板。对了，我有一个弟弟，也是做服装生意的，他也在法国。我父母亲在中国和法国之间来回跑。他们不喜欢法国，在法国待两个月就脑袋发胀，吵着要回国。我最近回到国内，感觉国内已经进步了很多。但是仍然或多或少还有一些改进的余地。比如说，一些工作人员服务时的礼貌有待提高，一些国人在餐席上还是会铺张浪费。我觉得这些方面如果得到改善，那是很可喜的。

采访者：用现在的话来说，你当时已经有铁饭碗了，为什么还要出国呢？

CLJ：当时很辛苦，工资也不高。一个月只有一百多块钱。当时一套西装就需要八百多块了，干一年还买不到一套西装。温州人有一个特点，哪里能赚钱，就去哪里。

采访者：当时，您是通过哪一种途径去法国的？

CLJ：我是通过旅游签证去的，到了法国就留下来了。那个时候，通过旅游签证出去的人很多，有去法国的，也有去荷兰的。还有很多人先到荷兰之后再到法国，因为荷兰和法国就像从温州到杭州一样，很近。

采访者：留下来之后您就开始打工了，是吧？

CLJ：是的。温州人去法国，刚开始都是先要打工的，都是先打工后创业。之后慢慢地开了小店，当了小老板，再之后生意也越做越大。当然，我们也要感谢我们国家，1978年的改革开放给我们在法国的华侨带来了很多机会。之后中国又加入了WTO，我们法国华侨华人生意做大的或者成功的都和我们中国的发展有关系。

采访者：也就是说，中国实施的相关政策，比如您刚才讲到的1978年后的改革开放和加入WTO，给法国华侨华人或者说海外华侨华人带来了很多希望和机会。

CLJ：对的。因为在WTO之前，欧洲控制中国贸易，当时查得非常严格。加入WTO之后，我们就不用再偷偷摸摸，所有的货物都是通过正规途径进来，虽然需要缴纳的税很高，但是只要能赚到钱就可以了。

采访者：当时您在法国的第一份工作是什么？

CLJ：在制衣厂里给人家裁衣服(做衣服)的。

采访者：这份工作大概做了多长时间呢？

CLJ：做了两年左右吧！我这个人还是比较喜欢学习的，工作之余也自己学会了一些法语。还经常利用周末去其他的制衣厂看看，学习。有时候也会帮老板送货到犹太人那里，也认识了很多做批发的犹太人。1992年开始自己单干，开服装厂。

采访者：去法国之前您有学习法语吗？

CLJ：是这样的，你可能不知道。我在温州医学院上班的时候，我们学习外语是免费的，我英语有一定的基础，晚上就去温州一家外国语学校学习法语，学了几个月。到了法国之后，我又去当时台湾人办的一个培训班学习法语(晚上上课)，很便宜的，学习了大概一年左右吧！因为毕竟有原来学习的底子，对我来说还是挺轻松。我现在还有同学在医学院任教，有时和他们聊天。他们说："现在的学生和我们当时完全不一样，感觉不用功"。我们当时上学真的很刻苦、很认真。当时能考上中专已经很了不起。

采访者：1992年的时候，您还没有拿到正式身份，您开服装厂的时候没有麻烦吗？

CLJ：是的。当时法国还不是很严格。1993年我就获得正式居留身份，因为1993年法国政府推出了大赦政策。总的来说，法国政府还是较为通情达理。每过一段时间就会大赦一部分移民。

采访者：您现在是中国国籍还是法国国籍？

CLJ：我和我爱人都是中国国籍。两个女儿是法国国籍，她们都是在法国出生的。她们如果不加入法国国籍做什么事情都不方便。另外，我们还考虑到以后她们有可能会在工作上得到晋升，如果没有法国国籍会很难晋升的。

采访者：两个女儿现在几岁，在做什么工作？

CLJ：大女儿是 1994 年出生，小女儿是 1997 年出生的。大女儿已经硕士毕业了，专业是金融管理硕士，目前作为一名审计师助理在法国一家知名审计所工作。这个审计所为法国四大审计所之一，名字好像叫“KPMQ”。小女儿还在上大学，专业是法律。

采访者：孩子们所学的专业都很适合您的公司发展，是您建议他们学习会计和法律的吗？

CLJ：因为我经常和犹太人打交道，所以对犹太人很了解，他们的一个观念是无论学习什么专业，将来都会和钱有关系。我自己办厂做生意，总离不开财务和法律。等我女儿长大了，一个负责财务，一个负责法务，我就省心很多。

采访者：当时您在办服装厂的时候，遇到了什么样的困难以及如何解决的。

CLJ：我们当时没有合法居留，在法国办服装厂是不允许的。但是法国的法律规定任何人不能随便进入私人家里，除非你掌握了可靠的证据。于是我们就招齐工人，然后到乡下别墅里开工厂，买机器然后做衣服再卖出去。当时警察一般不会来查私人场所，特别是乡下的别墅，周边人烟稀少，相对冷清，也不会给邻居造成影响，所以当时办厂还算顺利。

采访者：那在别墅里做衣服大概做了多长时间？

CLJ：大概两年左右！也就是在这两年里，我们赚了一些钱。

采访者：衣服需要材料，做好后还要卖，不是吗？你们是如何操作的？

CLJ：我们当时主要做半成品。先从犹太人那里把他们设计好的衣服拿过来，之后在此基础上加工，然后再拿给他们。他们有实体店在那里，专门做批发生意。那个时候，很多华侨都靠这个赚钱。因为成本低，赚来的全是利润。

采访者：当时有多少人住在别墅里一起工作，以及他们的工资状况是怎么样的？

CLJ：当时有二十几个员工。每个员工一个月的工资大概有一万元人民币的工资。和当时中国的月收入比起来要多很多。我出国之前在温州医学院一个月的工资是100元左右，加上奖金一个月也就500元左右。当时法国工人工资是中国的同等工人工资的20倍左右。因此，大家都想出国赚钱。

采访者：现在法国华侨华人打工族的工资大概是多少？

CLJ：一个月大约有2 500至3 000欧元（人民币15 000—21 000元）！

采访者：您刚说在工厂里大概做了两年左右，之后您有从事什么职业呢？

CLJ：那之后就开始做贸易。主要是把中国的货运到法国来卖。再之后我就在温州仙岩投资了一家服装公司，工人就有1 000多人。不过已经关掉，现在不再运转。

采访者：您在仙岩投资的服装公司是哪一年到哪一年呢？

CLJ：2007年至2016年。

采访者：服装公司关闭的原因是什么呢？

CLJ：服装业竞争太厉害。我们不怕和外国人竞争，就害怕和温州人或者说和自己人竞争。年轻人也上来了，我们年纪也大了，竞争不过他们。2016年之后就改行了，现在做房地产。

采访者：主要在法国做房地产生意，还是在中国？

CLJ：在法国。也就是自己买地，自己开发。

采访者：目前在法国房地产生意如何？

CLJ：我感觉蛮好的。不过我才刚刚进入这个行业，头两年摸索，后两年开发，才四年的时间。去年做得不错，今年因为疫情有点麻烦，哈哈。目前，项目全部停在那里。其实，做生意和做人是一样的道理。必须要正直、诚信，也不能骗人。该吃亏的时候就得吃亏，该出钱的时候就得出钱。第一次和陌生人做生意，吃一点亏没事，来日方长，还要给人家一个好印象，不然，接下来的生意就没得做了。

采访者：是的。另外，在中国疫情比较严重的时候，听说您给国家捐了很多物资。

CLJ：对的。我的专业是微生物，有临床经验。我记得非常清楚，1月21日武汉公布封城。22日我就去买了3 000只口罩，赶紧寄到我们故乡，因为考虑到村里急需口罩的人没有口罩。24日我就动员一家人在网上买口罩。但是，看了很多网站已经找不到口罩了，我马上感觉到不对劲。当时中国政府也已经说需要口罩了，特别是浙江省还发来了相关信息说是急需支援之类的。

我就赶紧去找，最后在摩洛哥找到了 16 万只口罩。和我的朋友 YCL（瓯海企业家），当时他正好在法国。我们就把这批口罩运回国。

采访者：这批口罩你们寄给谁了？

CLJ：寄给瓯海区人民政府。但是口罩到的时候就只剩下 156 000 万个。因为是医疗物资，在海关的时候，不让邮寄。最后我们通过各种途径，最终以服装为名先运到香港，再经深圳，最后才到温州。温州人这一点还是很厉害的。就当时而言，在私人捐赠医疗物资的法国华侨华人当中，我认为我捐的是最多的。货物到达的时候是深夜，瓯海区人民政府派专人在机场等候，在机场就被分掉，然后运到各个医院去。我寄的全是医用口罩，质量都很好。这件事我认为我做对了，也算是给危难中的祖国和同胞尽一点绵薄之力。但是，后来欧洲各国疫情比较严重的时候，我听到一些不当言论很伤我们海外华侨的心。我们是中国人，不管走到哪里都是中国人，我们都要回家。这是我们海外华侨的心声。不说这些了，我们还是继续采访吧！

采访者：其实，您的这种声音是站在海外华侨的立场上，我们也需要这种声音。总体来说，我们国家还是欢迎大家回家的。

CLJ：是的。

采访者：在孩子们的婚姻问题上，您有什么看法？

CLJ：我觉得她们在找对象的时候应该以中国人为主。因为外国人和中国人思路、想法等完全不同，中西方的文化也不一样，一起生活肯定会出现这样那样的问题，很麻烦的。而且，政治上也一样，老是相互吵架。因为我还是很传统的。哈哈。

采访者：因为您女儿在法国出生，在法国长大，会不会思想、做事风格有偏向法国人的做法？

CLJ：不会的，她们的思想是偏中国人多一些。她们中文很好，我也经常教育她们并和她们沟通。第二个女儿还去了国内西北政法大学交流学习半年。

采访者：哦！是吗，我是陕西人。哈哈。

CLJ：这样啊。我也去过西安。虽然只待了一个星期，但是对西安的印象很好。女儿去西安留学的时候，我不放心就跟着一起去帮她安顿住宿。当时，我女儿对我说，租房子一定要租一年。我说好的。房子在学校边上，租金也不贵,月租金才 1 700 元。当时是全部付了。但是,半年后,我们把房子的钥匙还给房东的时候房东很开心,因为房子里的东西我们都送给他了。房东问我们,还有半年怎么办！我就说随便你怎么办,都可以。退房两个星期后,他发微信给我,他说:“我房子已经租给别人了。把剩下五个半月的房租退还给你。”当时我很感动。之后,他就把钱给我转过来了。真的很感动,也深深地体会到西安人的淳朴和善良。

采访者：您也知道,欧洲人是不存钱的。如果这一次的疫情迟迟不结束,法国人会不会出现比如没有粮食吃的现象?

CLJ：我认为不会的。你现在去各种店里货物都是满满的。如果真的到了没有粮食吃的时候,政府也会有补助的。这次疫情中,法国政府给国民的第一次补助是 3 000 亿欧元。法国本来就不大,一下子补助 3 000 亿欧元,不少呀！现在人们不上班在家里政府也给补助的。我们公司的员工,没有上班的政府都有补助,是给工资的 70%。我是老板,没有钱拿。在法国最低工资是 1 200 欧元,这一部分人是拿全额工资补助的,因此,都会有食物吃,不会被饿着。还有,在法国,即使你从来没有工作过,是一个流浪汉,65 岁以后你每月也可以拿到 800 欧元。在法国,生老病死全是国家的。一个人出生的第一天,也必须有一个相关政府部门的人来证明。一个人去世的时候,必须也有一个政府部门的人前来参加葬礼,这是政府对人们的负责。这一点比我们国家做得好。

采访者：您能谈谈对家乡和祖国的情感或认知吗?

CLJ：以前,我们丽岙公路、自来水等都没有,这些设施都是我们海外华侨华人捐赠资助的。中国有什么天灾、地震以及举办奥运会等,海外华侨华人都会捐款。2008 年奥运会的时候,我也向祖国捐赠了一些资金。我认为这个是很正常,为国家贡献自己的一份力量嘛！特别是我们村里的基础设施建设,基本上都是我们华侨捐款建设的。所以说,这次疫情期间,有人说海外华侨把病毒带回去了,不允许他们回国等说法,我认为是不可取的。当然,我们温州是没有出现类似现象。温州华侨很多,我相信领导们也不会有这样的想法。其实,在本次捐赠医疗物资的时候还出现了一些不愉快的事情。我们捐赠的医疗物资,我们浙江人(温州人)不会挑三拣四,但是有一些地区就不一样了。我们有一批货捐到某省,对方说：第一,要捐赠就必须给红十字会,不然不行。

第二，捐赠的货物必须有证明，证明是合格产品。第三，所有的货物必须有发票。我们当时的口罩都是分别从各个小店买过来再凑起来，如果真的要发票，有一千多张发票啊。第四，对口罩有一定的要求。因为我们在买口罩的时候都是各处跑，各处找来的，我们也不是专业人士，只要有口罩我们就买。该省条条框框太多，我们免费捐物资还要求这要求那，不知道他们是如何考虑的。后来一气之下，我们就把这批货又转到温州了。温州的领导们做得很好，按照口罩的类型发放给不同的单位或人群。

采访者：能说说您以后的打算吗？比如说回国养老等。

CLJ：我可能会在需要的时候回国待一段时间吧！长期是不会回去的！因为子女都在法国。感觉以后还是会留在法国。

采访者：中国不是有一句古话是“落叶归根”吗？您怎么理解？

CLJ：其实，现在我们的父母都健在，我们当然会牵挂，如果将来父母不在了，或许情况又会不一样，但这不代表根的意识就没了。骨子里我们依然是中国人，只是我的孩子出生在法国，生活在法国，如果我在国内，要看看孩子还需要跑到法国去，很麻烦。另外，毕竟人老了需要孩子们的照顾，孩子不在身边还是很寂寞、很孤单的。还是希望和孩子们生活在一起，因为孩子这一代肯定是不会回来的。我其中一个女儿说她要去美国，我没有同意，因为美国和法国离得太远了。如果她要去英国我可能会答应因为不是很远。如果去了美国不回来，女儿不是白养了吗？哈哈。

采访者：我要问的问题就这么多，您还有什么补充或想分享的吗？

CLJ：我感觉，我们国内很多人在看问题上存在一些主观性。我认为，首先，我们看待任何一件事情或事物的时候一定要客观，不能片面化，也不能扩大化，一定要尊重事实。尽管我们国家已经取得了举世瞩目的成就，但是整体上还是不如西方发达国家，各方面还需要提高。其次，我们还是要保持低调。特别是在这次疫情中，我们国家各方面都做得很好，但是在某些方面的措辞上还可以婉转一些。尽量少用一些不符合时宜的措辞，那样或多或少对法国的华侨华人不利，对我们国家也不利。第三，我们那一代来法国的人，整体文化程度不高，法语也不是很好。比如我自己，虽然在法国这么多年，也会说一些法语，但是，去医院的时候还总是讲不明白。因此，如何提高我们自身的语言水平以及各方面的素质，对我们在法国居住的华侨华人来说还是很重要的。

因为，在法国，华侨华人代表着中国，代表着中国人的形象，我们的一言一行都会影响到我们祖国的形象。我就分享到这里。

五、受访者：DGR

采访时间：2020 年 5 月 8 日

采访手段：微信(线上)采访

采 访 者：徐辉

采访者：DGR 先生您好，能听到吗？

DGR：徐老师好，可以可以。

采访者：谢谢您昨天发给我的资料，很详细。

DGR：哈哈，我是想到什么就写什么的。

采访者：近来法国疫情如何？

DGR：还在隔离中。

采访者：在您住的地方，我们华侨华人有没有被感染的？

DGR：有的，不多。我现在住在巴黎郊区，这边还好一些。

采访者：我们温州人(丽岙人)有没有被感染的。

DGR：有。前一段时间有几位温州人被感染之后去世了。具体数字我不知道，因为即使有人被感染去世了也不让告诉别人。但是，我在做志愿者，给华侨华人服务，比如送药、送口罩等。有几位我是知道的，但是他们的家人都不让说，所以我就不说了。但是，我大概知道的有十五六个人吧！我知道的还有一位比较严重的，在医院里已经待了一个多月了，挺危险的。在法国，如果不是重病，他们不让住院的，轻度感染，他们就让待在家里。和我们中国完全不一样的，中国有一点点就要隔离，是吧。

采访者：能简单分享一下您说的志愿者吗？

DGR：这个志愿者组织是在中国驻法国大使馆的领导下建立的一个团队。主要是为华侨华人服务的，比如，给感染的人送药、送菜、送吃的等。还可以通过这个群来咨询有关疫情的事情，比如，如何预防病毒等。

采访者：好的，谢谢您的介绍。由于时间关系，我们就按照我发给你的采访提纲开始可以吗?

DGR：好的好的。

采访者：请您介绍一下您和您的家族。

DGR：我是 DGR，1957 年出生于浙江温州市瓯海区丽岙街道华侨新街，学历是初中。育有四个子女(三女一男)。我有三个弟弟，我是老大。除老三在国内之外，老二、老四都在法国。目前我在法国巴黎主要从事注册会计师事务所的相关工作。

采访者：您二弟为什么没有去法国?

DGR：因为他在国内发展得比较好。但是，他的两个儿子都在国外。

采访者：能具体介绍一下您四个孩子的情况吗? 比如出生年月、国籍、学习状况等。

DGR：好的，我的四个孩子都受过高等教育。大女儿 1983 年在中国出生，3 岁时去了法国，硕士，职业是化学分析师，未婚，持法国国籍。二女儿 1985 年在法国出生，法国国籍，博士学位，专业是药师，已婚，配偶是法国人。三女儿 1991 年在法国出生，硕士，法国国籍，职业是电力工程师，已婚，配偶是法国人。儿子 1992 年在法国出生，硕士学位，专业是国际金融，未婚。

采访者：通过四个孩子的学历和职业，可以看出，您非常重视孩子们的教育。

DGR：哈哈，是的。因为我自己没有读过多少书，去了法国之后吃了很多苦，受了很多罪，认识到知识的重要性。为了不让孩子们走我当时的老路，也为了孩子们能够有一个稳定的工作、幸福的未来。我当时决定一定要给他们提供最好的学习环境和学习机会。除了他们自己喜欢的专业课之外，我还要求他们必须学习中文。在他们学习中文中有很多小插曲。因为他们在上大学的时候，我和我爱人忙着打工、做生意，也没有太注意到他们在中文方面的学习。直到他们大学毕业后我才意识到他们的中文水平不是很好。于是就决定在他们正式走上工作岗位之前，每个人都必须回国学习中文一年。大女儿和二女儿去了上海复旦大学学习中文。二女儿学医专业的，我联系了复旦大学中山医院的熟人让她在那里一边实习一边学习中文，因为二女儿所在的法国的大学要求毕业前必须去外国实习半年时间。二女儿原本打算去美国、英国之类的国家，不愿意回国内学习，因为她的中文不是很好。而我希望我的孩子们一定要会说中文，不要求她们的中文像我们一样流利，但是最基本的交流必须会。刚开始她死活都不回国。最后，我告诉她，你可以去美国、英国等国家，但是，我不会给你任何费用，如果回中国，我可以全力支持。她当时是学生，没有钱呀！最后没有办法，只好去了复旦大学中山医院。这样我的目标就实现了。她现在的中文挺好的，一般交流没有问题。三女儿去了浙江大学学习了一年中文。儿子在高中期间去了上海，在一家法国人开的学校学习了一年中文，之后回法国读了大学和研究生，现在在法国一家地铁公司工作，主要从事地铁网络设计等工作，一个月也有四千多欧元吧。

采访者：您的两个孩子和法国人结了婚，在孩子们婚姻问题上，您还是比较开放的。

DGR：其实，我还是比较传统的。希望孩子们能够找我们中国人结婚，但是，现实与梦想还是存在一定的差距。正是因为我的传统思想，从而影响了大女儿。当时，我告诉她必须要找中国人，导致她现在还没有结婚。吃一堑长一智。为了不影响二女儿和三女儿，我们就没有特意要求她们一定要找中国人结婚。她们俩和法国人结婚其实还有一个重要的原因，当时她们身边的中国人很少，基本上没有和中国人接触的机会。现在我最担心的是我儿子如果娶一个外国人就惨了。我们还是希望他能够娶一个中国人做老婆。哈哈，为了实现这一目标，我经常带他参加一些华侨华人举办的活动，认识一些中国人。

采访者：请介绍一下您出国前的情况。

DGR：出国之前，我在集体企业工作，从事技术员一职。我太太在一家国营单位工作。生活和工作都比较安稳。当时周边的好多亲戚朋友都出国了，得知他们在国外一个月的工资可以顶我差不多一年工资时（当时我一个月的工资是四十多元人民币），他们不到几年的时间自己开起了小作坊做皮包，买了小汽车，很羡慕。那时候我感觉到国外的钱比中国好赚，就开始有出国的念头。在亲戚的帮助下，我于 1985 年 7 月终于实现了我出国的梦想，离开祖国来到了法国巴黎。

采访者：在亲戚的帮助下，您去了法国，能具体地分享一下当时的情况吗？

DGR：我有一位亲戚在荷兰，他们帮忙办理去荷兰旅游签证，之后到比利时，从比利时再到法国的。

采访者：请您分享一下到法国后的生活和工作。

DGR：到了巴黎后，我打算在这里大干一场，实现自己的梦想，干个几年赚到钱就回国享受生活了，当时就这么想的，但现实生活不是我自己想象的那么简单。刚到巴黎，先在亲戚家皮包工厂打杂工，每天工作时间很长，几乎每天都做到夜里十二点以后才收工。那时候大家都是这样干活，工作时间太长太累。出国之前觉得外国的钱好赚，出来之后才知道原来赚钱这么辛苦，再加上语言不通，说实在的，当时有点后悔出国。后来我想既然已经出来了，就不能做逃兵，给自己定下一个目标，再艰苦努力几年自己开公司做老板就可以轻松赚钱了，就这样坚持了下来，并安心地工作。晚上请假，抽时间上夜校学习法语，为以后发展作打算。我于 1988 年开始创业，自己开办制衣工厂。在创业过程中因为法语不好，经常遇到各种各样的问题，这一系列的问题都需要请别人帮忙。在这个过程中我更加体会到文化知识的重要性。我们这一代新移民不懂法语只能做这些累活和传统行业。但是，传统行业迟早会被淘汰。我们的下一代想要在法国生活下去必须改变这一传统思想与观念。在外这么多年，我感觉外贸、餐饮、批发、零售等行业，又有风险、又累、又难做，不希望我们的下一代走我们的老路。希望他们能够改变观念，能融入当地社会。想到了这一点就开始给孩子铺路，并告诉他们一定好好学习，接受高等教育，摆脱我们这一代的艰难创业的局面。孩子们也很给力，没有辜负我们对他们的期望。

采访者：您开办制衣工厂开了多长时间？

DGR：从 1988 年到 1992 年三年左右时间吧。因为我在国内是机械出身，做衣服有一些不适合我。当时就想尽量做一些自己熟悉的、在行的工作。

采访者：1992 年之后呢？

DGR：1992 年开始我与一位越南朋友一起开了一家汽车修理厂。但是时间不长，因为中途出现了一些意外的事情。

采访者：意外的事情，能分享一下吗？

DGR：是这样的。当时十几部小轿车不小心给烧掉了。当时由于保险公司赔偿所需要的时间很长，就退了出来。

采访者：言外之意，修理厂坚持了一年多一点的时间。

DGR：是的。

采访者：之后呢？

DGR：我又去做衣服了。但是这一次不是制衣厂是做服装批发，在巴黎 11 区。服装批发当时很好赚钱的，很多温州人也都加入了这个行业。在法国的老一代华侨华人他们主要从事皮包和皮革生意。我们这一代人做服装的比较多。

采访者：您做服装批发大概做了几年？

DGR：从 1993 年开始到 1995 年吧！

采访者：为什么退出服装批发行业呢？

DGR：我这个人和别人不一样，也喜欢做一些和别人不一样的东西。1995 年开始，大家都在做服装批发。法国就那么大，市场有限。当时我的服装批发成本比较高，竞争不过别人。因为很多做服装批发的人他们都是家族式的经营，比如让亲戚朋友、孩子们来帮忙，而我不是。我没有让孩子们参与我的工作因为我想让他们好好读书，完成学业。于是我就决定从事其他行业。1995 年到 1998 年期间我开了一家“房产中介”，专门给华侨华人介绍房子，比如租房子、买房子等业务。因为当时我们很多华侨华人在法国也赚了一些钱，有购房需求，当时做这个行业的人也不是很多。而且“房产中介”不需要很大的成本，也不需要很多人力。当时就和一位犹太人(朋友)商量，我把我的店设在他们的店里。但是，很多人来看了房子又不买。有的看了好多次也不买，忙活了半天也不成一个。我的这位犹太人朋友是专门给开公司的人办理相关手续的。他们生意很不错。我就和他商量，如果他忙不过来我可以帮他。之后这位朋友也答应了，其实当时是我自己想学习他那一套。学了一段时间学得也差不多了，比如从材料的填写、注意事项、报送部门等一系列都学会了。我就再次找他商谈，并告诉他我自己打算单干，他也同意了。之后，我的客人很多，因为在法国我们温州人还是很多的，而且自己创业的人也比较多，所以我的生意也就慢慢地好了起来。但是，由于法国税务很高，很多公司在财务上出现了问题。因为法国的企业必须到会计事务所开相关的税务材料之后交税。为了解决这一问题，我就开始筹划注册会计师公司的事，并学习会计方面的知识。事务所成立之后，生意还是很好的，忙的时候请我们家孩子过来帮忙。之后实在是太忙了，就请了专职的员工，之后又开了一家分所。

采访者：目前有多少员工？

DGR：十几位。本来有三十几位。由于两家会计师事务所在不同的地方，我要来回跑，再加上管理上也出现了一些问题，最后就把其中的一家转让给了一位上海华侨（他是我以前的员工）。

采访者：您的员工都是中国人吗？

DGR：不是，有中国人（包括中国留学生，有四川的、青岛的、河南等地的）、有法国人、有越南人等。总而言之，我从 1988 年开始创业，经过了多次转行，从 1998 年开始我脱离传统行业转型到会计事务所。经过二十几年的努力，受到了广大客户高度评价和信任，现已成为法国政府认可的注册会计师事务所。

采访者：您的会计事务所的服务对象主要是华侨华人群里吗？

DGR：都有，但是我们华侨华人占百分之八十以上。我们会计师事务所的发展离不开侨胞们的大力支持，正是因为有他们的支持才有我们的现在。

采访者：作为中国与法国之间相互交流的桥梁，您也做了很多事情。

DGR：是的是的。2015 年 10 月 13 日瓯海区法院率先在法国设立了瓯海区法院调解联络点，聘请我为瓯海区法院海外调解员[①]。为节省国家经费，经商讨后，就把联络点设在我自己的办公室里，主要协助法院送达法律文书，联系当事人进行视频连线调解，为海外华侨提供法律服务等。2016 年 5 月 5 日瓯海区公安分局丽岙派出所设立瓯海警侨工作法国联络点，我被聘任为海外联络员，联络点也设在我的办公室。本联络点是温州瓯海公安局首个海外联络点，宗旨是为侨胞服务，主要承担日常联络、便民服务、提供“互联网＋”户籍服务工作平台，以多渠道、多层次、努力让侨胞们办事不用回国，加速推进省委提出的“最多跑一次”审批改革制度。目前，本联络点已经成为海外侨胞与国内互动交流的重要桥梁之一。本联络处的成功开通，不仅落实了省委“海外版的最多跑一次”审批改革制度，而且让海外侨胞也深深地感受到祖国对他们的关怀。经过一年多的时间，在全体联络员的共同努力下，取得了显著的成绩，

---

① 2009 年，温州市文成县法院、检察院首创设立特邀海外调解制度试点，通过面对面视频办理相关业务成为可能，文成法院、检察院与意大利米兰通过远程视频为侨胞提供远程公证和司法调解服务，取得成功。随后，瓯海区、瑞安市、鹿城区等重点侨乡相继依托海外温籍侨团组织开通远程视频服务，服务内容由单一的公证和司法调解服务增加到涵盖司法公证、警侨、检侨服务（含户籍管理、出入境、车辆管理等 300 多项业务）、纠纷调解、法律政策法规咨询等公共服务。该平台已在法国、意大利、西班牙、葡萄牙、德国、荷兰、巴西、俄罗斯、南非、阿联酋等 11 个国家（地区）的 14 个城市设立了 16 个海外服务点，温籍华侨人口覆盖率达 82.5%，已办理事项和答复咨询 7 900 多件。每年处理的关于华侨华人民事、商事等案件 500 余件，最多达 900 余件。2009 年至 2020 年 12 月末，已受理相关案件 5 500 余件。

受到了各级政府部门和领导关心与支持并受到了高度的评价和赞扬。2017 年 7 月 11 日中央委员、中国侨联主席万立骏、中国侨联副主席乔卫、省侨联主席吴晶、市委统战部副部长戴军等专程赴丽岙调研，通过 SKYPE 视频通话平台面对面与法国巴黎联络员交流指导，对我们的工作给予了肯定并鼓励我们再接再厉，为国家、为侨胞服务。同时，我们的警侨工作室法国巴黎联络点也得到了公安部、司法部、统战部、国务院侨办、中国侨联、浙江省政府和各部门的领导的关注。此外，"海外版的最多跑一次"的温州模式受到了浙江省副省长冯飞亲笔批示并向全省推广。截至目前，亲临法国巴黎联络点现场视察指导工作的领导有：驻法使馆领导、中国公安部、司法部、统战部、国务院侨办、中国侨联、浙江省副省长冯飞、省统战部、省侨办、省侨联、瓯海区委书记王振勇（当时是区长）、市各级领导，还有正在法国进行特色小镇管理培训学习的浙江省干训班学员 20 余人。从 2015 年开始至今，我这联络点承接了温州市各涉侨部门设立的将近二十个为侨胞服务部门，成为境外的"市民中心"。2019 年温州市统战部为了更好地做好为海外侨胞服务，整合资源设立了温州为侨服务"全球通"服务平台，我有幸被聘为主任，主要负责法国联络点。2019 年浙商大会上全面启动了为侨服务"全球通"大平台。有付出就有收获。在 2020 年 1 月温州市统战部为侨服务"全球通"打造 "海外版最多跑一次"获得 2019 年度全国统战工作实践创新成果奖，我也感到无比高兴。

采访者：在为侨服务方面您做了很多工作，听说也获得了很多荣誉。

DGR：说实话，能为国家和海外侨胞服务，我感到很荣幸。我多次被评为瓯海区法院优秀海外调解员、瓯海区侨联优秀工作者等荣誉。同时，受邀参加世界温州人大会、被聘为温州市特邀政协列席委员、瓯海海区特邀列席人大代表等。今年(2020)年我被邀请参加温州市第十三届人民代表大会，可惜因疫情原因没能参加。2019 年我非常荣幸地应邀参加庆祝祖国七十周年阅兵观礼活动。在北京天安门观礼台上亲临现场观看阅兵时，我深深地感受到祖国的强大。七十年的经历，我们的祖国从站起来、富起来到强起来。同时，我也感受到，阅兵不仅起到了振奋民族精神作用，更激发了海外华侨华人共圆中国梦的决心，祖国永远是海外华侨华人的坚强后盾，我们海外华侨华人将更加努力为祖国做出更大的贡献。作为一位共产党员的我将更加热爱祖国，作为中国人感到自豪和骄傲。

采访者：您如何看待今天的丽岙？

DGR：由于这几年为侨服务在海外设立了很多联络点，回国的机会也多了。回国后，看到了家乡建设和道路交通、环境的变化，人民生活水平的提高，使我更加思念家乡。

采访者：能谈谈您对本次疫情的看法吗？

DGR：祖国突然遭遇新冠肺炎病毒侵袭的时候，我得知祖国家乡紧缺医疗物品，如口罩、手套、防护服、体温计等，第一时间就四处寻找防护物资，捐赠给祖国家乡。我国在党和国家正确领导下，及时采取应对措施，疫情很快得到了控制。差不多一个月后，疫情在欧洲各国（意大利、西班牙、法国等）爆发并迅速蔓延，感染速度之快，感染人数之多，死亡率之高，令人震惊。我认为造成此结果的原因主要表现在以下几个方面。第一，欧洲各国对疫情不太重视，防疫不到位，采取措施不恰当。还提倡什么“口罩无用论”。为什么会提出口罩无用论呢！据我了解，其实，当时（现在也是）法国根本没有多余的口罩给人们。大街上都买不到的，如果政府推出让大家戴口罩的言论，但是民众又买不到口罩，这样就会出现更大的问题，比如示威游行等。第二，欧洲各国政府的防疫物资和医疗资源匮乏。第三，思想认识上的偏差。在疫情发生期间，到处还可以看到人们自由游行，大型的体育活动、商业活动等都照样举办。他们认为只有生病的人和医生才需要戴口罩。但是，随着疫情在法国的蔓延，法国政府也认识到戴口罩对疫情有一定的防控作用，从而推出了相关政策，比如 5 月 11 日开始，乘坐公共交通的人都必须戴口罩，不然就罚款 130 欧元等。第四，欧洲各国对感染病毒的人都没有采取严格隔离措施。让大家隔离，但是街上还是可以看到行人。第五，医院等医疗机构人员、床位等不足。从而造成了只接收重症感染病毒的人住院治疗，对中度和轻度感染的病人提倡自我居家隔离，也没有采取任何措施。因为以上原因，造成部分欧洲国家的民众对我们海外华侨华人产生了恐惧感，有的地方还出现了歧视华侨华人的现象，如殴打戴口罩的华侨华人，辱骂华人等。在这样的环境下引发了很多海外华侨华人想回国避难，感觉回祖国才安全。所以有一段时间引发回国潮。但是，考虑到回国途中十几个小时，中途还需转机等待，接触的人比较多，一路上交叉感染风险很大。因此，我也宣传并向同胞们解释以上利弊和风险。最终，经过多方努力宣传，同胞们从思想上认识到就地居家隔离，做好自我防护才是最好的防护措施。法国疫情期间，祖国和家乡的领导特别关注海外侨胞安危，因为在意大利、西班牙、法国我们温籍侨胞比较多，温州市政府各级领导非常重视，建立了多个医生专家群为海外侨胞提供网上就诊、医疗帮助、健康咨询、心理辅导等服务，讲解有关新冠肺炎疫情防控知识和防范措施。同时，从国内寄给我们预防病毒和治疗病毒的药及防疫用品，如口罩等。这种雪中送炭的做法，增强了我们海外侨胞们对祖国的热爱和战胜病毒的信心。

采访者：不知道您有没有听说，从温州市统战部寄给法国侨胞的口罩被法国政府给扣押了。

DGR：知道的。我们的华侨华人组织的主席还被他们给抓去了。统战部给我们华侨华人寄了 16 万只口罩，我们在分口罩的时候法国警察来了，他们说是我们是非法买卖，并全部给没收了。现在还在打官司呢。疫情期间，只要从国外运到法国的口罩，政府都派军队去机场接货并押运，感觉比打仗还要紧张。

采访者：如果疫情再继续蔓延下去，法国社会会不会出现动荡。

DGR：我认为是有可能的。因为法国人是不存钱的，在家里待的时间久了，没有东西吃了，他们可能会做出一些不当的事情。再加上政府补助是有限的。为了防止出现社会动荡，法国政府原本打算 4 月 15 日复工复产的，但是疫情还是比较严重，就推迟到了 5 月 11 日。但是 5 月 11 日不是所有的行业都开始营业，比如餐馆、咖啡馆等直接人与人接触的行业，暂时是不能营业的。听说这一类的行业大概是 5 月底才通知是否可以正常营业。而且，大家都知道 5 月 11 日可以出门了，现在就有很多人已经上街了。这一部分人也存在很多隐患。本来疫情得到了一定的控制，处于平稳期，但是，他们一出来，最近几天感染人数又有所上升。

采访者：如果真的出现了社会动荡，我们华侨华人也会受到一定的影响。

DGR：肯定的。尤其是在法国的某些国家的人，工作都没有，平日里就靠政府补助生活。时间一长，他们没有吃的，而这个时候如果我们中国人的店开着，他们可能会来抢劫的。这些人，在平日里都会明目张胆地抢劫的。

采访者：谢谢您以上的分享。另外一个问题是关于您未来的规划，有没有落叶归根的念头？

DGR：有的。其实，1985 年我出来的时候就给自己制定了一个目标，六十岁的时候我就不做了。现在已经超过六十岁了还在继续，因为我的两个孩子还没有结婚。说实话，我是有回国的想法。目前也为了能够实现这一想法也在做一些努力。为什么呢！除了大女儿，其他三个孩子都出生在法国，在法国长大，如果他们中间没有人在国内的话，我们也回不来的。听说国内现在推出了很多海外人才引进的政策，如果我儿子能够回国工作，我想我一定会回来的。

采访者：您的意思是说，将来，孩子们在那里您就去那里，是吧！

DGR：原则上是这样的，但也不完全是这样。和孩子们住在一起也有可能，因为目前国内的各种环境也逐渐变好了，中国的发展势头很不错。

采访者：以上就是我要问的所有问题，您还有其他需要分享吗？

DGR：很多法国人对我们国家不是很了解的。他们中很多人对中国的看法还停留在很早很早以前。有时候和他们聊天的时候，他们就说中国多么多么的落后。有时候我也会解释，但是没有多大的作用，因为他们不相信我所说的话。为什么他们会这样想呢？我认为他们从来没有去过中国，对我们国家一些情况根本不了解。正因为这样，很多法国人还是看不起我们中国人的。我的朋友中，去过中国的人也不少，他们对中国比较了解。所以，我有时候和没有去过我们国家的法国朋友说，我知道我解释很多也没有用，希望你们有时间或者有机会去一趟中国，你们就会明白了。另外，为了促进孩子们对祖国的了解和感情，近几年我每年都带他们回温州、杭州、上海、北京等地参观。如果不带他们回来看看的话，他们就会逐渐地忘记中国。虽然我们身在海外，但是从来没有忘记祖国和党对我们的好，对我们的关心与照顾。我就谈这么多，等疫情过去了，我回国了，邀请您来丽岙喝咖啡再聊。

采访者：好的。如果您回国了也欢迎您来温州大学做客。再次感谢您花费宝贵时间并给我以支持。祝您和您的家人身体健康，注意防护。

六、受访者：DZG

采访时间：2020 年 5 月 9 日

采访手段：微信（线上）采访

采 访 者：徐辉

采访者：喂喂，DZG 先生，您好，能听见吗？

DZG：喂喂，徐老师好。刚才抱歉，有一些晚了。

采访者：没事没事的，百忙之中，谢谢支持。

DZG：也谢谢你。

采访者：那我们就按照我发给你的提纲开始可以吗？

DZG：好的。

采访者：请您介绍一下您和您的家族。

DZG：我是DZG，1981年浙江省温州市丽岙下川村出生，欧洲华商商学院工商企业管理（MBA）培训班结业①。有三个孩子（两个儿子一个女儿），大儿子13岁，二儿子10岁，女儿2019年出生（快11个月了），他们三人目前都是中国国籍。我爱人也是丽岙人。我有两个哥哥，大哥1995年出国，二哥是1997年出国，目前都定居意大利。我父母也是都在意大利生活。我是2002年来意大利的。

采访者：您父母是先去意大利的还是你们先去意大利的？

DZG：我们兄弟几个来意大利之后各方面比较稳定了，把父母接过来的。

采访者：您是通过哪种途径去意大利的？

DZG：2002年的时候，中国和希腊建交30周年，当时要拍摄一部关于中国和希腊建交的电影，我是以临时演员的身份出去的。

采访者：您的两位哥哥是通过哪一种途径出去的？

DZG：他们和我不一样的。大哥是1995年8月出去，1996年初才到意大利。二哥是1997年出国的，从出国到正式到达意大利花了大概四个月时间吧！我是比较顺利。

---

① 欧洲华商商学院于2017年在意大利成立，属于民间组织。戴小璋（浙籍华侨）担任执行院长。欧洲华商商学院成立至今共举办了16期28个商学培训班，任课教师大多数来自国内相关高校，参加学习的青年华商累计达到2 187人。学制两年，每两个月授课一次，每次授课三天。开设互联网营销与新媒体营销、深度营销战略、关键客户关系管理、品牌塑造与整合营销、营销技巧与策略、战略营销队伍管理、战略视角下的精准营销、企业管理者财务管理、信息系统管理＋电子商务管理和零售连锁管理＋新零售等课程。该院2019年开设的首届工商企业管理（MBA）培训班，着眼于3个主要方面，助力华商提高企业综合管理水平。第一，从授课内容上，以提高欧洲华商的综合素质、战略思维能力和应变能力为基点；第二，推动华商产业结构的合理转化，扩大欧洲华人和当地社会的就业市场；第三，理论与实践相结合，强化理论知识的实践应用。戴小璋强调，欧洲华商商学院未来的发展愿景，将是融合中西商学教育和华人经济的特殊性，以及华人经济的市场地位，促进企业管理知识的普及，推动欧洲华商经济更多地创造社会就业机会、创造社会价值和市场增量，为推进“一带一路”倡议发展、活跃市场经济作出积极贡献。更多信息请查阅“欧洲华商学习”公众号。

采访者：您出国前是从事什么职业？

DZG：出国之前，我们都是厨师。

采访者：请谈谈您到意大利之后的工作情况。

DZG：到了意大利之后，先是给别人打工，大概半年多吧。之后，自己就开始摆摊卖玩具等小物件。

采访者：当时，您还没有正式居留身份吧！

DZG：是的，但是我比较幸运。2002 年 7 月初到意大利，到了后，意大利政府就实施了大赦政策，于是我就提交了申请，半年后就拿到了正式居留身份。

采访者：您真是很幸运。摆摊卖玩具大概做了多长时间？

DZG：大概也是半年时间吧！

采访者：之后呢？

DZG：因为有亲戚在罗马做贸易，就让我去帮忙。之后就开始自己单干，一直到现在。

采访者：现在有自己的公司，是吧！

DZG：对的，有自己的公司。

采访者：您主要从事哪方面的贸易？

DZG：服装。也有自己的品牌。

采访者：自己的品牌。具体是什么品牌呢？

DZG：女装品牌是 JESSY'S CHIC，男装是 Napoleone Uomo。

采访者：主要是从国内进货吗？

DZG：都有。大部分是从国内吧！也有从土耳其和意大利进的。现在都很方便了，网上订购。

采访者：目前您公司有几位员工？

DZG：现在华人有六七位，还请了几位巴基斯坦人。

采访者：请巴基斯坦人是不是工资比较低。

DZG：也不是。最主要的原因是请不到更多的中国人，因为在意大利的中国人[①]基本上都自己创业，做老板，给别人打工的不多。

---

① DZG 这里所提到的中国人特指浙籍华侨华人。

采访者：您现在意大利语应该没有问题吧！

DZG：一般交流没有问题的。但是遇到一些专业方面的东西还是存在一定的问题。我们公司也请了意大利语非常好的员工，这一系列的问题，会交给他们帮忙解决。

采访者：疫情期间，您也做了很多工作，能分享一下吗？

DZG：我认为，这是每一位海外华侨的本分，都应该去做的。毕竟中国是我们的母亲，母亲有事情了孩子们肯定会帮助的。在这个特殊时期，做一些力所能及的事情是应该的。祖国好，我们才会好。当时，首先和国内对接，他们发来了所需物资的清单，我们就按照清单上去找。当时急需口罩，我们想尽一切办法去找口罩。因为刚开始对口罩不是很了解，比如医用口罩和普通口罩的区别等，也遇到了一些问题。

采访者：当时您联系的是温州的哪个部门？

DZG：温州市瓯海区统战部。2017 年瓯海区相关负责人来罗马招商引资，那时开始我就有了联系，之后，他们推荐了瓯海区侨联。再之后的相关工作都是和瓯海区侨联对接。

采访者：当时大概捐了多少物资？

DZG：有个清单的。我待会发给你。

采访者：好的好的。谢谢。

DZG：去年，我刚好参加了中国侨联的相关活动。本次疫情期间，我们也和中国侨联取得了一定的联系，给他们也捐了一些物资。

采访者：你目前有没有担任相关侨团或组织的职务？

DZG：有的。目前我是“欧洲华商联合会”执行会长，也是“意大利华侨总商会”副会长等。

采访者：听说，当时你们从意大利给国内邮寄物资的时候费了很大周折。

DZG：是的是的。当时由于没有航班，确实是遇到了很多问题。先后通过各种关系把我们商会的货运回中国，之后也帮助意大利华侨总商会运了很多货回国。在这期间，温州商会、永嘉商会、福建商会等都过来找我们帮忙。除了商会成员之外，也有很多华侨志愿者来帮忙。当时很着急，口罩等物资已经买到了，国内又急需，但是没有航班。我家离机场很近，一有空，就去机场看看有没有飞机。如果有飞机，立刻行动。很多货我们是通过人带货的形式运回国的。在机场，只要有飞机，只要看到像中国人，我们就主动上去打招呼，目的是为了让他们帮我们把口罩直接带回国。因为国内相关机场我们已经都联系好有志愿者专门接机接货。

采访者：请谈谈意大利疫情爆发后，华侨华人抗击疫情的情况。

DZG：我们华侨华人做的是比较好的，意大利的相关媒体也对我们华侨华人社区进行了相关报道并赞扬我们的做法。因为我们知道国内的疫情情况，比较早的就开始准备各类物资。我们瓯海区政府也非常关心我们意大利华侨华人并给我们寄很多抗疫物资，有口罩、防护服和中药等，瓯海区区长还直接连线慰问我们。特殊时期，祖国没有忘记我们，真的很感激。除此之外，中国大使馆也给我们各个侨团也发了连花清瘟胶囊、中药等抗疫物资，还设立了“抗疫小组”，对在意大利留学的中国留学生进行相关心理辅导和防控病毒等知识培训。

采访者：目前，意大利华侨华人社区大概有多少人被感染？

DZG：大概有一百左右吧！

采访者：在意大利的华侨华人大概有三十多万吧！

DZG：大概是的。相对来说，我们华侨华人的防范意识以及防范措施还是很好的。刚开始我们戴口罩的时候，当地意大利人还取笑我们。很多人还说，你都生病了还出来之类的话。因为在意大利他们认为只有生病的人才戴口罩，或者是医护人员才需要口罩。他们对戴口罩的认识和我们完全不一样的，这也是中国和意大利的文化差异吧！

采访者：随着意大利疫情的进一步蔓延，现在意大利的街上戴口罩的人多吗？

DZG：还是不多。他们还是对戴口罩有一定的看法。对于戴口罩，意大利各党派之间的说法不统一，有的赞成戴，有的不赞成戴。从各党派的媒体发言来看，不戴有不戴的理由，戴有戴的说法。截至目前，戴与不戴之间还是模棱两可。这也给意大利人民带来了困扰，到底是戴还是不戴。有一段关于意大利政府各党派之间关于戴口罩的争论视频，我待会儿发给你看看。还有一些很有意思的现象，意大利政府的相关人员、警察等他们有的戴口罩，但是，戴的地方不一样。有的戴在手上、有的戴在嘴上(鼻子下边)、有的还戴在头上、还有的更好笑，把塑料袋剪开几个洞戴上，五花八门。他们还说，流感都死了那么多人，而且都是老人，不关年轻人的事，好像戴口罩就是玩玩而已，没有从思想上真正认识到戴口罩的重要性。意大利政府规定 5 月 4 日解封，3 日刚好是星期日，大家都开始狂欢起来了。

采访者：这样一来，势必会给疫情防控带来一些麻烦。

DZG：肯定的。意大利政府说是封城，但是，每天在大街上可以看到有人在流动，也没有戴口罩。也没有警察出来管理或者警告人们不要出门，没有的。感觉很松懈很松懈的。

采访者：您在意大利生活了这么长时间，对意大利社会或意大利人有何看法？

DZG：我感觉，意大利人很注重合同和约定，这一点和我们一样，我们华侨华人也是讲信用、信誉。对于我们华侨华人来说，意大利这个民族还是比较容易融入，不是特别排外，其他地方我不知道，我居住的地方是这样的，我已经在这里居住了十八年了。

采访者：在国内我们也经常听到部分在意大利的华侨华人吐槽说，意大利人在一定程度上对我们华侨华人还是存在一定的歧视的。

DZG：我认为歧视或多或少肯定有的，哪一个地方都一样。打个比方，在国内，到北京、上海、广州等大城市打工的外地人，也有被当地人看不起或者歧视。这个和我们华侨华人在意大利是一样的。哪一个国家内部都存在这一种现象，更何况我们在国外。个别人或个别群体对我们华侨华人存在歧视现象肯定存在，每个国家都一样。但是，我始终认为，我们华侨华人在意大利都很遵守当地的法律法规，大部分意大利人对我们还是很友善的，还是比较尊重的。

采访者：在疫情期间，有部分海外华人回国不遵守国内的相关规定，您如何看待这一问题。

DZG：我们不是经常说这样一句话吗，“林子大了什么鸟都有”。很多中国人加入了外国籍后就感觉自己高人一等，感觉自己很了不起。有时和我身边的朋友（加入居住国国籍的人）聊天说，你不要在我面前吹牛，虽然你加入了意大利国籍，但是，你永远改变不了你是中国人，因为你永远是黑头发、黄皮肤。而且，意大利人也会永远说你是外国人（中国人），他们从心底里不会认为你是意大利人的。从澳大利亚回国的那位女士，她就很明显，感觉自己是澳大利亚人，比人高一等，有优越感，太把自己当回事了。说到国内疫情，本次我们意大利华侨都捐资捐物，但是，据我了解意大利华人几乎没有人参与进来。

采访者：也就是说，国内疫情严重的时候，意大利华侨给国内捐资捐物，华人很少，是吗？

DZG：据我了解，是这样的。本次通过我们协会捐赠的大多数是海外华侨，华人参与的人数不多。也有可能他们通过其他途径捐了，我们不知道。我个人认为，他们感觉自己已经是外国人了，回国后就应该享受外国人的待遇。我的家族中，如果有谁要入籍，我是第一个出来反对的。

采访者：目前您的三个孩子都是中国国籍，以后他们会加入意大利国籍吗？

DZG：因为在意大利十八岁之前孩子的国籍是父母亲说了算，十八岁以后他们自己可以决定。但是，我想，在我活着的时候他们都不会加入意大利国籍吧！

采访者：我也采访了一些定居在法国的华侨华人，他们说，孩子大了如果不加入居住国国籍，很多事情很难办。不知意大利是否和法国相同。

DZG：基本上差不多吧！只要拿到了正式的居留身份，其实也差不多。

采访者：您三个孩子的中文如何？

DZG：都没有问题的。大儿子不仅会说普通话也会说温州话，二儿子只会说普通话，女儿还小。而且，我们每年都会带孩子们回国，也经常参加国内相关单位举办的“寻根”夏令营活动，让他们了解中国，学习中文和中国文化，增加对祖国的认同和热爱。

采访者：能否谈谈您以后的打算，未来有没有落叶归根的念头？

DZG：一直有，从出国的那一天开始就有。现在还年轻在国外打拼赚一些钱，以后肯定是要回国的，也做好了一系列的准备。

采访者：好的，谢谢。我要问的问题就这么多，您看看还有没有其他需要分享的。

DZG：其实也没有什么了。我一直以来认为自己作为一名华侨很自豪，出国了，才更爱国。我们大多数海外华侨华人都很爱国的，心地也比较善良，有个别不好的人存在也是很正常的。我们海外华侨华人对祖国的贡献是很大的，我是做贸易的，把中国的东西拿到国外，第一，带动了中国经济；第二，带来了很多就业机会；第三，我们赚的钱部分寄回国，增加了我们国家的外汇储备。第四，我们在国外可以讲好中国故事，回到国内我们也可以讲好意大利故事，为中意两国的文化交流、民间交往以及经济建设等方面都做了一定的贡献。我也不会说，就说这么多吧！

采访者：好的，再次感谢您花费宝贵时间并给我以支持。也祝福您和您的家人幸福快乐，一定要注意防护。

七、受访者：JJY

采访时间： 2020 年 5 月 10 日

采访手段： 微信(线上)采访

采 访 者： 徐辉

采访者：JJY 会长您好，能听见吗？

JJY：徐老师你好。可以的。

采访者：现在是法国早上十点钟吧？

JJY：是的，刚好十点钟。

采访者：目前法国疫情如何？

JJY：比以前好了一些，但是巴黎还比较严重。明天就要复工了。

采访者：是整个法国都要复工吗？

JJY：不是，部分复工。法国现在分为几个等级，有红色、有绿色等，各地区根据颜色来复工的。

采访者：您也要注意防护。

JJY：谢谢。

采访者：那我们就按照我发给你的提纲开始，可以吗？

JJY：好的。

采访者：请您介绍一下您和您的家族。

JJY：我是 JJY，1963 年温州丽岙街道出生，初中毕业，有两个女儿和一个儿子。我有一个哥哥和一个姐姐，他们都有出国经历，现在都在国内生活。我父亲健在，在国内生活，母亲已经过世。目前，我主要经营中餐馆。1991 年我和我爱人一起出国，1995 年我把大女儿带到法国，2000 年给二女儿和儿子申请了移民。目前三个孩子都成家立业了。

采访者：您的哥哥和姐姐有出国经历，能简单地介绍一下他们的情况吗？

JJY：是这样的，他们都有去过意大利。在意大利待了大概两三年，拿到居留身份后就回去了。办理居留的时候再回去一下。其实，我也想回去，哈哈。

采访者：他们现在在国内都挺好的吧？

JJY：挺好的，他们现在在丽岙过得挺舒服的，不像我们还在拼命干活。

采访者：哦。能分享一下您三个孩子的情况吗？

JJY：好的。我大女儿初中毕业，是 1995 年来的法国，目前在法国主要从事贸易。二女儿，高中毕业，主要做餐馆生意。她们都是中国国籍。儿子也是高中毕业，在法国主要经营咖啡餐厅，法国国籍，儿媳妇和孙子也是。由于当时我们都忙于打工赚钱养家糊口，忽略了孩子们的教育问题。

采访者：为什么就儿子一家加入法国国籍呢？

JJY：儿子到了法国之后在当地学校上学，成绩很好。学校读书期间，老师让他加入法国国籍。当时我是很反对的，但是为了孩子读书，也没有办法。

采访者：孩子们在国内读完小学去的法国，是吗？

JJY：是的，到了法国继续上学，直到初中和高中毕业。

采访者：他们的法语一定讲得很好吧？

JJY：是的，在学校里有学过法语。

采访者：出国前，您从事什么职业？

JJY：我当过木工学徒，还在温州市瓯海区开过织布厂，生意还不错，但终究挡不住国外的诱惑，1991 年就出国了。

采访者：您出国的动机是什么？

JJY：就是赚钱，虽然国内我开了织布厂。

采访者：您和您爱人是通过哪种途径出国的？

JJY：那个时候大家都是通过非法途径（偷渡）出国的。

采访者：当时两个人也花了不少钱吧？

JJY：两个人一共大概花了二十四万元吧！

采访者：能分享一下当时到法国花费了多长时间吗？

JJY：我爱人大概用了两个多月，我用了半个月。

采访者：你们不是一起出去的吗？为什么还不是同一时间到达？

JJY：一起办理手续，分开走的。

采访者：出去的路线是怎样的？

JJY：我是从温州到北京，转莫斯科，然后经捷克到德国，最后到法国巴黎。我爱人是从温州到广州，经老挝和莫斯科，最后到法国巴黎。我们这一代的人出国真的很辛苦。

采访者：能谈谈您在法国的工作或创业情况吗？

JJY：我是1991年到的法国，在法国生活工作已经有三十来年。像许多温州人一样，我从两手空空的打工仔到创业成功当老板，在脚踏实地的打拼中奠定了一定的经济基础。刚到法国的时候，我给别人打工(烫衣服)，一直到1996年。

采访者：当时您还没有正式身份吧！

JJY：是的，我是1996年拿到正式身份的。

采访者：1997年法国政府有一次大赦，1996年您就拿到了？

JJY：对，1997年大赦之前就拿到了。

采访者：在拿到正式居留身份之前，您给别人打工也受了很多苦吧？

JJY：对。我们夫妻俩由于打黑工，1993年下半年被警察给抓了，还要遣送回国。

采访者：被遣送回国了吗？

JJY：没有，我们找了律师，上了法庭，之后把我们保释出来了。

采访者：当时在法国打工的工资如何？

JJY：那个时候好呀！一个月可以拿到五六千法郎。

采访者：请简单介绍一下您拿到正式居留身份后的创业情况。

JJY：2000年，我开设了自己的制衣厂。两年后，我卖掉制衣厂，在巴黎10区非常著名的童装一条街上开设了自己的童装批发店。2004年，中法服装实业商会成立，我是创会人之一，并一直担任该会的常务副会长。2005年我改行开餐馆。创业不断在变化，我在商会的职务一直没有变，热心参加华侨、商会事务。2009年，我的重心转移到巴黎美丽城，买下原“蓬莱酒家”，更名为“新蓬莱酒家”，就此在美丽城扎根。我的店国内很多媒体(CCTV等)都报道过。

采访者：听说您多次被国务院侨办邀请去北京？

JJY：是的。2004 年开始，我定期参加国务院侨办举行的相关活动，到目前为止已经参加了五次了。2016 年北京国务院国侨办邀请世界各国的华侨华人代表 19 人去北京参加相关活动，之后带我们去了新疆考察。我印象最深的是 2019 年参加观看我们的祖国七十年国庆阅兵庆典，我们的位置也安排得比较好，当时心情万分激动，也深深地感受到祖国的强大。

采访者：您父亲还健在，他老人家今年高寿？

JJY：今年 100 岁了。本来打算今年一月份回国给他祝寿的，因为疫情回不去了。还有，瓯海区政府也邀请我参加市人大和区人大代表大会等，因为疫情全部泡汤了。我们真的没有想到，法国巴黎现在已经成了重灾区。

采访者：听说疫情期间，您积极参与了给国内捐资捐物。

JJY：可以说，中国疫情期间，我们为了找口罩等医疗物资都睡不着觉呀！我们几乎跑遍了整个欧洲，高价买了很多口罩、防护衣等物资寄回中国。法国疫情期间，当时在法国买不到口罩的，中国驻法国大使馆给了我们协会四千五百只口罩。其实，我们中国人都事先准备好了口罩。3 月 12 日开始，法国全国开始实施居家隔离。13 日我去我们店里把大使馆给我们的口罩想送给法国的巡逻警，但是他们不要。14 日法国警察局局长和巴黎第二警察局局长来视察，当时我戴着口罩，他们问我是不是生病了，我笑着说不是。他们走的时候我给了他们 1 000 只口罩和 30 多瓶洗手液。后来过了两个多星期，巡逻警负责人打电话来问我要口罩。那个时候，刚好温州市给我们法国华侨华人社团寄了 16 万只口罩，我们商会分到了 4 000 只。之后我直接给第二警察局局长打电话让他们自己到社团总部去拿，后来他们也拿到了。但是，当时我们华侨华人社团在分口罩的时候，由于没有地方放，有一些人就把口罩放到自己家里了，法国警察局认为他们在贩卖口罩，任会长还被抓去了，现在还要上法庭。你说说，法国人也真是的，弄的大家都不开心。疫情期间，在大使馆的带领之下，我们成立了志愿者服务团队，给华侨华人侨胞们提供各种服务。比如有一位来自杭州的留学生，由于一个人在法国发高烧，我们带她去看医生，之后给她送了一些生活必需品。经过一段时间后，她病好了，现在天天都会通过微信跟我们问好。还有很多留学生没有口罩，我们都给他们提供。像这样一些事情还有很多很多。除此之外，之前我们商会为永嘉“利奇马”台风灾区也捐献了爱心，援助灾区重建，等等。

采访者：您是何时成为法国美丽城联合商会会长的？

JJY：2013 年我担任我们商会第二届会长。巴黎市政府非常重视我们商会，还给我们商会发放补贴。每年选举的时候，他们都会来我们商会来拉票。

采访者：您能简单地介绍一下"美丽城"吗？

JJY：美丽城(Belleville)是法国首都巴黎的一个片区。巴黎美丽城街区地处巴黎 10 区、11 区、19 区和 20 区四个区的交界处。但是四个区的区政府都不愿意管这个"是非之地"，因为美丽城是一个多民族聚居的区域，曾经在一段时间内，暴力抢劫、入室偷窃、贩毒等治安事件不断发生，成为巴黎治安整治的重点地区。现在，一旦这个街区有活动，往往是四个区的区长一起参加。四个区的区长、警长还经常与当地的美丽城联合商会等协会一起商议安全问题。前不久，巴黎市长伊达尔戈携政府团队与法国美丽城联合商会进行了座谈，并邀请协会成员和区内华商代表共进午餐。座谈会上，伊达尔戈提到了"美丽城模式"。她称赞了当地华人商会的贡献，认为这里警民合作的方式值得推广。自从 2010 年来，经过两届会长的努力，以及相关各区政府、警察部门的全力支持，今天美丽城街区的治安和卫生状况已经得到很大改善。

采访者：目前，美丽城的治安得到了比较好的改善，大家应该都比较高兴吧？

JJY：是的。侨胞们来美丽城购物、聚会不再担惊受怕了。对于治安的改善，生活在附近的华侨华人流露出了满意的笑容。美丽城基本恢复了正常的生活，恢复了本该有的"美丽"。几年时间里，联合商会通过努力，与街区所属各区政府建立了良好的沟通机制，定期会面沟通商家和居民的诉求，信息畅通，工作卓有成效。这种长期良性、正面的互动让华侨华人与当地人之间结下了深厚的友谊，被中法媒体界的朋友们称为法国的"美丽城模式"。作为海外华侨华人，看到自己居住的环境得到了不断的改善，我也非常高兴。多年来的努力和付出终于看到了成果，不仅因为自己生活安全有了保障，也因为这么多旅法华侨华人的生活环境得到了改善。在构建安全的治安环境过程中，正是因为我们商会集思广益，想了很多思路和点子，在不断摸索中才创造出了现在的"美丽城模式"。当然，其中不单单是我一个人的功劳，还有许多旅法华侨的共同努力。真心感谢每一个人。

采访者：能具体谈谈你们是如何把以前混乱的美丽城打造成如今的样子吗？

JJY：当时我们认为要彻底改造美丽城，要朝着几个方面努力：第一，要促进街区多民族、多文化的交流。在商会的积极倡议下，区政府和商会商家共同出资举办各类活动，比如圣诞彩灯点灯仪式，已经成为美丽城居民每年期待的节日。每年的中国节日，商会成员也会出钱出力，准备各种庆祝活动，让美丽城政府和居民感受到中华民族多文化交融的节日气氛。第二，要努力配合当地政府，改善街区的治安和卫生状况。第三，华侨华人还要吸收年轻的力量参与到协会的工作中，加深商会与各兄弟侨团的互动，深化与祖国的联系，为中法文化和经贸交流作出应有的贡献。简单地说，美丽城商会搭建了一座联系当地华商华人与当地政府、警方的沟通桥梁。

采访者：如何让这个“四不管”街区，变成各个区长踊跃前来的地方？

JJY：我认为，首先当地华商华人要回馈当地人民。既然这里是一个多元文化的街区，那么，我们就丰富这里的文化。我们组织春节游行、圣诞亮灯、法律讲座等活动，区长们肯定会支持。其次，加大与警方的合作。我们不能完全依靠警方，要协助警方的工作，为治安尽一分力量。当警察局看到我们的支持后，当然愿意与我们合作，共同把治安搞好。我们现在已经和警方建立了固定、有效的沟通机制，一旦有问题，马上共同寻找解决方案。除了工作上支持警方。我们商会为警察局的基金会捐献善款，帮助那些殉职警察的家属。协会曾经向在恐怖袭中的遇难警察捐款，为遇难的警察家属提供了一些帮助，来表达华侨华人的心意。法国警方也对美丽城的治安做出了很多贡献，联合商会为遇难警察捐款，也是对所有警察的尊重。为此，商会和其他兄弟协会也得到区政府、警察局颁发的相关荣誉证书和奖章。

采访者：听说您为了法国华侨华人融入当地社会，也做了很多工作，能分享一下吗？

JJY：我来到美丽城的时候，正是美丽城最乱的时候，街头抢劫是家常便饭，很多人对这个地方谈虎色变。我来到这里首要的一件事，就是和已经在这里的侨领们商量如何改变这里的治安状况。那时候，我隔壁店铺“新温州超市”的老板、中法服装实业商会的高级顾问、现任法国华侨华人会执行主席WJQ先生，经常找我商量如何联合美丽城商家搞好这里的治安问题。搞好治安，关系到整个社区商家和居民的福祉，和每个人都息息相关，每个人、每家商家都有一份责任，为此我们想了不少办法。但是，碍于当地的法律和当时的社会问题，成效不大，大家也很焦急。这时，美丽城发生了华侨华人为反抗暴力抢劫而遭遇的枪击的事件。我们开始意识到，只有政府对这里的治安问题重视起来，才有可能改变这里的治安状况。正是在这种情况下，2010 年 6 月 20 日，几位旅法华侨组织了轰动欧洲的"反暴力，要安全 "大游行。之后进行了一次又一次的沟通，一场又一场的会议。几年下来，我们商会与当地区政府建立了联系，渐渐地巴黎市政府也开始重视商会的工作和街区的发展，毕竟这里是巴黎四个区的交汇处。后来不仅伊达尔戈市长特别邀请商会和华商华人一起召开了座谈会，很多法国前任、现任政要也经常光临美丽城。美丽城的幸福楼已经成为华界与法国政要交流的大平台。萨科奇、奥朗德、佩克雷斯、科佩、格里沃等，已经不止一次来到美丽城，与当地华人亲密接触。为了更好地融入当地，我们大力支持华裔新生代参政议政。目前，已经有巴黎二十区副区长 SWM、十九区副区长 QLJ 两位年轻人在美丽城街区任职。我们还要继续帮助更多的年轻人走向政坛。只有越来越多的华人参政，我们才能有更多的话语权。功夫不负有心人，我们(美丽城联合商会)的努力也获得中法两国政府的认可，巴黎警察总局给我颁发了荣誉警徽，中国驻法国使馆余劲松公使给我颁发了领事保护志愿者证书。

采访者：等有一天您干不动了，是否考虑回国养老？

JJY：肯定会回去的。目前国内发展得那么好。去年去北京参加祖国建国七十周年大庆，到了北京我都眼花缭乱了，中国发展得太好了。现在的中国和以前完全不一样了，有的地方比法国还要发达很多。

采访者：以上就是我想了解的问题。除此之外，您还有其他需要分享的吗？

JJY：目前我也是"警侨之家"[①]法国联络员。温州市瓯海公安局在法国成

---

① 2016 年 5 月，重点侨乡温州市瓯海区丽岙派出所试点建设"警侨工作室"，在海外华侨聚居区建立多个联络点，聘请热心侨领担任联络员，采取网上与网下相结合的方式，为广大华侨、侨眷提供便捷服务，实现部分户籍业务华侨不用回国也能办成功的目标，广大华侨亲切地称呼该工作室为"警侨之家"。在丽岙华侨主要集聚地：法国巴黎、意大利米兰、普拉托设立 3 个"海外联络点"，聘请 19 名丽岙籍侨领担任"海外联络官"。3 个联络点和 19 名海外联络官的共同努力，先后实体办理各类事项 200 人次，提供各类咨询 2 000 余次，真正实现了华侨办事"不用回国、不跨辖区、不需出门"的工作目标，打造了"最多跑一次"的国际版。

立了“警侨之家”，目的是为海外侨胞提供各种服务。以前，每当海外瓯海侨胞遇到涉及与家乡有关的纠纷，或者递交材料、办理各类证件等，都要亲自回国办理，而且一次很难办完，耗时费力。法国联络点的建立，实现了信息互动，更好地解决了华侨华人出入境的相关难题和其他紧急求助，提高了公安出入境部门的工作效率与声誉。最后，十分感谢中国驻法大使馆对美丽城华人区的关心，感谢巴黎市政府、当地区政府、警察局的所有工作人员为美丽城街区的治安所做出的贡献，也感谢侨界兄弟社团的支持和帮助。这些的背后都是因为祖国强大，身在海外的华侨华人才能挺直腰杆，才能真正被旅居国尊重，才能真正放手干事业。今后我们要做更多工作，保障海外华人安居乐业，融入发展，促进中法两国人民之间的友谊，促进两国之间的友好交流与合作。

八、受访者：MHY

采访时间：2020 年 4 月 6 日
采访地点：温州茶山镇大学城
采 访 者：徐辉

采访者：您好，请介绍一下您和您的家庭。

MHY：我是 MHY，51 岁，中专文化，出生于温州市瓯海区丽岙街道，已婚，有三个女儿，目前一家人定居在意大利。我和我妻子是 1996 年在意大利认识，之后结婚，她是青田县人。大女儿于 1997 年出生于意大利，出生后不久被带回国抚养，持中国国籍，目前在意大利一所大学就读医学专业，成绩非常好，有奖学金。二女儿于 1998 年也出生于意大利，意大利国籍，毕业于意大利的一所高职院校，目前在意大利的一家酒店工作。三女儿于 2001 年出生于意大利，中国国籍。2020 年高中毕业，接下来准备上大学。我有一个弟弟，目前他们一家定居在西班牙，经营一家中餐馆。我父亲和母亲都是农民。父亲于 1998 年因病去世，母亲一个人在国内生活，成了留守老人。

采访者：能谈谈您当时为什么出国吗？

MHY：我出国的目的就是为了赚钱，改善生活。

采访者：您出国前从事什么职业？

MHY：我中专毕业后被分配到一家工厂上班，当时的月工资有 50 元左右，加上奖金一个月有 100—150 元，刚好能够维持生活。看到村里的人出国赚了钱，我和家人商量，也打算出国赚钱。当时本来打算出国后赚一些钱就回国，没想到一出去就是二十几年。

采访者：您是中专毕业？

MHY：是的。我上学的时候学习成绩一直很好的，考试总是班级前几名。当时考上中专后，农村户口可以转成城市户口。

采访者：您是如何办理出国手续的？

MHY：我是找人帮忙办理之后出去的。其间发生了很多事情，也挺曲折的。

采访者：花不少钱吧？

MHY：是的。当时我花了十一万五千元。具体算起来还要多一些吧！当时温州有人专门做这个生意，我们叫作“黄牛掮 ”[①]。

采访者：1991 年对农村的人来讲，十一万五千元，还是挺多的。

MHY：是的，那时可以买几套房子了。

采访者：当时出国的具体路线是怎样的？

MHY：从温州先到云南，之后到缅甸，再到泰国。在泰国本来是直接飞到法国巴黎的，但是却发生了一点意外，带我们出去的老板出了意外（被人打死了），然后我们就逃跑了。之后又找了另外一个老板，我们就从泰国到老挝，之后到俄罗斯的莫斯科，再从莫斯科坐了几天的火车才到法国巴黎。

采访者：你找的第二个老板有没有再花钱呢？

MHY：没有，因为钱是给了温州的老板，温州的老板找的这位老板。

采访者：当时和您一起出去的一共多少人？

MHY：当时，从云南出去的有十几个人。其实，在云南的时候我差点就被海关扣住了。当时海关人员正在查毒品，我们坐的车和人也被扣了。被放出来之后，我的胆子比较大，就和一起出去的两个广东人逃了，之后找了专门办理去缅甸的人帮忙把我们带到了泰国。几经波折，在泰国见到了第二位

---

① “黄牛掮 ”温州人一般是指那些把偷渡的人带出国境，从中赚钱的人。这些人一般不直接买卖人口，只是收取偷渡费而已。

老板。

采访者：那十几个人都是温州人吗？

MHY：对。有我们附近村的，也有隔壁县的，我们之中除了有要去意大利的，还有要去美国的。

采访者：从开始办理到到达法国，一共用了多长时间？

MHY：大概用了半年时间吧！当时我在云南待了大概有一两个月。我被扣住了，就让家人寄钱来保释。出来之后，海关人员让我们回温州，但是我们不想回，逃了之后就联系了刚才讲的人带我们去泰国。

采访者：到法国巴黎之后，您开始做什么工作？

MHY：到法国之后，由于语言不通，只能做一些洗碗之类的工作。出国之前我在厂里上班，其他的事情不会做，没办法就去了中华餐馆洗碗，先找一个落脚的地方。

采访者：当时在法国的中餐馆洗碗，一个月能有多少收入？

MHY：大概 3 000 法郎(约 4 500 元人民币)。当时洗碗有 3 000 法郎还是不错了。二厨一个月大概有 6 000 法郎(约 9 000 元人民币)，大厨有 10 000 法郎(约 15 000 万元人民币)左右。当时 1 法郎差不多等于 1.5 元人民币。

采访者：这份洗碗的工作是带你们出去的人介绍的吗？

MHY：不是，是自己熟人介绍的。

采访者：您在法国有朋友或认识的熟人，是吗？

MHY：是的。我邻居在法国很多年了，是他介绍的工作。

采访者：当时的住宿是如何解决的？

MHY：住在老板租的房子里。

采访者：也就是说，带你们出去的老板，他们的任务就是负责把你们带到法国，之外的事情他们就不管了，是吗？

MHY：是的。他们赚的是路上这一段的费用。

采访者：那您有没有后悔去法国，因为您出国前有稳定的工作，到了法国之后从事洗碗的工作？

MHY：我当时虽然在工厂上班，但是厂子的效益不是很好，待下去感觉也没有什么前途，就想出去闯荡一下，赚一些钱再回来。出去了也没有什么后悔的。

采访者：您在法国洗碗洗了多长时间？

MHY：大概有两年吧！具体也忘记了，后来当了二厨。之后离开巴黎，去了乡下的一个餐馆做了大厨。大厨做了大概一年多一点时间，听说意大利有大赦政策，就去了意大利。也就是说，我 1992 年到法国，在法国待了四年(其实不到四年)，1996 年底我去了意大利。

采访者：您是从哪里获得意大利大赦政策的相关消息的？

MHY：开始是听一位在意大利的朋友说的，之后整个法国的华侨华人都知道了，很多人都跑到意大利去了。

采访者：您是如何从法国去意大利的？

MHY：我是在一位意大利的华侨朋友的帮助下到意大利的。这位朋友经营中餐馆，也经营一些这样的业务(办理移民手续)。他先帮我提出申请，之后帮我办理了意大利工作签证，当时花了大概三万元人民币吧！虽然他帮忙办理了工作签证等，但是从法国到意大利费了很多周折。当时也有专门做这方面的人(办理法国前往意大利)，但是要花费五千法郎。为了节省这五千法郎，我决定自己去意大利。我先从巴黎坐火车到了尼斯。到了尼斯发现有几位其他国家的黑皮肤的人也要去意大利，于是我和他们一起步行穿过了一条漆黑的火车通道(这个通道是连接意大利和法国的通道)，最后到了意大利。

采访者：那您到了意大利之后主要从事什么工作？

MHY：因为在意大利我有了身份，我先去了一所大学的语言培训机构学了大概五个月意大利语，其间我认识了我的老婆，并和她一起学习意大利语。

采访者：提到学习意大利语，您在法国没有学习法语吗？

MHY：没有，因为没有身份，只能在餐馆自学法语，学的不是很好。

采访者：现在对您来说意大利语没有问题吧？

MHY：是的，毕竟从 1996 年底到现在在意大利待了二十几年了。

采访者：您之后还是从事餐饮工作吗？

MHY：是的，但不再洗碗了，因为意大利语也会说一些，我就在一个朋友开的店里的前台做跑堂，认识了我老婆。1997 年大女儿出生。

采访者：也就是说，1996 年认识了你妻子后就结婚了？

MHY：当时也没有正式结婚。到现在我们也没有正式领结婚证。

采访者：是吗？现在也没有？

MHY：是的。1997 年女儿出生后，我们把孩子带回国，之后在温州家里办了酒席。当时也没有领结婚证，直到现在也没有，因为在意大利有没有结婚证没有关系，没什么影响。1998 年二女儿出生，2001 年三女儿也出生了。

采访者：您爱人一直从事餐饮工作吗？

MHY：大女儿出生之前，她都是在餐馆工作。1999 年开始就不做了，我们一起做出国中介（帮助国内的人去意大利）。但是，我们没有赚到钱反而亏了不少，也背了不少债务。之后，就开始一起从事小商品买卖，这样来钱比较快一些。

采访者：具体做什么样的小商品买卖？

MHY：其实就是摆地摊，卖伞等小百货，现在也在做，也有了自己的摊位。我们一大早开车出去，有时候很晚才回来，比较辛苦。

采访者：能简单介绍一下您的三个女儿的情况吗？

MHY：是这样的，三个女儿目前都定居意大利，大女儿和小女儿是中国国籍，二女儿是意大利国籍。大女儿因为出生后不久就被带回国待了一段时间，之后申请意大利国籍碰到了一些困难。小女儿打算申请意大利国籍，因为她没有回来过。

采访者：二女儿为什么是意大利国籍呢？

MHY：二女儿出生后，我们做中介亏了不少钱，因此夫妻两人经常吵架。当时摆地摊也赚不到多少钱，又没有证件，经常遭到警察的驱赶。总而言之，1998 年到 1999 年我们经济十分困难。后来，有一位意大利护士，她没有结婚，主动提出要帮我们抚养我们的二女儿。我们当时考虑到自己的经济水平和孩子以后的发展，就答应了。之后二女儿就加入了意大利国籍。大女儿被带回意大利后，也被这位护士收养了。2001 年小女儿出生后也被这位护士收养，一直到现在。

采访者：那你们是如何认识这位护士的？

MHY：当时我老婆在医院生孩子的时候认识的，之后我们关系逐渐好起来了。

采访者：您和三个女儿之间的关系如何？

MHY：我们关系很好，因为不住在一起，也不经常见面。但是偶然她们会回来看望我们。

采访者：你们之间使用什么语言沟通？

MHY：一般都是意大利语。她们都说意大利语，不会说中文。我还是希望她们能够学习中文。

采访者：孩子们上学的费用是谁负责的？

MHY：费用的话，我们（和上述意大利护士）共同承担。我的大女儿非常优秀，有奖学金，平时也有作兼职工作。二女儿现在已经上班，可以自己照顾自己。小女儿现在是高中五年级，接下来要上大学了，她的课外业余学习班（比如学习音乐、画画等）的费用是我们一起出钱。

采访者：目前，三个孩子和那位护士住在一起吗？

MHY：是的。

采访者：你们两家住得远不远？

MHY：不远。开车也就 20 分钟左右。三个孩子在上小学和中学的时候因为学校离我们住的地方比较近，每天回家吃饭。现在学校离得比较远了，就和那位护士一起住。

采访者：关于孩子们的婚姻，您是如何看待的？

MHY：二女儿现在有一位男朋友，是意大利人。大女儿目前好像还没有，我问过了。小女儿还小。

采访者：将来她们要和意大利人结婚，您会怎么想？

MHY：我这个人的思想还是比较开放的，如果孩子们自己喜欢我也没有意见。至于什么国籍，我不会干涉，只要她们幸福就行。

采访者：言外之意，女儿们的婚事由她们自己决定。

MHY：是的。

采访者：您和您妻子在孩子们的婚姻上态度一样，是吗？

MHY：是的。

采访者：您和妻子一起做小商品买卖吗？

MHY：是的，我们一起摆地摊。但是，近来她身体不怎么好，基本上都是我一个人出去。

采访者：以上是关于您和您的家人的一些事。接下来我想了解一下，您有没有参加意大利华侨华人社团的活动或工作，以及对海外华侨华人社团的看法。

MHY：怎么说呢。说起华侨华人的组织，就是吃吃喝喝，领导来了接待一下，哪里会为我们一般的华侨华人服务呀！在意大利要组织一支有凝聚力的社团非常困难，和犹太人比起来我们这方面做得不是很好。这只是我个人的感受，不知道现在会不会好一些了。

采访者：意大利也有浙江华侨华人总商会、温州商会等组织，您也知道吧？

MHY：知道的，但是真正为当地华侨华人服务的组织很少很少。而且，意大利的华侨华人与当地人缺乏沟通。也可以这样说，华侨华人在很多层面不了解意大利人，意大利人也不了解华侨华人。很多华侨华人在意大利生活了很多年，也没有几个真正意义上的意大利朋友。很多意大利华侨华人的活动范围仅限于华人圈，没有真正融入意大利社会，这方面与其他国家的群体比起来要差很多。

采访者：您认为形成这样一种现象的原因是什么？

MHY：我认为原因有几个：第一是我们华侨华人喜欢和自己人打交道。比如去中餐馆用餐，去中国人经营的工厂打工等，很少去意大利当地的餐馆吃饭、工作等。第二是缺乏学习精神，主要表现在缺乏学习意大利语言和文化的精神。在意大利生活，如果不了解意大利的语言和文化，很难去了解意大利这个国家，也就很难融入当地人中去。我身边的很多华侨华人有的在意大利定居了十年以上，还是不会说意大利语，也没有意大利朋友。越是这样越会被主流社会孤立。因此，我觉得所谓的这一些组织如果能举办一些关于中国和意大利相互了解、相互沟通的活动，可能会进一步促进相互的了解。但据我所知，类似的活动组织得非常少。

采访者：据我了解意大利的华侨华人组织在本次防控疫情的过程中给国内很多地区捐赠了很多口罩等医用物资，您如何看待？

MHY：碰到重大事件的时候他们当然会做一些事情，如果什么都不做，也说不过去吧！我认为海外华侨华人组织最重要是在平时多做一些事情，比如如何帮助一些真正需要帮助的海外华侨华人企业或者个人使他们渡过难关。还有在华侨华人的利益受到侵犯的时候能够站出来维护华侨华人的利益，和在住国的主流人群进行沟通，从而妥善处理两者的关系。

采访者：您如何看待意大利政府对华侨华人的态度？

MHY：整体来说，意大利政府对华侨华人还是不错的。举一个简单的例子，如果你去意大利政府相关部门办事，他们还是很客气，很热情的。意大利整体的社会福利也很不错。

采访者：您如何理解海外华人对祖国的情感问题？

MHY：我们现在虽然定居意大利，但时刻关注国内的发展，因为我们是中国人，接受中国的教育。虽然我们在意大利生活，但是感觉始终融入不到意大利人的生活圈，毕竟意大利不是自己的祖国。我们嘴上说意大利是我们的第二故乡，但实际上没有故乡的感觉。回到国内，我就有一种“我最大”的感觉，而且也很放松。在意大利，总觉得很紧张，有时也觉得很寂寞和无奈。除此之外，还要在乎别人对你（中国人）的看法，做什么事情都必须小心翼翼，不然会被抓住把柄，引来一些不必要的麻烦。在意大利感觉就是为了活着而生活，谈不上真正的放松和幸福。这只是我的感受，可能其他人会好一些吧！因人而异。

采访者：您所说的我完全可以理解，因为我自己也在日本生活了13年。目前，您母亲一个人在国内生活，是吧？她有没有去过意大利？

MHY：是的。1998年我父亲因病去世后，我母亲就一个人在国内生活。我妈妈没有去过意大利，但去过亚洲其他几个国家，比如日本、韩国、新加坡、马来西亚和泰国等。

采访者：伯母今年高寿？

MHY：我妈妈今年75岁，身体很硬朗，目前还不用我们操心。我和我弟弟会定期寄生活费给她。

采访者：从另外一个角度来说，伯母是一位留守老人。

MHY：是的。因为我和我弟弟都在国外，没有办法。不过家里也有其他亲戚可以相互照顾。

采访者：您在国外经常和伯母联系吗？

MHY：以前很少，因为不是很方便。现在经常联系，因为大家都用微信、QQ等。

采访者：能谈谈您的弟弟的情况吗？

MHY：我弟弟他现在在西班牙，主要经营中餐馆。因为疫情，这一段时间他也在家里。餐馆正在装修，还没有正式营业。幸亏没有正式营业不然会损失更多,光房租一个月就得几千欧元。

采访者:你们经常联系吗?

MHY:谈不上经常吧!有事情的时候会联系。大家都挺忙的,平时不怎么联系。

采访者:随着伯母年龄的增长,将来您有何打算?

MHY:到了那一天,我肯定会回来照顾她。说实话,我的好朋友都在国内。在意大利这么多年,也没有认识几个真正的好朋友。落叶归根,这也是中国人的传统吧!

采访者:您对中国的经济发展有何看法?

MHY:中国经济发展得很好,而且很快,感觉有一些太快了。比如我们丽岙变化真是日新月异。但是经济的发展对环境也带来了一些不好影响。据说政府部分也意识到了这个问题,制定了一系列的政策,如各小区也开始实施垃圾分类等。

采访者:关于意大利疫情防控问题,您如何看待?

MHY:意大利人和中国人在文化等方面存在很大的差异。他们在疫情防控问题中的表现,也不能说他们做得不对,各个国家的国情也不一样。他们不喜欢戴口罩,也不一定说明他们不重视疫情,我感觉还是文化差异和价值观不同吧!不过,随着疫情在意大利的蔓延,很多意大利人也意识到戴口罩的重要性,政府也颁布了相关法令等。

采访者:意大利华侨华人在本次疫情中几乎没有人感染,您如何看待?

MHY:我认为主要有以下几个方面的原因:第一,本身意大利华侨华人与意大利本土人的接触不是很多,从而避免了感染的可能性。第二,意大利华侨华人比较早就知道或了解到本次疫情的发生以及疫情在国内感染的情况,从而在心理上有了自我防范的意识。第三,意大利华侨华人针对本次疫情的防控和自我保护意识很高。很多人了解到武汉被封之后,都提前做好了日常必需品(如米、面等)、医疗物品(如口罩、手套等)的准备,部分人还给国内的家人邮寄了医疗物品等。第四,大家模仿国内的做法,如足不出户或减少外出次数。这些都是意大利华侨华人没有被感染的重要的因素吧!

采访者:针对海外华人回国治疗疫情感染一事,您如何看待。

MHY：大家都怕死，这一点我相信每个人都可以理解。听说很多在国外的华人被感染了，即使打了急救电话，急救车也不会过来，因此大家都害怕起来。还有很多人因为语言等问题，打急救电话的时候讲不清楚自己到底发生了什么事或自己想要得到什么样的帮助，这也是急救车不来的一个原因。很多华人虽在意大利生活，根本不会讲意大利语。还听说有部分华人在国外被感染后想尽办法偷偷回国要求治疗。我认为这一部分人真的不应该，或者说这是一种素质很差的表现。我不是说自己的素质有多高，但是我感觉海外中国人的整体素质还有待提高。其实，我们中国人的素质不是一直很差，唐朝的时候中国人的素质就很好，国外的人都纷纷向我们学习，不是吗？但是，我相信，随着中国经济的进一步发展和强大，人们的素质会不断提高的。不好意思，回到你问的问题，我认为我们的政府已经做得很好了，也很仁慈了。你要回来就回来，也可以接收你。关于治疗费用问题，我认为海外华人应该自己承担相关治疗费用，毕竟他们不是中国人了，既没有交税也没有缴纳保险等，政府没有义务出这一份钱。一部分海外华人提出免费治疗，我认为是很正常的，因为很多华人虽然已经加入在住国国籍，其实他们心里还想着自己是中国人。其实，他们也很委屈，因为在国外，他们被认为是中国人，回国后，又被认为是外国人。因此，也没有必要歧视或作出一些不应该做的事情。

采访者：最后一个问题，其实我刚才已经提到了，就是您今后的打算或者说未来的一个规划。

MHY：这个问题我刚才也提到了一些，比如最终肯定是落叶归根。但是我担心回国后会碰到这样那样的问题或者困惑。我这二十几年以来一直在意大利，而国内发展得又这么快，自己能不能适应国内的大环境还是一个问题。在意大利，购物时人们习惯用现金支付，但是目前国内购物几乎不用现金，都用网上支付（如微信支付、支付宝等）。另外一点，也是最重要的一点，回国后自己做什么，或者说能干什么？当然，如果你在国外有一定的积蓄还好，如果没有积蓄，回国发展也会遇到资金困难，很难发展。与其这样，还不如不回来，你说呢？因此，我也很纠结的。

采访者：好的，我们先到这里，再次感谢您的支持。

九、受访者：WSM

采访时间：2020 年 4 月 23 日

采访地点：温州市瓯海区四季原著

采 访 者：徐辉

采访者：请您介绍一些您和您的家族情况。

WSM：我是 WSM，初中毕业。我有三个儿子，大儿子，1987 年在中国出生。二儿子，1995 年在法国出生。三儿子，1998 年在法国出生。他们三人都是法国国籍，我和我爱人是中国国籍。目前大儿子继承了我的事业，公司的一系列业务他在打理。二儿子在法国攻读博士研究生，学的是理科，专业是电子方面的，具体我也不是很了解。三儿子在读大学，还没有选专业，法国是大三的时候才选专业的。我目前在主要从事进出口生意，主要是做牛仔裤、牛仔衣的进口系列。目前，我爱人在法国生活。我有一个弟弟和一个妹妹，弟弟在意大利，妹妹在法国。父母在国内生活。

采访者：您是哪一年出国的？

WSM：我是 1990 年去法国的。

采访者：您当时是通过哪一种途径去的法国？

WSM："黄牛掮"。我们这个年纪出去的人，很多人都是通过这种途径出去的。我爷爷的堂弟，也就是我的叔爷爷在法国，他是一九三几年出国的。当时我爷爷的几个兄弟都在法国。受他们的影响，决定出去打拼一下。我记得很清楚，当时从法国回来的华侨前辈们很吃香，我们都围着他们转。还有一个原因是我们丽呑地不多，下地干活也赚不到几个钱，当时也没有什么好的生意做，就下定决心出去打拼。

采访者：您出国之前是从事什么职业的？

WSM：在家里务农，做点买卖蔬菜的小生意。其实当时家里也没有什么活好干。当时听说国外一个月可以赚到七八千法郎，觉得是天文数字呀！当时在中国，一个月能赚到一百来块钱已经是很好了，这还需要有手艺的人，一般人也就四五十块钱一个月。你想想七八千法郎，和一百多块人民币，要差多少呀！所以吸引力还是蛮大的。

采访者：当时您出国的路径是怎样的？

WSM：我先从中国的云南出境到缅甸。当时蛇头说有军车载我们出去，其实是骗我们的。到了缅甸后，我们等了半个小时，蛇头又说，军车有任务来不了了。他（蛇头）还说，走路的话只要五六个小时。当时因为大家都很紧张，听说只要五六个小时，我们就决定走路去。谁知道走着走着，就在深山老林里迷失了方向。我们就这样在深山老林里走了整整十一天。幸亏当时我们自己带了一些牛肉干和一些饼干。我们走累了就睡，睡醒了就走。

采访者：之后呢？

WSM：之后我们终于走出了大山，到了缅甸的一个地方（这个地方的具体名字不记得了），在那里有人接应我们。当时我们在那里住了三天。然后，我们被送到了缅甸和泰国交界的一个小镇，我们又在那里待了一个多月。从那个地方到泰国很近，只需要过一座桥就可以了。之后我们又被送到曼谷，在曼谷又待了两个多月，他们还帮我们每个人办理了一个泰国的身份证（如何办的我们也不知道）。然后又安排我们去马来西亚、新加坡等地，之后又回到泰国。随后才把我们送到丹麦，然后从丹麦到法国的里昂，之后坐火车到了巴黎。

采访者：也就是说从中国云南出发到法国巴黎经历了很长时间。

WSM：从中国出发到法国巴黎花了整整五个多月的时间。我们一起去的还好，都安全抵达法国，当时在途中死掉的也有。

采访者：你们当时一起出去的有多少人？

WSM：我们一共八个人。我和我爱人一起出去的。

采访者：当时你们一共花了多少钱？

WSM：一个人大概 10 万元吧！

采访者：到了法国之后，您是如何安排您的生活和工作的？

WSM：当时，我有一个结拜兄弟也是我的同学在法国。我住在他家里。之后去我叔叔开的服装厂工作，主要做衣服（锁边）。因为当时我是农民，什么都不会。锁边这个工作比较容易学，上手也很快。我在我叔叔那里做了一个月，就不干了。因为我当时去法国的目标不仅仅是给别人打工，想自己干点事业，用现在的话讲就是“创业”。之后我又去学习做衣服，不仅仅是锁边。当时也想过开中餐馆，最后还是决定干服装这一行。当时（1991 年）我的兄弟 ZCB

开了一家服装厂，需要人手，我就去他的工厂上班了。

采访者：我也有幸采访了 ZCB 先生。您在 ZCB 的工厂做了多长时间？

WSM：大概一年半左右吧！在这一年半里，我基本上学会了做衣服的整个流程。当时，我老婆也在他的工厂里上班。

采访者：那时一个月的工资是多少？

WSM：他第一个月给我 6 500 法郎，他给我的工资还是很高的，因为我做事也很认真踏实。一般人都是 4 000 法郎，也有 3 500 法郎的。第二个月的时候就 7 000 法郎了，第三个月就达到了 7 500 法郎。

采访者：之后呢！

WSM：因为我们做的都是黑工。当时有真正身份或者合法身份的没有几个人的。他(ZCB)的叔叔、姐夫都已经在法国待了很多年了，所以帮他们夫妻(ZCB)弄了难民证，于是他的服装厂发展得很快。但是，没想到有一次警察到他的工厂里抓黑工，因为当时我们没有合法身份，我们就被抓了。其实我以前曾经办了难民证，但是过期了，后来没有及时更换，再次申请的时候，我们就换不了了。

采访者：当时，您在警察局待了多少天？

WSM：就一天。当时他们审问我，我们不会说法语，我就不讲话。之后他们只好把我们给放了。因此，警察问你的时候，你就装作什么都不知道，他们也没有办法。放出去的一个星期后，我又找到了一份工作，也是做服装的。

采访者：在这个工厂上了多久班？

WSM：也是一年左右吧！

采访者：当时的月工资多少？

WSM：当时就有 9 000 法郎了。为什么工资会这么高呢？因为那个时候我已经很内行了，做衣服的各个工序和手艺，样样都可以，做事也比较卖力。之后这个工厂停业了，我也没有了工作。休息了大概两个星期后又找了一家做衣服的工厂，这个工厂给的工资已经达到 10 000 法郎了。在这个工厂做了大概两个月，我又被警察给抓了，还被关了两个多星期。之后我就被他们(法国警察)遣送回国了，当时被遣送回来的还有其他六位。当时有一位新总统上台了对非法移民管制很严格，再加上当时法国卖武器给中国台湾，中法关系也不是很好。

采访者：被遣送回来大概是哪一年呢？遣送到哪里？

WSM：是1993年的下半年，大概是八月份吧。被遣送到了北京昌平县。当时，每天都有相关负责人来了解我们的情况。

采访者：在那里待了多久呢？

WSM：大概待了十几天吧！然后就回温州了。

采访者：当时被遣送的机票是谁买的？

WSM：是他们(法国)买的。当时被遣送回来的时候是一个法国警察负责遣送一个非法移民回国，整个过程非常严格。

采访者：您被遣送回国了，您爱人还在法国，是吧！

WSM：是的，是的。

采访者：回到温州后，有没有找工作？

WSM：没有。因为我爱人还在法国，在家待了大概两个月后又开始办理出国的事情。当时在法国我的工资已经是一个月可以拿到一万法郎了。当时在中国也就四五百块钱，一想到这里还是出去的比较好。虽然还要花一些钱，但是到法国一年就可以赚回来了。

采访者：这一次出去是否顺利？

WSM：也是通过非法途径出去的。这一次我们从满洲里出关，然后坐了大概一个多小时的大巴，到了俄罗斯的一个城市(我也记不清楚了)，从那里坐了六天六夜的火车到了莫斯科。在莫斯科待了十几天，然后到了乌克兰，之后又到了东德。最后一个越南人用小车把我们从东德送到了法国。

采访者：这一次大概花了多少钱？

WSM：也是花了11万元左右吧！

采访者：第二次到了法国之后您是如何安排生活和工作的？

WSM：这一次我们改变了策略，在亲戚朋友的帮助下先租了房子，买了做衣服的机器，在家里做衣服。1994年抓黑工抓得很紧。我们是把货拿到家里做，比较安全。就这样，大概干了三年左右。

采访者：当时只有您和您爱人两个人在做吗？

WSM：不是。还有我妹妹和妹夫，加起来四个人一起做。我妹妹和妹夫都是刚出去的，他们俩在国内的时候做过裁缝，上手很快。我们当时租的房子只有四十多平方米，四个人住，还放了四台机器，很拥挤。那个时候生活过得很艰苦。当时想能省一点是一点吧！虽然生活很辛苦，但是有住的地方，有稳定的收入，也就满足了。1995 年老二也出生了。

采访者：老二出生后，你们的生活有何改变？

WSM：有很大的改变。因为孩子一出生，我们出去的时候都要带着孩子。在大街上遇到警察，他们一看我们有带孩子，就不会查。偶尔也会被查到，但是他们看到孩子，就放我们走了。也就是说，那个时候我们拿小孩子当绿卡用。毕竟法国还是讲人道的。

采访者：您是什么时间拿到正式居留身份的？

WSM：这个说起来话就比较长了。其实，我在 1996 年的时候已经拿到了意大利居留。我弟弟是 1992 年去了意大利。当时我们考虑，如果都在法国，怕两个人发展不好。恰好我表哥在意大利做服装厂，就决定让我弟弟去了意大利。如果我在法国发展的不好，我也去意大利。相反，如果我弟弟在意大利发展得不好，他还可以来法国。1995 年的时候，弟弟就告诉我意大利要大赦了，让我赶快过去。于是我就去意大利办理了相关申请手续，1996 年就拿到了正式居留身份。但拿到意大利的正式身份的时候，我开始犹豫了，是继续留在意大利还是回法国？最终我还是选择了法国，因为我了解了一下，意大利的生活条件等方面没有法国好。比如在法国我们可以按照正常的时间上下班，而当时在意大利生活作息以及工作时间还比较混乱。再比如意大利的老板只要一拿到订单，不管是白天还是晚上，工人就必须立刻干活。也就是说，在法国生活比较有规律，而意大利没有。

采访者：那您什么时间拿到法国正式居留身份的？

WSM：1997 年拿到的。当时有一位法国教授创立了一个叫“无证件者团体”（第三团体）的组织。当时，刚好是法国的左派上台，他们颁布了一条法令。内容大概是：凡在法国居住 5 年以上的家庭，可以申请正式身份。当时，听说有 27 个国家的无证件难民在法国居住，有一千多人登记。之后所有的一系列手续都是上面提到的教授的组织帮忙办理的，由他们出面和政府进行沟通。1997 年的时候，法国政府颁布正式法令，也就是大赦政策。那个时候，我大儿子还在中国，由于政策的要求之一就是一个家庭的人团聚，所以没有办法，只能又找人把老大（大儿子）带出去。

采访者：您说的找人是指找蛇头吗？

WSM：是的。

采访者：那个时候，您的大儿子多大？

WSM：八岁左右吧！当时有人专门办理小孩子出国。

采访者：您不担心吗？一个八岁的孩子让别人带着出国？

WSM：担心是担心呀，但是没有办法。

采访者：他当时通过哪一种途径出去的？

WSM：是这样的，他是以另一位意大利华侨的儿子的身份出去了。当时一起去意大利的共有十几个孩子。他们先到广西南宁，再到新加坡，经意大利到法国，一共用了两三天时间吧！

采访者：也就是说，小孩子改名换姓出去的。

WSM：是的。那个时候很容易，现在不行了。

采访者：哦，是这样的呀！这两三天很漫长吧！

WSM：是的，几乎都没有睡觉。

采访者：您和您爱人的心可真够大的，哈哈。

WSM：所以嘛！孩子在出国路上的几天，我们都睡不着觉，很担心。

采访者：也就是说，大儿子一到法国你们就把申请书递上去了？

WSM：是的。递上去之后大概十天就下来了。但是，只拿到了三个月的居留证。之后移民局还找我谈过话。当时我想，会不会是因为我以前被遣送回去过，有污点，才给我们三个月。在移民局找我谈话之前，我还花了一万法郎请了一位律师，因为我担心，谈话的时候一旦被抓，律师可以帮我申诉。但是，律师笑着说，他们已经给了你合法居留身份，你还害怕什么？于是我就去了。事实果真如律师所说的那样，他们就简单地问了几句，我也没有听懂，然后贴上照片就完事了。之后听说，当时移民局的人是想告诉我，有了身份的人要去找工作，同时提供工作单位的证明或者是雇佣合同，就可以换成一年的居留证。之后我就找到了一家越南人开的工厂，开了证明。当时，这个越南老板给我的月工资是 9 500 法郎，因为我的技术已经很熟练了，每个星期休息一天，如果有加班，每天另外再给 500 法郎。当时就签了一年的居留，之后的居留证也是一年一年地换，是贴在护照上的。

采访者：您和越南人签了一年的雇佣合同，之后一直在他们工厂工作吗？

WSM：没有。我虽然签了一年的合同但是做了不到一年。在第十个月的时候，我跟老板说，下个月不干了，打算自己单干。老板也很好说话，就这样我开始了自己的创业生涯。在法国的华侨华人有一辈子给人家打工的，但是我不行，我想当老板，这是出国的时候就已经决定了的。这可能也是我们温州人和其他地方人不一样的地方吧！当时我一边打工，一边在寻找合适的店面。刚好有一家工厂要转让，我就花了 13 万法郎把它买下来了。当时实在找不到人手，恰好我妹妹和妹夫都在，我们四个人决定一起做。从 1998 年的下半年正式开始，一直到做到 2002 年，这三年多时间都蛮顺利的。我感觉老天爷对我们不错，付出了就有回报。当时 WYD 和 ZCB 他们也已经办了服装厂，发展得也比较好。我是从我的朋友 CXW 那里拿货再加工。之后 ZCB 去了意大利，到了之后也开了服装厂，而且发展得很好。我弟弟在巴纳多的时候，认识了 ZCB 的妹妹，两人结婚了。之后我弟弟去了米兰 ZCB 的服装厂帮忙，后来 ZCB 把这个服装厂转让给了我弟弟。到 2002 年的时候，我弟弟说意大利罗马的批发市场挺好做的，问我要不要做。我考虑了几天后，去了意大利罗马批发市场考察了两个星期。之后决定把法国的服装厂卖掉做批发贸易。卖掉服装厂之后，我和弟弟在罗马附近的一个商城租了店铺，还进行了具体分工，我主要负责国内采购，弟弟负责在罗马销售。当时做的还是比较顺利的。2003 年初到 2016 年底，我和弟弟一起在罗马做批发生意，我们当时有自己的品牌。2017 年的时候，我退出了股份，因为我家人都在法国，老婆一个人照顾孩子很辛苦。而且在和我弟弟一起做生意的时候，一年里，我半年在中国，四个月在意大利，在法国的时间也就一两个月。再加上其他原因，我就退出了意大利市场。总的来说，我在意大利期间还是一帆风顺的。

采访者：品牌名称是什么？

WSM：Miss. Natalie。我们的货质量非常好，很多人都喜欢我们这里进货，当时做得很不错。我退出的时候，很多朋友还问我说，你做得好好的，为什么要退出，我弟弟也觉得奇怪。我当时想，钱是赚不完的。这么多年一直东奔西跑，也没有好好地陪陪老婆和孩子，再加上年龄也越来越大了。

采访者：2003 年开始，您去了意大利。法国那边还有其他项目吗？

WSM：我大儿子在大学三年级的时候我就正式地和他谈过，想了解他大学毕业后的去向。是打算从事贸易，还是想去外面上班。去外面上班就是去法国人或者其他企业给人家打工，如果想做贸易可以自己做老板。后来，大儿子就决定做生意，接了我的班。于是，2008 年我在巴黎买了一家店铺，由大儿子打理，我还是负责国内采购。因为当时也和我弟弟在意大利一起做，我在国内采购的时候只用分给一些货给法国的店就行了。当时运到意大利的货要远远多于法国，一年中运到意大利的货（主要是牛仔裤）大概就有 400 多万条。

采访者：您是什么时间参加海外华侨华人社团的？

WSM：我是 2006 年加入"法国中法友谊互助协会"，当时是常务副会长。协会会员基本上是我们中国人。2016 年的 9 月份，我被任命为第八届会长。在这个会里我认识了很多人，对做贸易有很大帮助。

采访者：在本次疫情中，听说您也慷慨解囊了。

WSM：是的。我们协会每次在国家遇到地震等天灾以及特殊情况的时候我们都会积极支持国家，因为虽然我们在国外，但是我们拿的是中国护照。（2020 年）1 月 8 日我去了法国。18、19 日的时候，听说武汉疫情严重了。作为会长，我就召集并动员会员们捐款买口罩。刚开始，由于我们不怎么了解口罩，不清楚什么医用的、普通的区别。召开常务会之后，大家一致通过并统一捐款购买口罩。之后我们立刻联系了法国一家公司并购买了五万只口罩并直接付钱给了对方。当时我们买的时候一个口罩的价格是两毛左右。订货的时候，那个公司负责人说三天内到货，可是之后货一直没有到。当时大家都在找口罩，所以口罩一天一个价。到了 28 日货还没有到，我们就去找他们理论。其实，当时口罩是有的，只是他们高价卖给了别人。由于我们已经付了款，我就天天催他们。29 日的时候他们说货到了，并还解释说拖这么久是快递公司出了问题。其实我们也知道他们把其中的一部分高价卖给了别人，我们知道他是在找借口。口罩到了，但是，我们打开一看和我们当时预定的不一样。这个时候我们也对口罩也有了一些了解，我们当时订的是 N95 医用口罩，他们给我们的是普通民用口罩，我们就拒绝接受了这一批口罩。31 日他们重新发货给我们，我们收到口罩后，立刻把口罩寄给了温州市瓯海区卫健委。27 日我们还买了 18 000 只口罩，这一批是四毛钱一个买的。之后买口罩就不管价格了，商家说要多少钱，我们就给多少钱，而且还要提前支付货款。除了温州之外，我们还捐给了北京、安徽等地。我个人捐给了我们丽岙街道侨联和村委会 20 000 只口罩，也给我们小区物业捐了 1 500 个。本次疫情中，我们协会一共捐了 153 000 只口罩，还有少量的防护服、护目镜等。

采访者：以上说的是你们协会给祖国的捐赠。那么，在法国疫情期间，你们协会有没有向法国捐助呢？如果有捐，捐了多少呢？

WSM：有的。我们给所在区的健康中心（相当于我们的卫健委）、医院和警察局捐了 50 000 只口罩。当法国疫情严重的时候，温州市政府寄来了 20 万只口罩给我们在法国的华侨华人社团。我们在分口罩的时候出了问题，你也听说了吧？

采访者：是的，听说了。华侨华人社团的负责人被带到警察局去了，是吧？

WSM：对，对的。

采访者：法国疫情期间，我们华侨华人做得还是不错的。

WSM：是的。毕竟我们国内有防控疫情的经验了。但是，欧洲人对我们中国人还是有歧视的。比如这次疫情中，医院的床位一般不会给中国人的，需要插管的也不给插，就让你在自己家里待着。当时我们国家不是先后派医疗队和专家去各个国家吗？好像我们浙江省的派到西班牙，福建的派到法国，同时也带来了很多物资。国家的这一举措相当于给我们海外侨胞吃了一颗定心丸。当时法国疫情发生后，很多华侨华人都打算回国。但是，我想，回去风险也很大，原本自己没有感染，途中也有可能被感染，所以，我就鼓励大家不要回去。但是，始终还有打算回国的人。但是没有飞机也回不去。之后我们建了一个专门的群，群里有相关医生指导我们如何做预防，还会经常问大家有没有发烧等症状，如果有，医生会通过群指导如何应对等。我们协会也有志愿者，送中药到每一位侨胞的家里，意大利和法国都有，其他国家我们不知道。

采访者：言外之意，在法国，我们侨胞被感染，如果是轻度感染，医院不会给住院治疗，是吗？

WSM：是的，除非你已经很严重了，才会让住院治疗。因为第一，你是外国人。第二，医院也没有多余床位。因此，在我们的专家去法国之前，大家都人心惶惶的。不过大家都知道，就待在家里，居家隔离，尽量减少被感染的概率。现在好了，大家基本上都定下心来了。

采访者：您是什么时候回国的？

WSM：我是 2020 年 7 月回来的，当时法国仅有四百多例。我当时到了广东，隔离了十四天。十四天之后我还是不放心，刚好医院里有个熟人，我让他帮我做了核酸检测。检测结果说我没事。之后我又自我隔离了两天。24 日我就出去办事了,29 日就回温州了。

采访者：关于您三个儿子的未来发展,也想听听您的看法。

WSM：大儿子他现在已经接了我的班,在做贸易,肯定以后也会做下去。老二和老三，我认为他们可能会从事与自己专业相关的工作吧！因为,毕竟法国和中国的教育方式、理念都不一样。其实,老二现在一年也有三四万欧元的工资了,毕业后会更多吧,六七万欧元应该会有的。以前和老二谈过这个问题,他很明确地说:“爸爸,我不像你们一样,出去吃一顿饭要花一千多欧元,我吃二三十欧元的就可以了。”他的心态这样,我感觉这样也好,在法国我已经给他们都买了房子。但是,我还是希望我们二代、三代都能回中国发展。如果国家推出相关优惠的涉侨政策,肯定能够吸引他们回来。如果没有相关合适的政策,他们不一定会回来,三代、四代就会慢慢地淡忘中国以及中国文化等。我三个儿子,老大的想法就明显和老二、老三不一样的。

采访者：谢谢您的分享。听说您也参加了很多其他公益活动?

WSM：是的。我在做会长期间,我们协会捐赠建了两所希望小学。2007 年,经过会长团全体成员的一致同意,协会成立了扶贫教育基金会,目的是向中国贫困地区捐建希望小学并以协会名称“中法友谊小学”来命名学校。我们至今已经向中国贫困地区捐建了六所中法友谊希望学校。第一所建立于 2007 年,位于安徽省当涂县。第二所于 2009 年建立在温州市瓯海区。2013 年 8 月,在湖南省古丈县和桃江县建立了第三所和第四所中法友谊希望学校。2017 年,在 XH 的家乡甘肃积石山县和别藏镇分别建了第五所和第六所中法友谊希望学校。我还认领了十个学生,每年资助他们的学费和书本费等费用。我们协会里的其他成员也每人认领了五位学生。

采访者：当时,为什么会选择在安徽、湖南的这些地方呢?

WSM：我们协会响应国侨办的相关政策,参加了一个叫“精准扶贫”的活动。当时,国侨办主任是裘援平,现在已经调到其他部门去了。

采访者：您以后有什么打算？比如以后在中国还是在法国养老等。

WSM：我肯定在中国养老。因为第一,我的根在中国。第二,目前,中国的很多地方都已经超过法国。比如医疗,去法国看病政府给你报销的百分比,和现在中国一样。第三,中国的环境越来越好了。比如我们丽吞,有山有水,也很方便。第四,我爸爸妈妈也都七八十岁了,他们也需要照顾。1990年出国到现在,三十多年了,都没有陪爸妈过一个好年,接下来我要好好地陪陪他们。到我这个年纪,每次回到丽岙,他们还要做饭给我们吃,还把我们当作孩子看待。我对我的爸妈还是很内疚的,没有时间陪他们,也没有好好地照顾他们。还有就是,尽快把我大儿子带回来。如果不是疫情,他现在应该和我一起在国内。他现在对布料还不是很懂行,需要再锻炼锻炼。以后他自己上手了,我就彻底解放了。以后有时间我就去世界各地旅游。虽然我在法国生活了三十几年,法国埃菲尔铁塔都没上过、大皇宫(凡尔赛宫)也没去过,中国的西安、海南岛等很多地方都没有去过,说出来都被人家笑话。接下来有时间我要出去走走看看。

采访者:以上就是我要问的问题,您还有其他需要分享的吗?

WSM:虽然我们身在国外,但是,我们时刻不能忘记自己的根在中国,不能忘记祖国,特别是国家需要我们的时候,我们就必须无偿地为祖国做贡献。当然了,我们也不能忘记法国,那毕竟是我们打拼过的地方,需要的时候,也必须回馈,毕竟我人生近三分之一的时间都在法国。做人要学会感恩,要知恩必报,是不是?

采访者:是的,谢谢您的分享。

十、受访者:YZH

采访时间: 2020年4月25日

采访手段: 微信(线上)采访

采 访 者: 徐辉

采访者:您好,我是温州大学徐辉,请多关照。

YZH:你好,你好。

采访者:现在是法国时间早上十点吧!

YZH:是的,我刚刚起床,哈哈。

采访者:目前,法国疫情如何?你们都挺好吧?

YZH:现在稍微好一点了。我感觉高峰期已经过了。我们现在都待在家里，偶然出去买买菜、出门散散步。

采访者：您住的区里我们华侨华人，尤其是我们温州人有没有感染的？

YZH：前一段时间一位五十多岁的华人感染去世。

采访者：是温州人（丽呑人）吗？

YZH：是的，是丽呑人。已经有两三个星期了。平时他身体一般般吧！

采访者：抱歉，我知道您的英文名字叫 David，能告诉我您的中文名字吗？

YZH：好的，我叫 YZH。

采访者：好的，谢谢您。那我们就按照我给您的采访提纲开始吧！可以吗？

YZH：好的，好的。

采访者：请您介绍一下您和您的家族。

YZH：我是 1968 年出生于温州丽呑，初中毕业，当时在农村学历都不是很高。我有四个孩子，三个女儿一个儿子，都在法国出生，法国国籍。我和我爱人都是中国国籍，我爱人小我四岁，我们在法国相识，1992 年结婚。她是 1989 年来的法国，也是我们丽呑人。我有三个哥哥，两个姐姐，我最小。他们也都在法国，国内也没有什么亲人了。目前我在做布料生意，从杭州、绍兴进货到意大利、法国等国家。今年因为疫情，生意不好做，进了很多货都压在仓库。

采访者：您的几个哥哥姐姐他们是什么时候去的法国？

YZH：我二哥是 1979 年来法国的，我父母、三哥和两个姐姐是 1984 年。

采访者：哦！您父母和你们一起在法国？

YZH：是的。不过，十年前我爸爸去世了。之后妈妈在法国和我们一起生活，三四年前也去世了，后来把骨灰拿回了丽呑。

采访者：能谈谈您孩子们的情况吗？

YZH：我大女儿，1992 年出生，大学毕业，在银行上班，一个月有七八千欧元。儿子，1995 年出生，还在读书，医学专业，今年第八年了，学习比较辛苦。二女儿，1999 年出生，大学二年级。三女儿，今年刚好十八岁，目前在读高三，马上要高考了。

采访者：他们的中文如何？

YZH：马马虎虎，像老外讲中文一样。他们可以听得懂普通话，温州话完全听不懂。

采访者：您如何看待孩子们的婚姻问题？

YZH：我们希望他们能够娶温州人、嫁给温州人。但是，听说儿子的女朋友好像是外国人，如果他们真正喜欢，我们也不会坚决反对，也会尊重孩子们的选择。

采访者：也就是说，希望是希望，一旦孩子们喜欢外国人，你们也会支持。

YZH：肯定的，毕竟他们不会比我们笨。人生匆匆几十年，喜欢就行。

采访者：你们在家一般使用哪一种语言？

YZH：他们和我们讲话的时候都讲法语。我们说中文比较多，他们也能听得懂。

采访者：有时候你们会不会因为语言而产生误会？

YZH：会的。但是，解释一下就可以了。

采访者：您和您爱人的法语如何？

YZH：和法国人的一般交流可以，但是，有时候还是不太会说，表达得不好。我们刚到法国的时候就是拼命赚钱，也没有时间好好学习法语。

采访者：您是哪一年去的法国？

YZH：我是 1985 年 5 月份来到法国的，当时才 17 岁。

采访者：当时的出国动机是什么？

YZH：我出生在农村，家里很穷，吃不饱，穿不暖的。我们一个村的人几乎都是干农活的，上班的人当时一个月才二十几块钱。听说去法国打工很赚钱，于是我就出来了。我是我们家最后一个出国的。当时出来也没有别的想法，就是想让生活过得好一点。

采访者：当时您是通过哪种途径出去的。

YZH：我是有签证的。

采访者：什么签证呢？

YZH：旅游签证。

采访者：有签证出去是不是很顺利呢？

YZH：很顺利，也没有花多少钱，大概一万多元，因为我出去得比较早吧！

采访者：因为您的哥哥姐姐都在法国，您去了之后，他们帮了您很多忙吧，比如找工作等？

YZH：是的。我到法国之后就直接工作了，一天工作 16 个小时，偶尔晚上去学习法语。

采访者：当时您主要从事哪一类工作呢？

YZH：主要做皮包，在我哥哥开的皮包厂上班。早期我们丽岙人基本上都做皮包，1990 年后做服装的人慢慢多了起来。

采访者：当时的工资待遇如何？

YZH：当时是计时的，也就是按小时算钱，一个小时 16 法郎，算下来一个月有六七千法郎吧（相当于四五千元人民币吧）。当时中国一个月才二十多块，当时法国几十万人口要比我们几亿人口赚的还要多。

采访者：您做皮包大概做了多长时间呢？

YZH：大概做了三年吧！1988 年开始我自己开了服装厂，主要是把犹太人店里裁剪好的衣服拿来，我们加工。

采访者：您自己开服装厂大概开了多长时间？

YZH：四五年吧，不是很顺利。

采访者：不是很顺利，是指什么？能具体谈谈吗？

YZH：有很多原因，比如当时没有长期的居留证，警察会经常来骚扰，还抓人。居留证有效期有三个月的、六个月的，到期了移民局给不给你换还要看情况。还有，犹太人很狡猾，我们把衣服加工好给他们，但是，他们会经常关门跑路，我们加工费就拿不到。

采访者：当时您的工厂大概有多少员工呢？

YZH：有十几位。

采访者：您大概是什么时间拿到合法居留身份的呢？

YZH：是 1992 年。当时法国政府宣布在法国待了多久的人，好像是五年以上，就可以申请。

采访者：1992 年拿到的合法居留身份是长期的还是几个月的呢？

YZH：是一年的，到期了需要再更换的。当时为了取得合法居留身份，费了不少力气。

采访者：可以想象得到。因为我在日本也待了 13 年，身边也有一些没有身份的朋友。

YZH：是吗，你在日本也待过？

采访者：是的，先留学后工作。

YZH：当时，因为没有长期的合法身份，连打工都是一个问题，更不用说想当老板。可以说，不是人过的日子。我记得当时打工从早上八点一直干到晚上十二点，吃饭睡觉都在工厂里，有活就干活，没活就睡觉。

采访者：正是因为当时的艰辛，才有了现在的幸福。

YZH：是的。现在，想开了，钱是赚不完的，够用就行了，哈哈！

采访者：1992 年拿到身份之后，还一直在办厂吗？

YZH：办到 1994 年。1994 年我在巴黎十一区开了一家服装店，主要做批发，跟犹太人做一样的生意。

采访者：现在还在做吗？

YZH：不做了，大概做了五年，到 1999 年吧！1999 年开始，我主要从事布料进出口，把进口的布料卖给犹太人等。当时主要做法国市场，但是，2008 年开始，法国市场生意不好做了，他们都开始做成衣，把在中国做好的衣服运到法国卖。因此，在保留法国生意的基础上，我们把目标转移到了意大利普拉多。

采访者：1992 年您拿到合法身份之后，有没有想过加入法国国籍，为什么？

YZH：说实话，在没有拿到法国合法身份之前，为了做事方便，想过加入法国国籍。但是拿到之后，这种想法就没有了，因为持有法国在住合法身份和普通的法国人享有同样的待遇。同时，考虑到我们长期从国内进货，如果加入法国国籍回国就不方便了。最后一个重要的原因是我们出生在中国，毕竟是自己的国家，虽然国内也没有什么亲人了。很多人虽然已经加入了法国国籍，但是，他们在心理上、做事的风格上，还是保留着中国人的作风。另外一方面，法国人始终认为我们是中国人，因为我们是黑头发，黄皮肤，这个是改变不了的。而我们的孩子们就不一样了，如果他们不加入法国国籍，上学会很麻烦。

采访者：以上是关于您的家庭和工作的情况，接下来能谈谈疫情情况吗？

YZH：现在，我们都待在家里，也可以出去，但是，街上的店都关门了。

采访者：出门一般都会戴口罩吧？

YZH：是的，一定会戴的。

采访者：目前，听说法国买不到口罩？

YZH：是的，药店也没有。

采访者：在疫情期间，很多法国人出门不戴口罩，您有何看法？

YZH：我认为他们是没有口罩戴，因为商店超市都买不到，药店也没有，医院里都不够用。总统说了，到5月份就会逐渐有口罩，说是从中国订了很多。法国大概六千万人口，说是从中国预订了几亿只口罩。

采访者：目前，法国的疫情还是很严峻吧？

YZH：是的。目前，有很多人感染，但是一般人都不去医院，除非已经很严重了，才去医院。还有感染比较轻的人，不能叫救护车的。如果是在中国，只要被感染就会去医院，是吧？法国人和我们中国人的想法是不一样的。

采访者：为什么不能叫救护车呢？

YZH：据说是医院已经有太多病人了，忙不过来。

采访者：本次疫情中，听说您也捐了不少物资给国内和法国政府。

YZH：不仅我，法国华侨华人都有捐的。国家有困难，我们应该帮忙。我和HUA会长是同一协会(法国华侨华人高尔夫球协会)的，大家一起捐钱买口罩等医疗物资。你说你采访了HUA，应该知道了吧！除了本次之外，国内地震、家乡修桥修路，我们都有捐。当时地方政府不给修路，我们就自己捐钱修桥修路。

采访者：当时，政府部门为什么不修呢？

YZH：当时政府哪里有钱呀？我们丽岙村里的路，基本上都是我们海外华侨华人捐款后修的。

采访者：哦，这样的啊！那您对目前中国的发展有何看法或者想法？

YZH：我们中国现在经济发展得很快、很好。欧洲一些国家可能会心理不平衡，有一些吃醋的感觉吧。我们作为中国人，希望祖国越来越强大。祖国强大了，我们的日子也会好过。以前欧洲很多国家的机场、商场等地方写的都是日语、英语等。现在，很多写中文，我们看了也很高兴。

采访者：其实通过这样一些小事进一步体现了我们祖国的发展和在世界舞台上的地位。

YZH：是的，的的确确。现在感觉不管是在那里，都离不开中国制造了。中国变成了世界工厂。

采访者：本次疫情如果再这样持续下去，会不会给法国带来一些不好的影响?

YZH:疫情期间,法国政府给人民发放工资,大概是平常工资的百分之七八十吧!我个人不希望疫情再持续下去了。再这样下去,生意真的没法做了。据说法国政府也希望尽快复工,听说是5月11日之后复工复产,不知能不能如愿。

采访者:您未来有何打算?将来有没有回国养老的打算呢?

YZH:首先,我希望孩子们都能找到很好的工作。其次,我希望享受一下人生,做做自己喜欢做的事。以前由于没有条件,想做自己喜欢的事也没有机会。现在条件好了,该享受一下了。人生很短暂。如果真的干不动了,我想应该不会回去的,因为子女都在法国。想和孩子们在一起,这是人之常情。回国后也没有亲人。还有就是我们已经习惯了法国的生活,回去也可能不适应。当然,偶尔回去看看肯定会的。我感觉,我们这一代人应该都不会回去吧?毕竟子女都在法国。

采访者:除此之外,您还有没有想分享的?

YZH:以前,因为中国比较穷,欧洲人不大看得起我们中国人。现在,中国强起来了,我们华侨华人的地位也在逐渐提升。华侨华人也通过自己的不断努力,积累了一些财富,比如现在,我们开的车比他们好,住的房子比他们的宽敞等。现在法国很多学校从中学开始,都要学习中文。我只是从民间或者个人的角度说,政府与政府之间的事,作为老百姓的我们也没有发言权。本次疫情,我们政府做得很好。我们作为中国人,政府的相关法令我们是很理解的。这么多人,管理得这么好,很不容易呀!欧洲人他们是不会理解的,比如居家隔离等。还有,感觉中国的治安比法国好一些吧。比如在法国,我们华侨华人女性一个人出去,手表、手链和包等经常被抢。还有华侨华人的家里也经常被盗。有时候,大白天的他们都光明正大地过来抢劫。抢劫的人个子都挺高的,年龄又不大的,而且还有组织,这群人主要来自法国以前的殖民地国家。有时候这些人被警察抓住了,我们还在做笔录,他们就已经被放走了。总体说来,法国治安不是很好。另外,我听说,疫情期间,我们海外华侨华人回国,有一些人说我们给国家带来麻烦,我个人认为这种说法是不对的,因为大家都是中国人,中国人回自己的家有什么不对,哪个父母不喜欢自己的孩子,对吧?大家都是中华人民共和国的子民。我们海外华侨华人在国外已经是二等公民了，回去应该受到欢迎才对的。当然我也听说了有一部分华人回国闹事，那毕竟是极少一部分，大多数海外华侨华人还是很遵守国内的法律法规的。我们海外华侨华人在国外都是本本分分做生意，也很遵守他们的法律法规。但是，很多白皮肤的人始终对我们还是存在一定的歧视。最后一点，我感觉国内的消费还是比较高的，比如猪肉的价格，听说三四十块钱一斤，法国也没有那么贵。还有房价，特别是北上广等大城市贵得离谱。

采访者：好的，谢谢您的花费宝贵的时间并给我以分享。如果您下一次回国，有机会我们在丽岙见面再聊。再次感谢您的支持。

十一、受访者：ZCB1

采访时间： 2020 年 4 月 25 日

采访手段： 微信（线上）采访

采 访 者： 徐辉

采访者：ZCB1 会长您好，能听到吗？

ZCB1：徐老师你好。可以听得到。

采访者：巴黎现在是下午 2 点左右吧，国内是晚上 8 点。

ZCB1：是的。

采访者：非常高兴，也非常荣幸听到您的声音。我们目前在编辑《丽岙华侨百年史》，您也听说了吧？

ZCB1：是的，听说了。非常感谢你呀，帮我们丽岙人编写百年侨史。

采访者：我很荣幸，也很感谢丽岙街道侨联 WYD 主席等领导对我的信任。因为时间关系，我们按照提纲开始采访吧！

ZCB1：好的，好的。

采访者：请您介绍一些您和您的家族情况。

ZCB1：你已经知道我的名字了。我是 1972 年出生在温州丽岙街道。30 年代的时候，我爷爷那一辈人来法国的比较多，我爷爷就是其中之一，他是 1933 年来到法国的。我爷爷在法国待了四五年，赚了一些路费就回国了。听爷爷说，当时中国人在法国的地位不是很高的。我是 1991 年来法国的。在法国我认识了我太太，之后就结婚。她是 1989 年到法国的。我们现在有四个孩子，他们都是在法国出生的。我有一个姐姐和一个弟弟，他们也都在法国。姐姐到法国比我晚了两三年，弟弟比我晚了五六年。父母在国内生活。目前我主要从事服饰贸易。

采访者：你们兄妹都在法国，谁在照顾两位老人呢？

ZCB1：目前，他们自己照顾自己。他们身体都挺好的，也有来过法国旅游。但是，在法国他们待不习惯。在国内身边有亲戚朋友可以聊天，在法国除了我们也没有人和他们聊天。我是做外贸的，一年都会回国好多次，有时候一个月都有几次，每一次回去都会回家看看。

采访者：从留守的角度来看的话，您的父母亲就是典型的留守老人。

ZCB1：是的。留守老人在丽岙街道特别突出，因为丽岙街道的大部分子女都在国外。这也是我们经常讨论的话题，也建议政府是否可以考虑在丽岙建一个老人活动中心或者敬老院。如果可以的话，那最好了。

采访者：提到敬老院，我们国内的很多老人，特别是农村里的老人经常会产生一些误解，不愿意去。您是如何看这一问题的？

ZCB1：是的。由于传统思想的影响，很多人就认为去敬老院的人是因为子女不孝顺，或者没吃没住才去敬老院，其实不是这样的。话又说回来，如果把老人送到敬老院，有时候我们也会担心，因为国内目前的很多敬老院无论从硬件还是软件还是存在一定的问题，比如，在照顾老人的服务方面和国外还是相差比较多的。你在日本也待过，你或多或做少也了解一点日本老人的问题以及他们的敬老院的设施，他们的服务还是不错的。因此，建议我们还要向国外学习。如果能做到，老人一到敬老院感觉不到是敬老院，而有一种家的感觉的话，我相信他们还是会喜欢的。说实话，如果在丽岙建一所敬老院的话，我相信丽岙的华侨华人子女也会支持的，这一块还需要政府的规划和投入。

采访者：好的，谢谢。您的四个孩子现在是中国国籍还是法国国籍？

ZCB1：我有三个女儿，一个儿子。现在大女儿和二女儿已经加入法国国籍，三女儿和儿子目前是中国国籍。大女儿 1994 年出生，二女儿 1998 年出生，三女儿 2001 年出生，儿子是 2004 年出生的。他们都在法国出生。现在大女儿已经参加工作了，其他三个还在读书。二女儿现在是大学三年级；三女儿是大学一年级；儿子还在读高中，高中一年级。

采访者：大女儿是大学还是研究生毕业？

ZCB1：是硕士研究生毕业。

采访者：学的专业是……？

ZCB1：好像是营销吧！现在，在香奈儿总部工作。

采访者：她对您所从事的贸易不感兴趣吗？或者说有没有打算接您的班呢？

ZCB1：哈哈，不感兴趣。

采访者：那么，三女儿和儿子接下来要加入法国国籍还是保持中国国籍呢？

ZCB1：这个要看他们的选择了，我们会尊重他们的选择，目前还不知道。

采访者：您和您爱人是中国国籍吧！

ZCB1：是的，我们俩是的，我们从来没有想要入法国国籍。毕竟我们还是土生土长的中国人，在对中国的情感上比华二代、华三代要深、要浓吧！

采访者：当时，您是通过哪种途径去法国的？

ZCB1：和大家一样的。那时候每家每户都想到法国来，用现在的话讲就是流行出国。大家都千方百计地想办法到国外去。因此，就形成了现在的丽岙挨家挨户都是华侨的现象。

采访者：当时也经历了很多吧？

ZCB1：是的，是的。

采访者：今天早上采访了 W 会长，听了感觉真的不容易呀！

ZCB1：是的，哈哈。

采访者：当时，您到了法国之后，打工时的情况能分享一下吗？

ZCB1：丽岙侨史应该分成几个阶段。我认为第一阶段应该是我爷爷那一代人，也就是 20 世纪 30 年代。第二阶段是 20 世纪 70 年代末到 80 年代初，我们这一代人。第三阶段是 1980 年代末到 1995 年左右。第四阶段应该是 1995 年至今。但是 1995 年到 2000 年之间是丽岙人出国最多的时候。我们这一代来到法国的职业主要是“三把刀”（菜刀、剪刀和剃头刀）。刚过来的时候，什么都不会，语言又不通，而且很多人是没有身份的，一般都是要打黑工的，要么去制衣厂，要么去皮革厂，要么去餐馆工作。大家所从事的职业基本上都一样，而且都是从最底层开始做。但是，值得提的一点是，20 世纪 80 年代末过来的人的发展，比我们这一代人要快一些，因为他们的父辈已经在法国了，有一定的基础。我先给人家打工，之后攒了一些钱，就自己开制衣厂。我们温州人有互相抱团、相互帮助的好习惯，这一点在法国的温州人或者说在欧洲的温州人身上体现得淋漓尽致。我认为这一点国内其他省份的人不如我们。制衣厂做了几年后，中国加入 WTO，我们就抓住了这一个机会，开始从事外贸批发。2002 年我到了这个批发中心，开始把中国的货运到法国。

采访者：您到法国后给别人打工大概多长时间？

ZCB1：有六七年时间吧，在我伯父的制衣厂工作。不容易呀！每一位华侨华人都有一个自己的故事。

采访者：您是什么时间拿到正式身份的呢？

ZCB1：是在办制衣厂之前拿到的。

采访者：具体是哪一年的呢？听说 1992 年拿到的人很多。

ZCB1：据我了解 1992 年那一批拿到的不是很多。我是 1997 年拿到的，1997 年相对来说更多。现在我身边做贸易批发的人基本上都是 1997 年拿到的。

采访者：您的语言学习经历如何？

ZCB1：我们都是一边打工一边学习的。每个人不一样的，有的人去中国人开的培训班，有的人去法国人开的培训班，也有的去夜校学习。因为我在我伯父的厂里上班，相对来说在时间方面比较自由，我就去了法国人办的学校学习。在去法国人办的学校之前，我也去过中国人办的学校学过，因为一点基础都没有直接去法国人办的学校听不懂的。

采访者：能谈谈您在法国侨团以及国内的相关职务和工作吗？

ZCB1：好的。1998 年我和志同道合、爱国爱乡的华侨华人，以及法国友人共同创立了“法国中法友谊互助协会”，并担任第一届、二届、三届和四届常务副会长兼秘书长，第五届第一副会长，第六届和第七届会长，每届任期三年。当时协会成员主要是以温州籍的华侨为主。我一直以来致力于侨社服务工作，团结侨胞，融入当地社会，维护侨胞合法权益，传播中华优良传统文化，为中法两国经济文化交流牵线搭桥。2009 年 12 月 29 日，应丽岙政府侨务部门之邀，在温州华侨饭店成立了“丽岙海外青年联合会”，我担任首届主席。当时成立这个联合会的目的是促进国内青年和海外青年的交流和互动。之后，我们通过这个平台，吸引了很多海外华侨华人以及外国人来温州考察和投资等，涉侨部门也很重视我们这个会。在法国，我们丽岙人是最多的，目前已经超过两万人。我们这一代人出来后，就在这里结婚生子。大概是 2000 年的时候，我们国家要求在各个国家成立“和平统一促进会”，因为当时台湾地区闹独立。我是 2016 年参加“法国中国和平统一促进会”工作的，并担任常务会长兼秘书长。这几年一直在做和平统一、反对台独的一些事情。我们的 WYD 主席也是这个会的成员。去年开始，法国的治安越来越差，法国在住华侨华人以及来法国旅游的中国人屡屡遭到抢劫。再加上法国华侨华人社团比较多，也出现了一些问题。在此背景下，2019 年，在中国驻法国巴黎大使馆的支持与指导下，成立“华人安全与融入委员会”，我担任总协调人，主要工作是维护侨胞合法权益，协助当地政府和警察局改善治安状况。我从 1998 年参加相关侨团活动直到今天二十多年以来一直从事相关侨务方面的工作，也获得了相关政府部门的认可和荣誉。我非常荣幸地先后受到多位国家领导人的接见并合影留念。我还受邀参加了抗日战争胜利 70 周年阅兵观礼、中华人民共和国成立 70 周年阅兵观礼等活动。我也很荣幸成为“法国中法友谊互助协会”永远名誉会长（相当于终身名誉会长），“法国合肥之友联谊会”会长等。虽然我人在法国，但是与国内的相关机构紧密合作，也有幸成为中华海外联谊会理事、中国侨联海外委员、浙江省侨界青年联合会副会长、安徽省海外交流协会海外副会长、湖南省国际友好交流特别代表、浙江省海外联谊会理事、温州市瓯海区政协海外特邀委员、温州市瓯海区侨联副主席、温州市瓯海区丽岙海外青年联合会首届主席、丽岙侨联常务副主席等职务。

采访者：听说您一直以来都在从事相关公益活动？

ZCB1：是的。我们能有今天，离不开我们伟大的祖国，特别是中国改革开放和加入 WTO 后，给我们海外华侨华人带来了很多贸易机会。我们现在生活好了，不能忘记我们的祖国。我们协会从 2009 年成立扶贫教育基金会以来，先后在安徽、湖南、甘肃、温州等地，组织会员资助捐建了六所“中法友谊学校”，其中在我任职期间捐了四所。我也很荣幸担任这几所学校的名誉校长。听说你已经采访了原会长 WSM 先生，也了解了一些关于以上六所学校的事。我在这里也就不再重复了。

采访者：疫情期间，您也做了很多事吧？

ZCB1：是的，你也在网上看到了吧！有这一样一种说法：这次疫情中国打上半场，世界打下半场，海外华人华侨打全场。我认为的的确确是这样。国内疫情严重的时候，我们海外华侨华人，特别是侨团、侨社第一时间发起捐资捐物。我们的付出也得到了国内各级部门的肯定。不是说了吗？当时国外的口罩被我们中国人给买空了。后来欧洲成了疫情震中，这是很多人没有想到的。对我来说，法国是我的第二故乡，这个是肯定的。我们生活在法国，肯定也要回馈。我们平时也是一样的，为他们做一些力所能及的事情，本次疫情也不例外。法国疫情爆发后，我们动员华侨华人捐资捐物，我们的行动也得到了法国政府的肯定。

采访者：对待疫情的看法，法国人和我们中国人还是不一样的。您在法国生活，能谈谈您的看法吗？

ZCB1：我个人认为，两国的差别主要有几点。第一，中西文化的差异。我们亚洲人认为戴口罩很正常，他们的文化里认为只有医务人员和生病的人才戴口罩。如果一个人没有生病或不是医护人员不用戴口罩，不浪费社会资源。第二，政府颁布了要戴口罩的命令，但是普通百姓不配合。比如，意大利政府强制人们戴口罩，但是普通百姓就是不戴，法国也有这一种现象。在这种情况下，法国疫情不是很严重的时候，我们华侨华人也不敢戴口罩。戴了口罩，害怕受到当地人的歧视。也有个别媒体或个人会攻击戴口罩的人，有的地方因为戴口罩，已经出现了暴力冲突。当然，这种现象是个别的，大多数法国人还是比较尊重戴口罩的人。但是，随着疫情在欧洲，包括法国的蔓延，欧洲人也逐渐认识到了疫情的严重性，很多人也开始戴口罩，认为戴口罩的确可以预防冠状病毒的传染，从而改变了对戴口罩的认识。第三，政治体制的不一样。本次疫情，我们国家做得相当不错，很多国家都纷纷前来学习。很多欧洲国家，虽然在心里已经认可或者承认中国在防护疫情方面的成功做法或经验，但是嘴上就是不承认、不认可。所以，我们也经常说这可能是西方国家长期以来的自我的优越感和傲慢、高傲的一种表现。在他们的骨子里他们就认为他们比我们厉害、比我们强，有一种优越感等。从这一次疫情中我发现，一个国家，只有你强大了，人家才会尊重你，不然你讲来讲去都没用。这正如运动员在场上比赛一样，必须用实力说话。第一名就是第一名，谁也改变不了。是吧？其实，从刚刚开始的预警，到 3 月初的大爆发，法国政府在这一次抗击疫情过程中整体还是比较有序的。

采访者：您未来的养老如何规划？

ZCB1：我们这一代人还是持有中国传统观念的。二十年后，我们也七八十岁了，我们的父母亲可能已经不在人世了。但是我们有我们自己的家庭，而且我们的孩子都是在法国出生，我们肯定会牵挂他们。未来几十年的发展，我们也不能预测。所以，现在如果说要回到中国养老，我认为还有一些过早。但是，我目前的想法是可能会两头跑，在中国生活一段时间，再在法国待一段时间。

采访者：是的，我相信我们国家会越来越好的。以上就是我要问的问题，您还有其他需要分享的吗？

ZCB1：习近平主席访问法国的时候，我也有幸被邀请去参加会见并交谈。法国非常重视习主席的访问，当时从法国总统府到习主席下榻的酒店，道路全部封锁了。这说明我们国家强大了，我们在法国的华侨华人的地位也逐渐提升了。但是，我们也深深地认识到我们存在很多不足。比如国民素质问题。现在很多人有钱了，开始到国外旅游、购物等，他们的一言一行都是代表中国，代表中国形象，很多中国游客的行为让人家感到不满意。正是由于这一部分人，让西方人感觉中国人全部都是那样的。我们海外华侨华人每一个人也都代表中国和中国人的形象。我们要长期在异国他乡生活，就必须有意识地去改变自己的一些不好的习惯等，目的就是为了融入当地社会和给当地人留下一个好的印象。从这一点上来看，我感觉欧洲国家的国民素质相对高一些的。我亲身经历过这样一件事情，有一次我带朋友到法国一个地方考察，发现一个中国人，西装搭在肩上，手里拿着两个包子，还在随地吐痰，被当地的保安发现了之后，保安让他用衣服擦掉他吐的痰，不然不让他走。当时我和我的朋友就讨论了这个问题，到底是老外不好，还是我们中国人不好呢？习主席也说要讲好中国故事。现在我们去国外的人越来越多，每一位出去的人都扮演着讲好中国故事的角色。特别是出国旅游的人，更是如此。也有可能很多人出国旅游的时候对当地的文化、习俗等不是很了解，但是，旅行社应该是了解的。如果出去之前能够给出国的人们讲解一些关于旅游国的文化、习俗等知识，或者说提前给他们做一些简单的培训，可能会更好。还有，这次疫情，我们中国无偿援助别人，别人却还说三道四，或者说得不到别人的认可。我认为这样一种现象是很多因素造成的。因此，要让别人发自内心地感觉你好，我们还需要做的事情很多。也就是说，不是有钱了就什么都有了，不是有钱了就强大了。还有，我经常回国采购，自然而然就会碰到相关企业、公司的老板，和他们在一起的时候他们就是谈钱，除了钱还是钱。当然，做生意就是要赚钱，但是除了钱，是不是还有其他一些可以谈的东西呢？中国经济的发展，大家都看在眼里，是好事，但是，接下来如何提高人们的综合素质，有待进一步研究。通俗地讲一下，不仅在硬件方面我们要做大做强，软件方面也要同时提高和提升，只有硬件和软件都发展好了，才是真正意义上的强大，不然就是一个暴发户。另外一个问题，近几年，国家侨务部门对我们海外侨团的要求也有了一定的变化。比如说要通过民间力量传播中华文化，"一带一路"就是一个典型的案例。每一次国内政府部门的领导接见我们时，他们都会强调，海外华侨华人在"一带一路"倡议中所起到的作用，因为毕竟我们有六千万以上的海外侨胞呀！而且，我们海外华侨华人融入当地社会、服务当地社会、与当地人交流沟通，其实就是一种很好的传播中华文化和讲好中国故事的例子。这只是我的看法，也许不对。大家还需要努力吧！

十二、受访者：ZCB2

采访时间：2020 年 4 月 24 日

采访地点：温州市瓯海区茶山商务中心星巴克

采 访 者：徐辉

采访者：请您简单地介绍一下您和您的家族。

ZCB2：我是 ZCB2，1964 年 1 月温州丽呑后盾村出生，初中毕业。1988 年出国（法国）。我爱人和我一起出国。我有一个儿子和一个女儿。儿子 1987 年在中国出生，目前在国内创业；女儿 1991 年在法国出生，目前在意大利工作和生活，她主要从事家具品牌代理。他们都是中国籍。但是在国内没有身份证，因为孩子十八岁前我们没有回国去申请办理身份证。目前他们都已经成家了，女婿是意大利华人。我 1996 年离开法国去了意大利的米兰开工厂、做贸易，一路走来到现在。我有四个兄弟姐妹（两个妹妹，一个弟弟）。弟弟在法国，两个妹妹都在意大利。弟弟比我晚三四年出国，大概是 1992 年去法国的。妹妹是 1996 年去的意大利。他们俩是偷渡出去的，也都花了一些钱吧！目前，他们都有了正式身份。我爸爸有九个兄弟姐妹。总的来说，我们家族有大约二百多人在国外。

采访者：您当时出国的动机是什么？

ZCB2：第一，20 世纪 80 年代温州出国很流行。第二，为了逃避计划生育。我们是农村人，一个孩子是不够的，想多生又不让生，现在才可以生二胎。第三，是最重要的一点，当时国内很穷，虽然我家的经济条件还好一些。我父亲是一个工匠，我爸也让我做工匠。但是亲戚朋友都出国赚钱了，我也就跟着出去了，想着出去赚一点钱吧！

采访者：当时出国路径是怎么样的？

ZCB2：当时，是我的亲戚帮忙申请旅游探亲签证出国的。从中国直飞到荷兰，之后到法国巴黎。到了巴黎之后拿到的是临时居留签证。临时居留签证分几种，有三个月的、有一年的，也有两年的。到巴黎之后，我先学了一个星期的法语，六个月内考取了驾驶执照，两年后自己创业，从办工厂开始，之后开店铺做裁剪。就这样在巴黎生活了八年。

采访者：当时您到巴黎之后，第一份工作是什么？

ZCB2：帮朋友开车。开了一年多吧！之后就自己开了工厂。

采访者：当时开的什么工厂呢？

ZCB2：服装厂。

采访者：在开工厂的过程中遇到了什么样的问题？

ZCB2：最主要是身份的问题。因为当时没有正式居留身份，办各种事情都比较麻烦。其他的基本上没有多大问题的。因为在法国迟迟拿不到正式居留身份后来去意大利。

采访者：您在法国八年都没有拿到正式居留身份吗？

ZCB2：没有。

采访者：也就是说，1996 年去了意大利之后才拿到了正式居留身份。

ZCB2：是的。我去了意大利之后，开了一家工厂。之后几十年都是做服装这一行的。现在，我的女儿改行了，不做服装了，做中国一家品牌家具代理。

采访者：您去了意大利有没有专门去学习意大利语？

ZCB2：基本上没有学，因为我们的客户基本上都是中国人。但是，我的语言学习有天赋。很快就会讲日常意大利语了。

采访者：听说您在国内也有投资。

ZCB2：是的，投资了一点吧！

采访者：在法国八年一直在做有关服装等生意，是吧！

ZCB2：是的。我感觉这三十年都一直和服装打交道，就一直做一个行业。我感觉无论做哪一行，都是做深了才会赚钱的。如果任何一行都想试一下，不去深挖很难赚钱的。

采访者：能分享一下您在华侨华人社团参与的情况吗？

ZCB2：在法国八年期间没有参加任何华侨华人社团活动。到了意大利之后当过"米兰华人企业家联谊会"常务会长。十几年前的事了，具体时间都忘记了。

采访者：您所在的"米兰华人企业家联谊会"在本次疫情中有没有捐款捐物呢？

ZCB2：有的。它发挥了很大的作用。首先，我们拉了一个群，分组分好，选好各组的代表。把相关医疗物资通过各个组邮寄出去。中国疫情严重的时候，意大利华侨华人每个人都捐了钱，之后买口罩等医疗物资从意大利邮寄给国内。当时一共捐了两次给国内。当意大利疫情严重的时候，我们又从国内邮寄口罩等给意大利华侨华人社团以及意大利政府。其次，我们还买了很多中药，分别派送到各个华侨华人社区。

采访者：你们协会当时给国内捐赠了大概多少只口罩呢？

ZCB2：近十万只吧！除了口罩等医疗物资外，我自己还买了大概十万元左右的中药，六千多份，通过"蚂蚁搬家"的形式寄到意大利各个华侨华人社区，给大家提供一些安慰。

采访者：您为什么会想到给他们邮寄(捐赠)中药呢！

ZCB2：我看到了浙江省中医药管理局发布的"关于普通人群使用中药预防疫病"的相关通知 。听说吃了中药可以预防病毒。

采访者：原来如此。

ZCB2：我到北京按照他们说的药方，找药店让他们做成了颗粒，用"蚂蚁搬家"的形式邮寄给世界各地的华侨华人朋友和亲戚。

采访者：您也知道目前意大利的疫情还是比较严峻的。听说我们在意大利的华侨华人社团也向意大利政府捐了很多口罩等医疗物资。

ZCB2：是的。华侨华人社团大约有三千人捐资，在中国国内买了很多口罩捐给米兰市政府。通过这一次的疫情捐赠，意大利人对华侨华人的看法有所好转。现在把中国国旗都升起来了。我们中国对意大利的援助，他们意大利人是看在眼里，记在心里的。在意大利的华侨华人都有口罩，也经常给自己身边的意大利人，他们（意大利人）都很感动。

采访者：以前，意大利人对中国人还是有一些看法或想法的，是吧？

ZCB2：是的。以前，他们总觉得中国人是来他们国家赚钱的，抢了他们的饭碗等。总的来说消极方面的情绪或者信息很多，不过现在真的好了很多。

采访者：很多华侨华人想回国治疗，但是没有飞机，您如何看待这个问题？

ZCB2：我认为政府做得很好。让大家居家隔离、减少外出、外出要戴口罩等措施。

采访者：对部分华人感染后回国治疗的费用问题，您有何看法。

ZCB2：政府做的是对的。我相信政府的领导也考虑了很多因素才这样决定的。毕竟你已经不是中国人了，治疗应该自己付钱的。而且，如果你在国外感染，也没有必要回国治疗，还是待在国外比较好吧！因为你会在飞机上、机场等公共场所会传染给其他人的。想回国的心情是可以理解的，但是，如果这样做，不是很道德的。如果是拿着中国护照的，国家应该给予免费治疗，我认为。

采访者：在孩子的教育问题上，您有什么看法或做法？

ZCB2：在国外的时候，我忽略了孩子们的教育，现在有一些后悔。

采访者：您的两个孩子是什么学历？

ZCB2：都是大学毕业，专业是经济学。那个时候，我们工作都很忙，没有顾得上孩子们的学习，应该让他们再多学一些东西的，拿更高的学位，现在都是这样。知识重要。

采访者：能谈谈孩子们的婚姻问题吗？

ZCB2：儿子和女儿的爱人都是中国人。儿媳妇是我们丽岙塘下人，女婿是青田人。女儿一直想加入意大利国籍，但是我始终没有同意。她因为没有中国身份证，一直为此担心。我就告诉她，没有身份证，有中国护照就行了。有中国护照就是中国人。

采访者：为什么女儿没有身份证呢？

ZCB2：因为中国法律有规定，十八岁前要去办理身份证。我女儿在国外出生，当时我们没有及时办理，只是去了大使馆办理了护照。现在也可以办理，但是必须在国内生活满五年。她现在的家在意大利，目前也不可能回来住五年呀。

采访者：她现在在国内有户籍吗？

ZCB2：没有的，在法国出生的，只有中国护照。我相信慢慢会改变吧！

采访者：孙子呢？有中国户籍吗？

ZCB2：他们是有的。一出生我们就立刻给办理了。吃一堑长一智吧！

采访者：女儿没有身份证，孙子有身份证。

ZCB2：是的，是的。

采访者：好的。您认识任岩松先生吗？

ZCB2：我和任老是亲戚。他和我奶奶是堂兄妹，我应该叫他爷爷的。在法国，过年的时候，我都会去给他老人家拜年的。他人很好，只要是十八岁以下我们家族出国的人，他都会给五千法郎的红包。当时他给我，我没有要，并对他说我还年轻，不需要。

采访者：听说您对你们村也做了很多贡献。

ZCB2：这是应该的。我在法国赚了第一桶金后，1994 年在村里自己建了房子，之后给村里修了水泥路。以前村里不是水泥路，一下雨就很难走的。

采访者：当时，花了多少钱呢？

ZCB2：大概三四十万元吧！

采访者：1994 年的时候，三四十万元，可不少呀！

ZCB2：是的。我感觉做生意想要成功，首先要学会做人，学会感恩。人做好了，生意自然而然就来了，生意来了就有钱了，你说呢，哈哈。还有，我们村现在要改造，要建设新农村，我在带头做这件事情。这个项目已经上报到温州市规划局了，已经到最后一步审批了。这个项目的名称是“丽岙五社后东区块改造”。这个项目是去年开始的，一开始是瓯海区的项目，现在已经成为温州市重点项目之一。以前村里车都开不进去，很不方便。目前村里的房子拆得差不多了。设计图也有了,我发给你看看。将来我们村每家每户都建成这样的。大概有一百多户,共分三期完成。每一家自己出自己家的那一份钱。但是前期的所有费用都是我们基金出的。我们这个基金的来源是我们村里的人每家出十万,大家一起凑起来的。刚才讲了,村里的房子拆得差不多了,这个项目一批下来我们会立刻启动。我们村里的年轻人基本上都在国外,村里有很多老人,也可以说都是留守老人。因此,2019 年为了房子改造和拆迁,我们一起在建了一个集体食堂专门为村里的老人服务。考虑到村里老人们的实际情况(老人行动不便、买菜不便等),为了方便老人就餐,我牵头在村里建了这一个食堂。我们还专门请了人给他们做饭,所有费用都是我们基金会出,老人们吃饭不用出一分钱的。这个食堂只提供午饭和晚饭,没有早饭。

采访者:现在还在营业吗?

ZCB2:现在没有了,因为疫情。

采访者:一年中,您多长时间在国内,多长时间在国外?

ZCB2:我现在主要作后勤工作了,在中国时间待的时间比较长吧。现在我生意上的事,基本放手让孩子们在做了。现在我主要做一些公益性的事情,比如刚才提到的我们村的改造工作等。希望能尽快开工,大家一起努力把这件事情做好。

采访者:未来的话,您是打算在国内养老吗?

ZCB2:应该是吧!国外嘛,一年去几次玩玩而已。重点是爸妈年纪大了,都八十几岁了,希望多陪陪他们。还有就是指导一下孩子们的工作,每个月开一下视频会议等,毕竟国外有十几家连锁。也就是说,以前给别人干,现在是请别人帮我们干,哈哈。

采访者:由于您的时间关系,我要问的问题就这么多,您还有其他想分享的吗?

ZCB2:没事,我那边约好是到十二点。首先,我认为温州人在外创业的优势是:没有钱没有关系,家族有人就行。如果你有创业的念头,家族里的人,一个人凑一万,二十个人就有二十万了,这是一种互帮互助、相互创业的模式。另外,我感觉,随着我国经济的高速发展,天越来越蓝了,环境比以前好了很多。另外中国现在很安全的,很少有小偷等犯罪分子,网络也很方便等。在网络支付方面,欧洲国家已经落后我们很多年了。比如,在中国习惯了出门不带现金了，回到意大利还要带，不仅支付麻烦，而且还担心被偷被抢。还有，我们中国人也慢慢地学会享受了。年轻的时候，一心赚钱，没有什么业余爱好。现在生活过得比较舒服了，也有一点小钱，开始做自己以前根本不敢想的事了。我三年前开始学习高尔夫球。今天十二点约了朋友去打球。从这里十一点出发到那边刚好十二点。最后一点，我认为，中国现在的房子太多了，也就是说建房子建的太多了。我去了国内很多地方，发现晚上很多地方的楼房的亮度不够。亮度不够就意味着没有人住，很多地方的房子已经变得不值钱，也有很多地方的房子已经成为“鬼城”。房子建的太多，但没有人住，建了也没有用的。因此，我认为发展是好事情，但是要把钱用到刀刃上。最后，还是要感谢你为我们丽岙编辑华侨历史。如果还有其他需求随时联系。

十三、受访者：YCD

采访时间：2020 年 5 月 13 日

采访手段：微信（线上）采访

采 访 者：徐辉

采访者：YCD 先生，您好。

YCD：徐先生，你好。你也是我们温州人吗？

采访者：我是新温州人，在温州大学工作。我老家是陕西咸阳。

YCD：这样子啊！温州大学离丽岙很近的。

采访者：是的，很近的。

YCD：你们校园很大，我去过好几次了。

采访者：是吗？

YCD：以前丹麦有一所大学想和温州大学合作办学，我带他们去过你们学校，很遗憾没有合作成功。

采访者：没有合作成功？那非常遗憾。

YCD：是的。

采访者：近来丹麦的疫情如何？

YCD：丹麦是北欧国家，比西欧国家要好一些。西欧国家的人口居住比较密集，而北欧国家，比如丹麦，人口居住不是很密集。丹麦人口只有550万，而且丹麦的百姓也比较自觉。据我了解，目前丹麦有约1万人确诊，约有8 500人治愈，治愈率比较高，约有500人死亡，而且都是老年人，平均年龄都在80岁左右。

采访者：丹麦的华侨华人有没有被感染的，尤其是我们温州人？

YCD：在丹麦的温州人不多，据我了解大概只有100多人，我自己家族就占了十几位。听说整个丹麦我们华侨华人大约有13位被感染，没有温州人。而且感染的都是老一代华侨，年纪比较大。丹麦的华侨华人比较注重自我防护，不仅自我隔离，而且出门时都会戴上口罩。

采访者：丹麦本地人对疫情的表现如何？

YCD：丹麦人几乎都不戴口罩。丹麦大的超市基本上都关闭了，丹麦人很遵守规定的，买东西的时候，人与人之间都会保持两米左右的距离。丹麦人的另外一个特点是人们出门买东西基本上不用现金的，一般人都用信用卡支付。其实，丹麦是无现金支付最早的国家，已经有十几年的历史了，很少用现金的。

采访者：这种支付方式或多或少对疫情防控带来了很多帮助。

YCD：对，因为人与人不直接接触。西欧国家的人使用现金的比较多。

采访者：疫情期间，丹麦政府对各个企业有没有实施补助政策？

YCD：有的。是这样的。3月12日，丹麦也实施了封城政策，公司和大的百货商场都关闭，公司员工也都在家办公。

采访者：您目前从事什么职业？

YCD：我主要是做餐饮业。2000年开始经营中餐馆，2008年开始开了一家日料餐馆一直到现在。

采访者：这一次疫情对你的餐馆影响也很大吧？

YCD：是的。我们也是从3月12日开始就关门了。

采访者：当然你们店也可以申请政府补助，是吧？

YCD：是的。

采访者：疫情期间，你们还是正常支付员工工资吗？

YCD：是的，基本百分之百支付给员工。公司老板先支付员工工资，之后老板再申请政府补助。

采访者：大概需要多长时间才可以拿到政府的补助？

YCD：很快，从申请到拿到政府补助大概需要一个星期左右吧！丹麦是一个高税收、高福利的国家。

采访者：因为时间关系，我们就按照原计划来采访，可以吗？

YCD：好的。

采访者：先介绍一下您和您的家族。

YCD：我是YCD，1965年2月13日在温州丽岙出生，1990年出国，到现在整整30年了。我爱人是海南人，我们在丹麦相识后结婚生子，有两个儿子，大儿子1995年出生，今年硕士研究生毕业，专业是电子机械工程，不知道接下来要不要读博士。二儿子1997年出生，医学专业，接下来打算攻读硕士研究生。我们一家人都加入了丹麦国籍。我父母亲在国内，爸爸今年99岁，妈妈98岁。两位老人近一百岁了，身体都很好。本来今年要回去给两位老人过一百大寿的，因为疫情也回不去了。温州市瓯海区、丽岙街道等领导也经常来看望和慰问他们，每周都会有人过来帮他们量血压等。现在国内的福利也比较好。我有八个兄弟姐妹，我是老八。其中，五个兄弟姐妹在国内，三个在国外。我大哥、大姐今年都七十几岁了。他们(哥哥姐姐)的孩子基本上都在国外，分布在美国、西班牙、希腊、意大利、法国和丹麦等国家。但是，我们家族有一个规定，每一家必须留一个孩子在国内发展，照顾老人。

采访者：您的两个儿子都是高学历。

YCD：是的。因为我当时小学没有毕业，所以希望孩子们好好学习，以后不要生活得那么辛苦，有了知识就可以找一份好的工作。我们这一代人太辛苦了。

采访者：您能谈谈您孩子的教育问题吗？特别是中文学习方面。

YCD：好的。我自己从小没上过学，所以希望孩子能够接受好的教育。因此，我们从小学一年级开始就把孩子送到了丹麦的贵族学校上学，一直到高中毕业。贵族学校学费要自己另付的(丹麦的公立学校是全部免费的)。每个星期六我们会把孩子送到丹麦华人总会下设的华侨学校学习中文，但是只有两个小时，学习中文的时间不够。为了提高孩子们的中文水平，我让他们在家的时候必须讲中文。但是，孩子与孩子之间经常用丹麦语交流，和我们交流的时候一般都会用中文。每年暑期的时候，我都会带他们回中国看看，还经常参加“寻根”夏令营活动。他们的中文口语没有问题，可是不会说温州话。回老家丽岙的时候经常会出现他们和爷爷奶奶没有交流，爷爷奶奶不会说普通话，他们又不会说温州话，哈哈。

采访者：您出国前主要从事什么职业？

YCD：我 15 岁和我哥哥去了深圳，做一些生意，比如进口服装、手表电器等买卖，也赚了一点钱。

采访者：您当时出国的目的和途径如何？

YCD：我出生在丽岙农村，丽岙土地不多，为了生活得好一点就出国了。当时，在国内一个月也就赚几十块钱，而出国的人一个月可以拿到几千块人民币。所以，当时出国很热门，在我们丽岙，家家户户都有人在国外，所以是侨乡。当时大家很难找到正规途径出国的，都是通过一些人帮忙去国外。我们先到了云南，之后到了泰国(逗留三四个月)，到了法国之后再到丹麦。

采访者：当时也花了不少钱吧！

YCD：是的。大概有十几万元吧！当时的十几万可以在上海买一套房子了，哈哈。

采访者：您在法国待了多长时间后去丹麦的？

YCD：在法国大概待了两年多一点吧！1992 年的时候从法国到了丹麦。

采访者：当时在法国，您主要做什么工作？

YCD：到法国后，我吃和住都在亲戚家，也在他们的皮具工厂当帮工。因为当时没有合法身份，只能做一些黑工。但我不甘心，学了点法语后，离开亲戚到温州人开在巴黎 3 区的中餐馆做餐厨。不久后，巴黎警方轮番检查中餐馆，我与其他非法打工的无身份难民一样，难逃被逮进警局这一劫。我在警局里面待了一周，法律规定可以上诉继续滞留，所以后来请了律师，被保释出来了。但是，想到在法国没有正式身份，活得没有尊严，我就选择离开法国，打算去美国。

采访者：去美国？

YCD：我的故事讲起来可以拍电视连续剧了，哈哈。《温州都市报》也采访过我。其实我是打算从法国去美国的，因为在法国我们没有合法身份，警察也经常来抓人。当时丹麦的海关相对比较松，本来打算把丹麦作为去美国的跳板。据说美国“黑”下来的生存比法国容易得多，至少警察不会抓餐馆黑工。

到了丹麦之后，为了填饱肚子，我去了一家中餐馆打工。在我打工的地方遇到了我爱人，之后两个人就慢慢地好上了。1995 年我们结婚了。因为我爱人有合法身份，结婚后，我也就结束了我的"逃窜"生涯，获得了正式的丹麦居留身份并加入了丹麦国籍。结婚后不久我的大儿子就出生了，因为在丹麦有了家也就放弃了去美国。

采访者：您能谈谈您爱人吗？

YCD：我爱人是海南人，17 岁随家人移居香港后再度移居丹麦，之后帮助他哥哥做事。我和她相遇真的是很偶然，我打工的餐馆有一位她的朋友，有一天她来看这位朋友，我们就相互认识了，都是年轻人，混熟了，不知不觉就撞出了火花，一年后就结婚了。

采访者：您结婚后还在餐馆打工，是吗？

YCD：因为有了合法身份，我就辞掉了餐馆的工作了，去学校学了两年丹麦语，然后学了救护车和巴士驾照，再上餐饮职业班、电脑班，自学了英文，当时真的很忙很忙。虽然忙了一些，但是心里很踏实，你应该可以理解吧！因为自己出国前小学都没有毕业，很想学习，于是那一段时间见什么学什么，当时他们称我是"疯狂的学生"。两年的丹麦语言进修是带薪的，其他短期实习班也大多是免费。当时感觉只缺时间，恨不得每分钟都掰成两半用。我的中文也不好，语法更是一窍不通，当年的小学打打闹闹也没有学到多少东西，因此在学习丹麦语的时候很是费劲。但是，我告诉自己要想做一个合格的丹麦公民，就必须学好丹麦语。那几年，我的大儿子也刚出生，在学会做个好爸爸的同时，我也学会了刻苦，刻苦的程度令今天的自己也难以置信。因为当时我爱人在上班，我从语言学校回来后，还要给儿子喂奶、洗澡、做饭、料理家务等，真的很不容易。就这样熬了几年，终于完成了语言学校九年级的全部课程，也获得了大巴驾驶执照和多张专业结业证书。

采访者：功夫不负有心人呀，很厉害！

YCD：当时也没有办法。其实，丹麦政府很聪明的，免费给你学习语言，语言过了之后就让你去找工作干活，干活了就必须交税。刚才也说了丹麦是一个高福利和高税收的国家。

采访者：语言关过了之后您主要从事什么职业？

YCD：2000 年我与我爱人在哥本哈根开了自己的第一家中餐馆。北欧与西欧不太一样，华商的生意领域和经营范围很小，除了中餐馆，几乎没什么别的营生好做。餐馆是做传统中餐，生意还挺好的。生意越好，人越辛苦，自然水涨船高挣钱也多，我们的生活也就慢慢地变好了。2005 年，我成立了跨国公司，并向丹麦商务部品牌机构申请了安徒生童装系列品牌专利。2006 年，我把餐馆交给妻子经营，自己带了品牌专利和餐馆多年挣出来的所有资金，回到温州开始从事贸易。我的办公楼设在温州，工厂设在乐清，国外品牌、样板，国内设计、制作，生产的个性化童装源源不断走向全国各大城市，在中国童装市场独树一帜，经销商纷至沓来，连锁店遍地开花。但是，天有不测风云，2008 年，童装市场饱和了，安徒生童装系列在各大城市专卖店陆续滞销，大量库存积压。在没有办法的情况下，我放弃了国内童装贸易，返回丹麦，应聘做了巴士司机，每周工作 30 个小时，月工资 4 千欧元，福利待遇也很高。半年之后，我在开巴士的时候见到一家丹麦人开的咖啡馆出售，便筹资买下，自己设计装潢，改成日式快餐。2009 年 10 月，我辞职后，开始当日本寿司快餐厅老板直到今天。2011 年的时候开了第二家日本寿司餐厅。考虑到身体状况，2015 年卖掉了一家店，目前和爱人一起经营最初经营的那家日本寿司餐厅。

采访者：您开的日本寿司餐厅的服务对象，主要是华侨华人还是其他？

YCD：我的餐厅在社区附近，所以服务对象主要是社区的丹麦人，当然也有华侨华人以及其他人。

采访者：您会做寿司，还是请了会做寿司的日本人员工？

YCD：是这样的，我学过一些，但是主要还是依靠我请的员工。我请了一位在丹麦日本料理店工作的上海人，他非常熟悉日本寿司的做法。

采访者：好励志呀，也很不容易呀！听说您在国内疫情期间，也积极捐款捐物。

YCD：是的。在中国疫情期间，丹麦政府有为中国捐资捐物。我本人也捐了一点钱给温州市瓯海区红十字会，他们也有给我发证书。我认为丹麦华侨华人融入丹麦社会后，学会了丹麦人的一些特点，比如说做什么事情都比较低调，这和其他欧洲国家有一些不同。国家有难，我们作为龙的传人，应该尽自己的一点力量。说出来会不会有一点炫耀？

采访者：那没有的。之所以问您以及您所在的华侨华人社团有没有捐赠，目的是为了让下一辈华侨华人了解，他们的上一辈在对祖国的热爱，谈不上炫耀。

YCD：好的，好的。在丹麦生活了三十年了，我已经有一点不像温州人了。你研究温州人，也应该知道我们温州人的特点，比如很能吃苦、能拼能干、敢于创新等，但是还有另外一个特点是喜欢攀比。我这一次捐款只是想表达对祖国的热爱。刚才也讲了，国家有难，我们海外华侨华人不可能置之不理，是吧？能力有限，只能略表心意。

采访者：您现在有没有担任相关华侨华人社团的职务？

YCD：有的，我现在是丹麦华人总会工商会副会长同时兼任丹麦中国和平统一促进会副会长。2016 年 2 月至 2019 年 1 月，丹麦中国和平统一促进会的永远名誉会长是马文斯，名誉会长是蔡国新，会长是叶利宗，常务副会长是杨慕君，副会长是陈剑墅和我。第七届(2019 年 2 月至 2022 年 1 月)会长是叶利宗，常务副会长是杨慕君，副会长是陈剑墅和我。现任顾问是林燕标、张辉和韦竹冰，下设机构有秘书处、对外联络部、宣传部、财务部和总务部。

采访者：请您能谈谈未来的打算，或者未来有没有落叶归根的念头。

YCD：从出国到现在，说实话我们一直都很辛苦，也没有给自己好好放过假。目前，小孩子还在读书，没有毕业，等他们毕业了，找到了合适的工作，我和我爱人打算也不做了，自己给自己办退休吧！多一点时间给自己，到处走走看看。到时候应该会在国内待的时间更多吧，因为我们毕竟出生在温州，对家乡始终有一定的感情。不是经常说“金窝银窝不如自己的狗窝”吗？再说，兄弟姐妹也多数在国内，一家人在一起比较好。

采访者：您目前持丹麦国籍，回来的时候会不会有影响？

YCD：那不会的。现在针对海外华侨华人温州不是推出了相关回国居住政策吗？海外华侨华人可以申请在国内居住，一般是五年一签，很方便的。这种居住和签证不一样的，只要申请到，五年之内，你可以随时回国，随时出国，也可以回国居住一个星期，也可以连续居住五年。这方面温州市做得比较前沿。七八年前我已经申请到了，很方便。

采访者：以上就是我所要问的问题，除此之外，您还有其他想分享的吗？

YCD：我虽然身在海外，但是每天都在关注中国的新闻，通过新闻了解国内的发展。目前国内发展得比较快，福利也比以前有了很大提高。我虽然加入了丹麦国籍，但是我的心永远是中国心。你也在日本生活过，你应该了解作为一名海外华侨华人对祖国的热爱。只有走出国门，才能真正体会到什么叫爱国。不是说加入了外国国籍自己就不是中国人了，不是这样的。很多人加入外国国籍都有一定的理由或者原因。比如我吧，我的很多亲戚都在西欧国家，每次去看望他们的时候都要办理签证，而且签证需要提前两三个月，很不方便。当时要去对面的瑞典都需要签证，很不方便。于是就加入了丹麦国籍。另外，我觉得作为海外华侨华人，我们的祖国强大了，我们自己也强大了，我们在国外的地位也提高了。

采访者：再次感谢您的大力支持，祝您和您的家人身体健康，也祝身在丹麦的华侨华人一切安好。

十四、受访者：YLZ

采访时间： 2020 年 5 月 16 日

参访手段： 微信(线上)采访

采 访 者： 徐辉

采访者：请您介绍一下您和您的家族。

YLZ：我是 YLZ，温州市丽岙人，1988 年参加工作，1990 年入党，已婚，有两个儿子。大儿子在中国读高二的时候出的国，到达瑞典后，学了瑞典语，瑞典技校毕业。小儿子在中国读小学，马上小学毕业，打算继续在中国就学。

采访者：出国前您主要从事什么职业或工作?

YLZ：我曾经担任浙江省青田县山口粮管所副所长、青田钼矿党委书记兼常务副矿长、青田矿业集团公司副总经理兼天工化学有限公司总经理等职务，曾先后被评为青田县先进工作者。

采访者：在国内有这么好的工作，为什么还想着要出国?

YLZ：当时是跟随出国移民潮流。主要为了脱贫致富，没有其他动机。

采访者：您什么时间出国的?

YLZ：我 1999 年出国到丹麦。

采访者：请您分享一下到丹麦后的工作情况。

YLZ：好的。刚出国时，我在餐厅打工，从洗碗、炸油锅到大厨，后来自己经营餐厅。现在我经营两家餐厅，一家在瑞典南部城市马尔默，另一家在丹麦赫尔辛格市。

采访者：目前，您的丹麦语没有问题吧？

YLZ：我的丹麦语大约相当于九年制学历水平，日常交流没有问题。

采访者：您在海外生活中遇到的棘手问题有什么？

YLZ：我觉得是餐厅缺乏厨师，尤其是丹麦严厉的移民制度和工作签证制度，造成餐厅经营中严重缺乏华侨华人工作人员。

采访者：您是如何解决上面的问题的？

YLZ：没有办法，只能聘请做一天和尚撞一天钟的罗马尼亚人来厨房帮忙[①]。

采访者：为什么说罗马尼亚人是做一天和尚撞一天钟？

YLZ：因为他们不具备像中国人一样艰苦工作、持之以恒的精神，"打一枪换一个地方"。员工工作不稳定对餐厅经营会非常不利。

采访者：听说您也积极参加丹麦华侨华人社团的工作和活动？

YLZ：是的。我 2002 年加入丹麦华人总会，2003 年起担任秘书长至今。2003 年参与组建丹麦中国和平统一促进会，并担任秘书长，2008 年 2 月以无记名投票方式当选为常务副会长兼中文秘书长，2010 年 2 月当选为丹麦中国和平统一促进会会长。2013 年 2 月、2016 年 1 月、2019 年 2 月先后三次连选连任成为丹麦中国和平统一促进会会长，2014 年 9 月当选为中国和平统一促进会第九届理事会理事。2018 年 3 月应邀列席全国政协十三届一次会议。其他兼任职务还有：北京市侨联第十四届、第十五届委员会海外委员，浙江中国和平统一促进会第二届、第三届理事会理事，四川省海外联谊会第一届理事、丽水市侨联第七届委员会海外理事、温州市瓯海区泽雅镇侨联第四届委员会副主席等。

采访者：能谈谈您和家乡或国内亲人的联系情况吗？

YLZ：我对家乡温州情感浓厚，对父母孝敬，只可惜距离他们太远，每年只回家看望两三次，总感到亏待父母，比较内疚。

采访者：您对国内目前的发展状况有什么看法及想法？

---

① 以上对罗马尼亚人的看法仅仅代表受访者个人意见。

YLZ：从硬件上看，中国的基础设施突飞猛进，成就卓越，社会安全，设施也日益健全。从软件上看，中国的人均收入实现了大的跨越，中国社会的治安，比现在许多西方国家更好。从总量上看，中国经济占世界经济比重达到15%左右，是世界第二大经济体。中国正行进在强国之路上。总体来说，国内发展迅速，综合实力快速提升，国际地位和影响力也逐步提高，发展势头良好，但未来发展的阻力依然很大。例如中国制造的规模已经非常大，但现在我们的更高追求是中国质量。在这方面我们还需要努力，不仅要打开发展中国家市场，还要更多进入发达国家市场。对海外华侨华人来说，我们也要积极寻找与中国经济转型升级相契合的机会，发挥桥梁和纽带作用。

采访者：您是否加入在住国国籍及理由？

YLZ：我已经加入了丹麦国国籍，原因是丹麦政府阻止了我的家庭团聚，迫使我先取得丹麦国籍，之后把户口迁到瑞典，在瑞典申请夫妻儿子团聚。我在没有办法的情况下放弃中国国籍，也因此造成了现在回国的不便。

采访者：丹麦政府为何拒绝您和您的家人团聚？

YLZ：丹麦国家议会2001年底通过修改，2002年2月起实施《丹麦移民法》，严格控制外国人进入。在申请家庭团聚时，凡是担保方没有达到在丹麦合法居住满28年的，必须进行申请人家庭社会关系的综合评估。也就是说，只有家庭成员在丹麦的社会关系大于申请人原驻在国的社会关系时，才有可能在住房和工资收入满足条件的情况下获得批准。我因为没有在丹麦住满28年，父母在中国，家庭成员中只有我一人在丹麦，家庭社会关系评估时满足不了移民法的要求，因此被拒绝。

采访者：您的意思是您的爱人和大儿子目前在瑞典生活，是吗？

YLZ：大儿子在瑞典，我妻子与小儿子在中国。

采访者：关于欧洲各国疫情，你如何看待？

YLZ：欧洲疫情比较严重，治理政策不严，执行措施不力，防控进展速度缓慢。造成以上现象的原因，我认为一是多党执政，出台政策时协调难度较大，政策执行难以到位；二是自由惯了的欧洲人民对生命不够重视，轻视疫情，重视自由生活。

采访者：能谈谈在国内疫情比较严重的时候，您个人或您所在的丹麦中国和平统一促进会对国内的捐资捐物情况吗？

YLZ：在国内疫情比较严重时，我们从 1 月开始想方设法采购防疫物资，准备发回家乡，但丹麦的防疫物资库存实在太少，尤其是除医务人员、患传染病的病人，以及特殊建筑工人佩戴防粉尘口罩之外，普通丹麦人不戴口罩，因此丹麦市场上就没有用于防止病毒的医用口罩、外科口罩或一次性口罩。在丹麦"一罩难求"的情况下，我们曾委托在希腊、俄罗斯等国家的朋友寻求口罩，但都在准备付款提货的当天被拒绝，始终没有买到口罩。最后，我与丹麦中国和平统一促进会副会长叶春迪（也是温州市瓯海区人），于 2 月中旬，每个人向瓯海区红十字会捐款用于瓯海疫情防控工作，协会里其他的成员参与丹麦侨界的捐款，逐步购买防疫物资运往湖北省重灾区。

采访者：疫情期间，丹麦相关媒体对我国国旗做了一些不好的言论（或事情），作为在丹麦的华侨您如何看待这一问题？

YLZ：在国内疫情期间，中国政府和人民本着生命重于泰山的理念，不惜一切代价，对武汉实施全面封城，北京、上海、浙江、安徽、湖南、广东等省市快速启动了重大突发事件一级响应措施。境外华侨华人和国际社会纷纷向灾区人民伸出援助之手或表达同情之心。与此同时，作为丹麦主要媒体之一的《日德兰邮报》却以所谓的言论自由为幌子，于 2020 年 1 月 27 日，公开刊登新冠病毒形状替代中国国旗上五角星的讽刺性漫画，以此侮辱中国国旗和中国人民。这是对中国国家主权和权威的挑衅，严重伤害了中国人民的民族感情。我代表丹麦中国和平统一促进会于 1 月 27 日当天起草联合抗议声明，要求漫画作者和报社深刻反省，及时向中国人民公开道歉。我们使用微信群接龙方式，由旅居丹麦的华侨华人社团组织，自愿加入联名。1 月 28 日，由 50 个华侨华人社团和组织机构共同联名的抗议声明发表在《北欧时报》。然后，由一位副会长将联合声明翻译成丹麦语，发往丹麦媒体和相关组织机构。然而，丹麦首相以所谓言论自由为借口，公开支持报社和漫画作者，他们至今没有向中国人民道歉，充分暴露了西方政府和媒体的傲慢和偏见。

采访者：疫情期间，海外华人回国进行治疗，您有何看法？

YLZ：中国政府鼓励海外华侨华人留在驻在国居家抗疫的政策完全正确，绝大部分华侨华人知道飞机中转过程中的被感染风险后，主动放弃回国的打算，同时以避免给祖国增添麻烦。但是在 3 月 3 日，有部分华侨华人回国，甚至极少数人隐瞒病情回国，的确是面临危难之际的一种逃命之举。因为在意大利、西班牙疫情大爆发初期，可以说，根本没有机会让一般症状的华侨华人住院治疗，只有回到自己的祖国才有机会放心治疗，安心疗养。在那种情况下，华侨华人如不回国，又能去哪里呢？确实祖国才是最好的归宿。

采访者：未来有没有回国养老的念头？

YLZ：未来肯定回国，因为走遍天下，家在故乡；出国才知道真正的爱国，才感觉到家乡的亲情和温暖。

采访者：以上之外，您还有没有其他想分享的？

YLZ：我们海外华人社团要引导华侨华人在"一带一路"倡议中发挥作用。首先，"打铁还需自身硬"，我们华人社团骨干要认真学习和领会"一带一路"的真正内涵和意义，学习和了解"一带一路"相关国家的国情、法律法规、投资和贸易方面的政策，以及有关市场需求。其次，发挥我们的影响力，和当地民众共同参与到"一带一路"倡议中来，为投资、贸易牵线搭桥，为"一带一路"倡议和实施添砖加瓦。

采访者：再次感谢您的大力支持，希望你们做好防护，保护好自己。

十五、受访者：LSB

采访时间：2020 年 5 月 12 日

采访手段：微信（线上）采访

采 访 者：徐辉

采访者：请您介绍一下您和您的家人。

LSB：我是 LSB，目前居住在西班牙巴塞罗那，现在经营两家百货店，我们夫妻俩有一个儿子和一个女儿。

采访者：目前您、您爱人和孩子们的国籍都是中国国籍吗？

LSB：我不会加入西班牙国籍的，我是中国人。我们全家没有加入西班牙国籍的想法，我觉得拿着中国的护照去任何国家都方便。

采访者：听说您非常重视孩子们的教育。能分享一下吗？

LSB：因为我自己文化水平不高，小学没有毕业，所以关于孩子教育问题，我希望孩子都能努力学习。儿子也很争气，英国帝国理工学院硕士研究生毕业，现在是 EPHORA 欧盟总监。女儿还小，在读初中，学习也很好。

采访者：您是什么时候移民西班牙的？当时出国的动机是什么？

LSB：我是 1998 年 12 月到达巴塞罗那，当初出国是想让家人生活过得好一点。

采访者：您移民西班牙后的第一份工作是什么？

LSB：第一份工作是在百货店打工。

采访者：这一份工作做了多长时间？工资收入如何？

LSB：在那里工作了九个月，当时工资只有 8 万西班牙币。

采访者：目前您主要从事什么职业？

LSB：我开了一家小型公司，规模比较小，一般都是自己打理，一天八个小时，比较轻松。

采访者：您公司主要做什么？

LSB：现在主要经营五金、日用品、家电和服装，以家电为主。

采访者：请谈谈您的西班牙语学习情况。

LSB：关于学习的问题，我没有去正规西班牙语机构学过，就是一边工作一边跟客人学，学会了一些口头上的日常用语。

采访者：请您谈谈海外生活的感受。

LSB：在海外的生活比较自由，有规律，没有太大压力。

采访者：能谈谈您所加入的华侨华人社团的相关细节吗？

LSB：2016 年我加入了西班牙温州总商会，担任常务副会长兼任慈善部副部长，同时在 2018 年加入西班牙加泰罗尼亚中部华侨华人协会并担任副会长。我们侨团会参加当地警察局组织的法律知识学习，也会参加慈善活动，帮助困难侨胞，和当地政府部门定期进行信息交流。

采访者：在海外生活这么多年，一定遇到了很多问题吧，能谈一下吗？

LSB：好的。海外生活中遇到棘手的问题就是刚到西班牙，语言不通，无法与当地人交流。其他方面还好吧。基本上没有太大问题。因为这里的生活方式一切都很有规律，每个部门都是很透明的，只要你老实本分地做事，不要欺骗当地人或政府，就可以了。如果真的遇到棘手的问题我们一般会尽量与对方沟通，实在无法沟通我们会去当地司法机关，比如警察局，或者找律师，或者找我们的华侨华人协会，及中国驻当地领事处帮忙解决。

采访者：您常年在外，我相信对家乡丽岙或父母亲有一定的牵挂，是吧？

LSB：我虽在西班牙，但是家乡丽岙的画面时刻在脑海里浮现。家乡永远是我牵挂的地方，饮水思源，我无以回报。对于我父母，我欠父母亲的永远回报不了，只能打个电话和通过微信联系。对父母赡养的问题，我觉得我们丽岙的同胞都欠父母的，包括我在内。我们丽岙的父老乡亲吃喝不愁，但是他们内心深处是恐惧的和孤独的。我目前最牵挂和担心的是父母亲的身体问题，最大愿望是父母老去的时候能在父母身边。我知道我们丽岙侨胞大多数人做不到，我不知道那天我能不能做得到。不过我一定会尽力去做，不然的话会内疚一辈子的。

采访者：父母的年龄也逐渐大了，身体也会慢慢地变弱。作为儿女，是很担心的。但是，有时也真的没有办法，如果有时间还是常回家看看。

LSB：是的。

采访者：您大概多久回国一趟？如果回国一般待多长时间呢？

LSB：我每年大概会回国一两次，每次基本上都是待三个星期左右。

采访者：您如何看待目前国内的经济发展？

LSB：国内现在各方面发展很快，科技发达，各方面也取得新的进展，总体来看很好。我个人觉得科技太发达了，已经超出了一般人的生活方式的需求。任何一个新科技应该慢慢地推进，让整个社会适应，宏观上要控制，不是今天发明了，明天马上投入。这样的话会有一大部分人跟不上时代的发展，特别是老年人，要给老年人一些学习和适应新科技的时间。

采访者：能谈谈西班牙的疫情情况吗？

LSB：关于西班牙的疫情，总体上不是太理想。未来在控制疫情方面存在很多不确定性，因为西班牙是多党执政的国家，很难团结。其次，由于文化上的差异，人们对待疫情有各自的看法。疫情期间，我认为西班牙政府在经济上的补助政策很好，几乎所有有困难的人都得到了政府的补助。听说欧洲的很多国家和西班牙一样，都有补助。

采访者：疫情期间，关于海外华侨华人回国治疗，您有何看法？

LSB：关于华侨华人回国治疗，我是觉得可以接受的。只要不隐瞒病情，做好自我隔离，是可以理解的。因为国内已经有很好的治疗经验，再说大家都是中国人。在中国疫情刚刚爆发的时候，我们欧洲海外华侨华人社团几乎买断了全欧洲的口罩，全部捐赠给中国。因为我们是一家人，家人有困难我们不能袖手旁观的。西班牙疫情期间，大使馆也给我们华侨华人社区免费发放口罩。国家没有忘记我们，我们很感动也很感激。

采访者：您未来的打算是什么？是否考虑落叶归根（回国养老）？

LSB：未来没有太多的打算。我可以和我所在的华侨华人社团推广中华文化，以及促进两国的旅游业。如果退休了我一定会回国，我想大多数人华侨华人都有这样的想法吧，因为我们的根在中国、根在家乡。

采访者：以上是我想了解的内容，您还有其他需要分享的吗？

LSB：没有了。谢谢。

采访者：再次感谢您的大力支持。祝您和您的家人生活愉快，注意防控。

十六、受访者：HYW

采访时间：2020 年 5 月 21 日

采访手段：微信（线上）采访

采 访 者：徐辉

采访者：您好，请介绍一下您和您的家族。

HYW：我是 HYW，1975 年在温州丽岙出生，小学毕业。我有三个孩子（两个儿子和一个女儿），都在意大利出生。大儿子今年上大学二年级，二儿子已经初中毕业，下半年上高中，女儿下半年即将上初中。我和我爱人是在意大利认识，2000 年结婚，她出生于温州市仙岩镇。目前我们全家都是中国国籍。我有一个妹妹，她现在也在西班牙。我父亲已经过世，母亲一个人在国内生活。

采访者：您和您妹妹都在国外，母亲一个人在国内？

HYW：是的。其实我们也不愿待在国外，很想在国内生活，多陪陪老人，但是，孩子还小。等他们大一些我们有考虑回国。

采访者：您的三个孩子的中文水平如何？

HYW：肯定和国内的同龄孩子没办法比，但是还可以。他们从小开始说中文（普通话），温州话基本上不会讲。星期一到星期五去西班牙当地的学校上学，星期日去中文学校学习中文，一般会话还是可以的。另外，老大和老二在国内学习过一年中文。我们要孩子们学习中文的目的也很明确，我们虽然在国外，但我们是中国人，中国人就必须会说中国话。另外，学好中文，以后回国发展（如投资、办厂等）也不会有障碍。

采访者：您出国之前主要从事什么职业？

HYW：做过很多事情。比如做过小生意、在工厂里做过工人、自己创过业等。

采访者：当时的收入情况如何？

HYW：说实话，赚来的钱都不够自己花。之后父母就打算让我出国。

采访者：您是哪一年出国的？

HYW：我是 1998 年 8 月去的意大利。

采访者：当时是通过哪种途径？

HYW：当时也是委托别人帮忙出去的。从温州出发到广州，在广州待了十几天之后，再到香港，之后从香港直飞到法国，再从法国到意大利。7 月份出发 8 月份就到了意大利，算比较顺利，就是钱花得多了一些。

采访者：当时大概花了多少钱？

HYW：13 万 5 千元左右吧。当时，这些钱全部是高利贷借来的。出国之前还以为去了国外钱很好赚，其实不然，在国外赚钱也很辛苦。没有办法，既来之则安之。

采访者：您到了意大利之后的第一份工作是什么？一个月大概有多少收入？

HYW：在一家服装厂上班。那个时候的工资折合成人民币一个月也就四五千块钱，不是很多。

采访者：您是什么时间拿到意大利合法身份的？

HYW：说起这事，我真的很幸运。我是 1998 年 8 月份到达意大利，10 月意大利政府就推出了大赦政策。服装厂的老板就帮我提交了材料，1999 年初就拿到了正式身份。

采访者：您说您妹妹也在西班牙，是吧？她是什么时候出国的？

HYW：她也是 1998 年出国的。但是她在路上的时间比较长。到泰国的时候，又是爬山，又是过河的。过河的时候水都没到胸前了，差一点没有命了。

到了意大利，她哭得都不行了。当时，为了出国，死在路上的人也不少。

采访者：您之后又从事了什么职业？

HYW：做过很多事情。可以说什么赚钱就做什么。2004年至2012年我自己开了一家服装店。2006年的时候我把我母亲（今年68岁）接到意大利居住。她不习惯意大利的生活，白天我们都去上班，她一个人在家里，觉得很闷，所以2009年就回国了，现在一个人在国内生活。虽然她现在一个人在国内，但是比较开心，因为可以和周围的人聊天。我们也经常通过电话和微信和她联系。

采访者：你们是什么时候从意大利到西班牙的？

HYW：我们一家是2012年，我妹妹她们是2015年。

采访者：你们在意大利，中途为什么去了西班牙？

HYW：当时，意大利钱不好赚，做生意利润也不高。有一次，去西班牙旅游，发现西班牙要比意大利钱好赚一些，再加上我表哥在西班牙，就决定去了。

采访者：你们到了西班牙，还要申请西班牙的合法居留，是吧？

HYW：是的，不过很好申请，因为我们有意大利合法身份。到了西班牙之后，我注册了一个公司，之后就申请到了。如果没有意大利合法身份，那是比较难申请的。我妹妹过来的时候，就挂靠在我们的公司名下，很容易就拿到了西班牙合法身份。

采访者：目前，你们在西班牙主要从事什么职业？

HYW：我们开了一家日用品百货店，除了食品，其他基本上都卖。

采访者：谈谈您在国外生活过程中遇到的棘手问题。

HYW：基本上也没有遇到非常棘手的问题。要说棘手的问题，那就是语言问题。不过时间长了自己也学会了一些日常用语，还可以应付吧。

采访者：目前，西班牙的疫情如何？

HYW：比以前好了很多。现在每天是几百例、几百例地增长，以前都是几千例、几千例地增长。目前西班牙累计大概23万多例。以前我们出去戴口罩会被当地人笑话，因为他们认为只有生病的人才戴口罩。现在老外（当地西班牙人）出门都戴口罩了，因为政府规定了出门必须戴口罩，如果不戴，被警察抓住就要处以100至600欧元的罚款。

采访者：我们华侨华人有被感染的吗？

HYW：有还是有的，不过不多。听说有 100 多人感染，而且都是轻度感染。西班牙大概有 30 万华侨华人，总体来说比例还是比较少的。我们中国人很注意防护。当时西班牙出现两例的时候，我们店就关门了。当时我的大儿子说没事，还要闹着去学校，我不让他去。西班牙的学校和我们国内的学校不一样，几天不去学校也没有关系。当时我就问他，是命重要还是上学重要？没有命了还上什么学？最后他就听我的话待在家里。之后学校也停课了，现在每天都在家里上网课。

采访者：疫情期间，西班牙政府对企业和工人有一定的补助，是吧？

HYW：是的是的。一个人大概有 1 000 多欧元的补助。企业和个人拿到的补助不一样的。

采访者：在国内疫情严重的时候，听说您也积极给国内捐资捐物。

HYW：我们西班牙温州总商会成员每个人都有捐的，大家都是自愿捐款买口罩，捐多少都可以。当时我们几乎把西班牙的国内的口罩都给买空了。我们商会在 1 月 30 日的时候，给国内邮寄了第一批口罩（有 10 万只左右）。除此之外，我们商会在 2 月 9—11 日为西班牙温州总商会成员免费提供口罩。本商会副会长、会员可以免费领取 1 盒（1 盒 10 个，口罩类型号 FFP2），其他非会员的华侨华人，我们以商会捐赠的形式发放给他们。之后大使馆也发放了口罩等给当地华侨华人。

采访者：以上就关于疫情的话题。另外，您对目前中国经济发展有何看法？

HYW：中国经济发展势头很好，我也曾想过回国投资或创业。但是不知道投资什么，有时候想这个问题想得头痛。回国投资或创业也有很大风险，坑很多，容易上当受骗。我本来打算今年（2020 年）七八月份回国看看，顺便做一些行业考察。目前看因为疫情没有航班，可能也回不去了。

采访者：以后你们有落叶归根（回国养老）的打算吗？

HYW：以后我们百分之百要回国的，一定要回国，我们的根在中国。几位老人（母亲和岳父岳母）也都在国内，需要照顾。趁现在还年轻，多赚一点钱，为以后回国发展做准备。如果国内有需要，我们会积极支持的。

采访者：以上是我想要了解的问题，您看看还有其他想分享的吗？

HYW：说实话，我们也有打算回国发展的念头，国内现在发展得那么好。

但是考虑到孩子们的实际情况，暂时还不能回国。毕竟他们在国外出生，中文和国内的孩子们比起来存在一定的差距。因此，只能等他们大学毕业后再做打算。我经常和孩子们讲，做人做事一定要心地善良，不欺骗，不攀比，做好自己。我身边的很多人喜欢攀比，我不是很喜欢这一类的人。你对别人好，别人才会对你好。此外，我感觉现在很多孩子们的礼貌意识不是很高，见人不知道打招呼，目中无人，很任性。我看见这样的孩子感觉心里很不舒服，孩子们有没有礼貌和大人的教育有很大关系。另外，我感觉在国外生活没有国内那么丰富多彩，但是人与人之间很简单，没有那么多复杂的人际关系。一起出去用餐都是 AA 制，不分身份贵贱，大家都一样，这和国内也不一样。另外一点，我感觉老外比中国人热情，比如走在大街上，不认识的人也会微笑着主动和你打招呼。国内的话，不认识的不会和你打招呼。在国外，口袋有几十块钱就可以出门，国内没有几千块出不了门，特别是参加场面比较大的活动，没有一定的行头和钱不敢参加的。再举一个简单的例子，在国外你一个人去咖啡馆喝咖啡，遇见熟人也就是打一声招呼。但是在国内，同样的状况下，一般人都会叫住对方一起喝，甚至还负责对方吃喝的费用。总之，我感觉国外的生活和工作比较简单和轻松，没有过多的压力，也没有那么多复杂的人际关系。

采访者：是的。这也是我们和西方国家在文化等领域的差异吧！再次感谢您的支持，希望你们全家幸福，同时也注意安全。

十七、受访者：YYF

采访时间：2020 年 6 月 6 日

采访地点：丽香街道水陆寺

采 访 者：徐辉、孙芸荪、杨志玲

采访者：您好，谢谢您抽出时间接受我们的采访。我是温州大学的徐辉，这位是温州大学侨务公共外交研究所的杨志玲老师。目前孙老师和我正在进行《丽香华侨百年史》的编辑工作。我们今天拜访您的目的是为了了解法国法华寺和意大利普华寺的概况和宗旨、与国内相关机构的交流的情况、它们在海外如何传播中华文化以及在特殊时期它们对海外华侨华人的影响和作用等。

昨天我已经给您发了采访提纲。由于时间关系，我们就直接进入主题，可以吗？

YYF：可以。

采访者：请您介绍一下法国的法华寺和意大利的普华寺的情况（您和以上两座寺庙的故事），谢谢。

YYF：我是 2009 年去的意大利，之后跟普华寺结的缘分。当时普华寺成立了一个叫意大利佛教总会的组织，会长是我们温州的一位华侨，名叫 HSL。刚到意大利的时候，我对欧洲的情况也不是很了解，所以我觉得不是很适应生活，仅待了 20 天左右就回国了。2016 年，他们（HSL 等）以佛教总会的名义邀请我去担任意大利普华寺的主持。在我主持的 2 年中，我们（普华寺的成员）在意大利乃至整个欧洲都举办了比较大型的活动，温州市佛教协会副会长级别以上的法师们，还有一些国际上的法师都有参加。2018 年，因为意大利的因缘，我去了法国。在当地华侨华人的共同努力下，成立了欧洲佛教总会，并组织了史无前例的传播中华佛教文化的活动并在联合国教科文组织所在地举行了开幕式。参加者中有百岁高僧、圆山长老以及中国佛教协会副秘书长和国际上有名的佛教法师，共计 100 多位。我们还建了一个名为“圆觉经社”的佛堂，每个月都举办有关佛教文化交流活动，在那里产生了一大批信徒。所以说佛教的影响在海外是很大的。

采访者：能具体谈谈佛教在海外的哪些作用吗？

YYF：我认为，佛教的作用具体体现在两方面。第一，它给人们提供一个解决心理困惑的场所。很多人在海外没有依靠，心灵也没有寄托。他们在很迷茫、很无助的时候都会到寺院找心灵上的寄托。内心有祈求、有心愿，又不便跟其他人讲的时候，他们就会自然而然地想到寺庙（普华寺或法华寺）。我在意大利和法国这么多年也接触到很多不是当老板，靠打工生活的华侨华人，他们的生活过得很艰苦。他们在海外的生活很迷茫，比如到国外语言不通、人生地不熟，周围的人如果不是好朋友，话也讲不到一块去。这个时候，寺院就成为他们唯一精神依托。无论在法国还是意大利，或者欧洲其他国家，都有人把寺院当作他们的精神寄托和支柱。因此，佛教对海外华侨华人来说十分重要，因为很多华侨华人在国外生活过得也不是很好，压力很大，基本上没有娱乐，除了工作就是工作，再加上复杂的人际关系，他们心中有苦时需要一个倾诉的地方，而佛教给他们提供了这样的场所。在寺庙他们可以倾诉自己心中的苦，从而找到心理上的安慰。第二，它是宣传我们中华传统文化和佛教文化的一个重要平台。无论在意大利，还是法国，很多华侨华人以及当地的意大利人和法国人都纷纷前来参加我们举办的各种活动，比如我们中国传统的新春祈福等活动。尤其是在意大利和法国当地人参加我们的相关活动时，无形中让他们接触到了我们国家的传统文化和佛教文化。这刚好符合我国提出的"一带一路"倡议。因此，以上两座寺庙的存在不仅给海外华侨华人提供心灵上的寄托，同时为宣传中华文化、讲好中国故事提供了一个很好的平台。当然，以上两座寺庙的建设也离不开海外的华侨华人和祖国的支持。

采访者：是的。我自己在日本生活过 13 年，也有同样的感受，当时也有过一段迷茫时期。

YYF：在西方国家，之前是没有佛教的。我们的前辈，如丽岙的 LDB 先生，他为了佛教在海外的传播，做出了巨大贡献，很多侨领也是如此。

采访者：法国的法华寺和意大利的普华寺，哪一个历史更悠久呢？

YYF：实际上法国的法华寺比意大利的普华寺早了 10 年。法国的法华寺是 1999 年落成开光，意大利的普华寺在 2009 年（2007 年已经开始做相关的筹备工作）。以上两个寺庙落成开光以来，获得了很多海外华侨以及相关华侨协会的侨界人士、政府机构的关注与支持。

采访者：是不是可以这样理解，在 1999 年法国的法华寺落成开光之前，欧洲各国没有一座以我们华侨华人为首的佛教寺庙，是吗？

YYF：是的。在这两座寺庙正式落成之前，大家对佛教的认识是比较模糊。但是，自从这两个寺庙落成正式开光之后，在欧洲国家的很多华侨华人对佛教有了新的认识。

采访者：能分享一下具体有哪一些新认识呢？

YYF：以前，很多侨界人士（侨领）提到佛教就认为是迷信。他们认为自己那种层次的人不应该求神拜佛、烧香磕头、送元宝，也能发展得好，对佛教存在一定的偏见。其实，真正意义上的佛教不是迷信，而是在人们迷茫的时候，帮助他们解决心中的困惑的法门。佛法其实就是让人觉悟的意思。学佛也好，信佛也好，其实能够让自己的觉悟变得更好。

采访者：您刚才也提到，以上寺庙的落成开光，我们丽岙华侨华人相关人士也参与其中，能简单分享一下这方面的事情吗？

YYF：我们整个丽岙华侨华人在海外非常有实力（特别在法国），移民海外历史也比较悠久。在法国我们丽岙华侨华人就有3万多人，而且很多人事业做得很成功。正是因为这些老前辈的无私贡献，为以上两座寺庙的落成打下了坚实的基础。如果没有他们的辛苦付出和大力支持，我认为以上两座寺庙很难落成开光。我相信在欧洲中国佛教文化会越来越好，越来越兴盛，也希望能够得到国内诸位高僧的支持，能够在西方国家落地生根。另外，我们赶上了一个好时代，中国的高速发展、世界国际化、网络新时代等，这些客观因素促进了以上两座寺庙的落成开光，从而使我们有因缘能够到欧洲国家去传播中国传统的佛教文化。要不然像早些年我们能到欧洲都已经很艰难了，更谈不上传播中华传统文化。因此，我们必须持有一颗感恩的心。

采访者：您说得非常好，每个人都应该有一颗感恩的心。目前，以上两座寺庙在经营过程中存在哪些问题？

YYF：如果说没有问题那是不现实的。我认为虽然意大利有普华寺，法国有法华寺，数量上是远远不够的。如果可能，在欧洲的其他国家或地区我们也打算建造佛教寺庙。华侨华人几乎分布在欧洲各地，有这样的需求。但是，根据目前的情况来看，比较困难。主要原因有以下几点：第一，从事佛教的专业人才匮乏。如果在某个国家建造了新的寺庙，那么，就必须有佛教专业人士去打理。这和我们开店做生意一样，开了新店，没有店长肯定是不行的。第二，签证问题。即使有想去海外工作的佛教专业人士，因为签证问题，也不得不放弃。因为一般的签证只有几个星期或几个月时间，时间一到就必须回国。而从事我们这个职业的人，几个月内很难做成事。

采访者：您的意大利语和法语如何？

YYF：不是很好，就会说几句。最初我到了法国，还专门报了学习班去学法语，但是，由于工作比较忙，也没有去几次。学习语言，一天不去就可能跟不上了。而且，来寺庙里的人大多数都是年龄比较大的人，而且我们温州人很多，他们当中很多人普通话都不会讲，和他们交流时只需要温州话，因此那里缺少会讲温州话的年轻法师，这也是我被邀请的一个原因吧。

采访者：在日常的工作中，您是如何开导前来寺庙的人呢？

YYF：一般先会告诉他们，要信佛，就必须对佛法有一定的认识和理解。

佛法学习和学校读书是一样的道理。去学校读书,我们先要了解整个课程的内容提纲。佛法学习也一样,不要盲目地磕磕拜拜,一定要正确地理解佛法的内容,否则容易误入歧途。寺庙就像人们的心灵加油站,和开车一样,车不加油就跑不起来。人也需要“加油”。意大利普拉托和法国巴黎有寺院,其他地方的人可以到那两个地方去加油,但是比较麻烦,路上要几个小时的车程。欧洲不可能像我们中国一样每个城市都有寺庙,但是首都起码要有一个,给大家提供方便。欧洲有这么多华侨,寺庙在很多方面都会起作用。同时中国佛教协会的领导们来考察,寺庙作为文化交流的场所,也给他们提供了方便。

采访者:寺庙是心灵的加油站,说得真好。

YYF:其实寺院是一个很好的平台,让人更容易交通、交流和交心。一个人之所以能来到寺庙,说明他心中或多或少有着这样那样的心事等。到了寺庙,佛教寺院清静的环境能让你将心里的烦恼说出来,跟别人交流得更好、更彻底,也可以和从未相识的人坐在一起聊聊天。中国共产党为人民服务,佛教也是为了众生利益,为众生解惑,去除迷茫,这是共同的心愿。

采访者:那现在寺庙还有开着吗?

YYF:没有。今年因为疫情,我回来在祖国安心休养。休养好了,我会继续去欧洲,在欧洲把佛教文化做进一步的发展。当然,这不是说要在欧洲开很多的寺庙,就像开连锁店一样,没有必要。

采访者:是的。佛教在国外的发展会有一个过程,可能要遵循循序渐进的原理。现在法国和意大利参拜者,还是老一辈的华侨华人为主体吗?

YYF:对。

采访者:那么这两个寺院,对最新一代的华侨华人有什么影响和作用呢?

YYF:影响非常大。作为父母,其实是子女的启蒙老师。欧洲的华侨华人父母对佛教认可,来参加一些活动,他们的子女自然而然也会来。在中国,很多人认为寺院是老年人出入的场所,其实未必,整个欧洲的信徒是比较年轻化的,比如意大利有个“欧洲青年企业协会”,协会会员的平均年龄都只有35岁,而且他们企业也都办得很好。他们的对佛教的信仰、对佛教的认知高度以及修为非常好,比一般的那些学佛几十年的人还要修得好。所以在意大利也好,法国也好,因为有了寺院,这些年轻的华侨华人新生代,礼拜六礼拜天,他们基本上都会来听经修学,要么过来参观一下,要么礼拜一下。

采访者：中国人对寺院毕竟有一定的认识，那佛教对当地人以及其他外国人吸引力大吗？

YYF：很多国外友人也是很好奇的。可是我们面临的唯一问题是自己语言不好，这是一种最大的障碍。他们对佛教信仰很感兴趣，但是我们没有办法用他们的语言去跟他们沟通，有时候临时从信众里面找人来做翻译，但毕竟很多时候都不方便。其实很多外国人对佛教很感兴趣，只是我们语言还没有达到跟他们沟通的水平，尤其是来佛堂的老年人，最多打个招呼，讲上半句，不能正儿八经地传播佛教文化。所以说我们自己的语言水平不足是最大的缺陷。

采访者：年轻一辈既懂佛法，又懂外国语的人，比如法语、西班牙语、英语的法师，这样的人有吗？

YYF：可以完全用外语讲佛法的法师，也是有的，基本上英语讲得比较多。他们有些人在国外留学，比如我师兄，在国外都几十年了，他们语言基本上是没有问题的。

采访者：如果有了这些会外语的人参与寺院的工作，今后应该会更好地把佛教文化传播出去。接下来您能不能简单介绍一下您个人的一些情况，比如说您的年龄、从什么时间开始从事佛教方面的工作等等？

YYF：我接触佛教比较早了，是 1999 年，那时候我才 20 来岁。2004 年来到水陆寺一直到现在，已经 16 年了。

采访者：您是什么学历？

YYF：我是南京大学毕业的，在这之前是在岭东佛学院。佛学院毕业之后就来水陆寺了，南京大学哲学系是后来去的。

采访者：您现在还是水陆寺的主持，是吧？

YYF：现在水陆寺的很多工作我都放下来了，因为我现在在欧洲的两个寺院负责的事情比较多，要举办一些活动，要准备的事情很多。现在水陆寺有一位法师，大小事务都由他来代理。

采访者：就是说，您现在主要是从事国外方面的事务？

YYF：对，我主要现在是在国外。现在是休养期间，所以在国内待一段时间。

采访者：您是疫情期间回国的吗？

YYF：我是疫情后回国的。我 3 月份跟 WYD 主席同一天回来的。我和

WYD主席隔离也在一个地方，同一天进去隔离同一天隔离出来的。所以说这次回来也算是时间比较久，平时回来没待几天就出去了。

采访者：我听说海外很多寺庙里面会有办学，不知道法国和意大利有没有在寺庙里边办学的现象？

YYF：有的，在法华寺就有中文学校，它不在寺庙里面，它属于佛教的下属机构，就好像佛教是总公司，他们在下面设立分公司一样。它当时是法华寺的华人会办的，华人会在整个欧洲是一个最大的协会，也是国家认可的具有影响力的一个协会。当初中文学校创办的目的，是让中国的海外新生代能了解中国传统文化，能够认识中国文字，否则他们从小在西方的教育中长大，最后连汉字都不认识了。这个中文学校，从中国请的中文老师，专门教授中国的传统文化，每个星期六星期天上课。

采访者：意大利的普华寺有吗？

YYF：意大利有办过一段时间，毕竟意大利的华侨华人和法国的华侨华人的层次和文化有一定差异。后来普华寺没办成功，另外一个联谊会的人就接手了，他的学校办得很好。他把中国传统的武术和传统文化学习结合，办得非常有特色，学生也很多，影响也很大。

采访者：您说意大利普华寺的中文学校后来没有办成，大概哪一年发生的事情？

YYF：大概是2011年。现在法国这边中文学校还是办得很好的，现在意大利的中文学校别人也办得很好。

采访者：哦。您能谈谈温州丽岙华侨华人，在寺院方面，参与的活动多不多？

YYF：挺多的，我们新的欧洲佛教总会的理事长也是我们丽岙人，叫CJY。他在意大利，差不多50多岁，属于华侨中的后起之秀，虽然他不能跟老前辈们比，但是比较有发展前途的。不过他本来也很优秀，在仙岩街道工作。现在的丽岙华侨，很多人都很优秀，都人才济济。YZK也是这个佛教总会的副会长，他对法华寺的贡献也是很大的。在2017年我们在联合国举办最大的那个活动的时候，YZK也是组委会的人员。

采访者：当时活动的主题是什么？

YYF：普华寺二期工程，就是佛像开光。这些活动信息，百度等网络上信息应该都会有的。相关的文章和报道，上面都会有。

采访者：那疫情过了之后，您还要去法国？

YYF：还要去，为了寺院，我们肯定要去啊。不去的话，寺院就关门了。我现在虽然以那边为主，国内有事情肯定还是会回来，我现在在那边作主持工作。

采访者：您现在法语和意大利语是怎么样？

YYF：不好，也不怎么会讲，只会讲一两句。在整个法国华侨华人社区里面不用普通话只用温州话，你都不会走丢。温州人太多了，一开口就是温州话。在意大利更不用说了，普通话都用不上。法国还可以用普通话，因为在法国华侨华人来自国内各地。我们到了那里就有一种依赖性，在那里温州话仿佛是母语，法语是第二语言一样。用温州话能够沟通，没有那种很刻意去突破语言这一关的决心，平时工作也忙，没时间学习法语。我有报名过一期的法语学习班，后来去学了半个月，当时正好寺庙要和国内外的一些活动进行对接，从接待一直到活动结束时间都冲突。到后面再去上课，根本跟不上。只要一节课没跟上，第二节你就跟不上了，上到哪里你根本听不懂，老师也不喜欢你拖慢班级的节奏。所以我就放弃了。

采访者：普华寺和法华寺，它们规模有多大？

YYF：普华寺的规模在欧洲还算可以，当然不能跟我们中国比。按照平方米算，普华寺有两千来个平方米，这个面积在欧洲目前算比较大了。法华寺有一千多平方米，这个规模跟国内几十亩地的寺庙是没办法比的，但是法华寺在整个巴黎市中心，在市中心有一千多平方米已经非常了不得了，这还是早先老前辈们拿到的，现在有钱买不到地了，是吧。

采访者：那当初寺院建设申报，是怎么跟政府沟通的，他们同意建吗？

YYF：当初是用他们的老房子建的，寺庙外观还是欧式的，里面装修的是中式，所以叫中西合璧。到了一个别的国家就要融入别人的文化，要按照他们国家的标准，里面装修设计是按中国传统来的。

采访者：那法华寺和普华寺，当地政府对它们态度怎样？

YYF：非常支持。在意大利，我们组织活动的时候，他们的地方官员都亲自来参加活动，比如布拉德市市长，他来寺院就像来自己家一样，无论大小活动他都全程参加。普华寺华侨华人也比较多，经济实力也相当不错，经常会给他们政府机构捐赠救护车什么的，对他们的贡献也得到了认可。普华寺就相当于我们的红十字会一样，经常会给他们捐赠物资。

采访者：其实这是一个互利的过程。

YYF：是的，互惠互利，也是一种沟通交流的方式。比如前段时间，意大利佛教总会还给他们捐赠了两辆救护车。我们在这个地方不添乱子，推广的是中国文化，对他们当地起到很大的积极作用，帮助一些困难的人。佛教会相当于一个慈善基金会，普度众生，所以意大利的寺院叫"普华"，法国的寺院叫"法华"，两个名字都带着两个"华"字，就是不忘根本，时时刻刻提醒我们爱国爱教的精神。意大利普拉多的"普华"，也是希望佛教文化能够更加普及。

采访者：在法国和意大利，这样的佛教资源多不多？

YYF：我觉得，这样的资源以后会慢慢多起来。现在在西班牙马德里还有欧洲其他地方，我们想建寺院的分支。但是佛教文化不仅仅是中国人在做，还有越南人、印度人。中国的佛教寺院也有几十座。我们只了解中国华侨华人这一块，其实法国有 27 个省院，到处都有寺院，只是华侨华人所建造的寺院，目前就只有法华寺。

采访者：普拉多那边寺院多吗？

YYF：普拉多目前来讲只有一个普华寺。我们在另一个城市刚建了一座，全部都弄好了。现在因为疫情不能开门，可能因缘不成熟，只能疫情过后再说。寺院其实是很多华人的需求，比方意大利的寺庙在普拉多，附近城市威尼斯、巴多瓦等这些地方的人开车需要两三个小时跑到普拉多来。其他城市华侨华人这么多，肯定有需求做一个这样的寺院。

采访者：现在两座寺院，都有设哪些机构呢？除了您之外，法华寺那边还有几位跟您一样主持工作的，或者说是其他工作人员有多少？

YYF：法华寺现在有一位来自中国台湾的比丘尼作常务。其实我们希望能够让中国大陆自己的法师来主持，但是她到那边时间比我们早，就等因缘吧。工作人员还是有的，做任何事情一两个人成不了机构，都是有管理组织和管理机构的。刚才你提到的 YZK，他是意大利普华寺管理机构的核心人物，还有其他几个都是常务理事。

采访者：能介绍一下这两个寺庙的经费来源情况吗？

YYF：全部是自力更生。取之于民，用之于民，都是来自信徒们的爱心和捐赠，没有任何的其他的买卖经营盈利。我们做活动靠的是法会，捐不捐是人们自愿的，不像人家说的：化缘要钱。如果佛家变成乞讨，天天问人家要钱，人家不烦死了吗？搞佛堂，搞寺院，还天天问人家要钱，人家本身自己都有困难，这样说不过去。我们希望有钱的人能够捐赠，帮助没钱的人。寺院就是靠大家，不是靠某一个人，所以叫“十方道场”，就是“十方来，十方去”。一个人出一万块钱，也只有一万块钱；但是一万个人，每个人出一块钱就有一万块钱了。这样靠的是更多的人来凝聚更多的华侨华人的力量。即使寺院再怎么困难我都是维持下去，不问人家要钱，否则人家看到和尚都害怕，这种事情我们绝对不能干。我们老祖宗有一句话“宁愿饿死在蒲团，也不去攀缘”，意思就是说，我们不开口问人家乞讨，包括我现在所在国内寺院，哪怕再困难我们自己都先维持住，后来慢慢自然都会有。在欧洲进道场，刚开始千万不能问人家要，华侨华人很多人也很不容易的，生活比我们过得还苦。所以说在国外你如果真想做点事情，老华侨华人自然会看到。每个人都有一种悲悯的心，不管你是信仰哪一种宗教，每个人内心里都想帮助人家一下。我们在欧洲建寺院，靠的还是一些老华侨华人。他们信不信佛是另外一回事，看到别人有困难他们也想帮助，日积月累，自然就有了。这是一种奠基，需要慢慢积累。就像法华寺和普华寺，那么多年的根基，后来信徒们有了钱，不论多少，过年过节总会往功德箱里塞一点。这些都会积累起来，因为他们知道寺院的钱不会乱花，比存银行还放心，这一点大家很放心。这个钱日积月累慢慢就积累起来，作为佛教发展的一个资金，甚至如果有多余的钱，可以帮助有困难的人。这两个寺庙现在分别建立十年和二十年了，这段时间的积累，它们也有了一定的经济实力，所以寺院都是协会自己花钱的。

采访者：欧洲佛教协会是中国大陆人发起的吗？

YYF：是我们华侨华人发起的。其实正式批复下来，是在 2018 年 12 月 3 号，当时由是法国(政府)商务部、外交部、警察局以及中国领事馆一起认证的。

采访者：2018 年协会成立以后，是不是可以吸收各个国家的人在那边办寺院？

YYF：可以的，可以开分会，但是我们现在师资力量不足。要开分会，要有一个和尚去注册、教育、交流、引导。通俗一点，你开个店，总得要有一个店长或者总经理在里面经营常务。没有人去经营，店就开不下去。

采访者：问题就在这里。但是您刚才提到，越南人和印度人都有在那边开设寺庙，我觉得其实在佛教协会里面，大家也会彼此语言不通，无法交流吧？

YYF：我们现在后起的那些华侨华人二代三代，语言好的有很多，我们的秘书长也是温州人，他就是那边的留学生，语言各方面非常好，在正式的场合都是直接帮忙翻译。我们华侨华人随便找出一个子女，都是从小在那边读书，法语比我们温州话讲得还好。只不过，在佛教文化的专业知识方面他们讲不出来，需要学习，比如说“佛”“菩萨”，他们在即兴翻译的时候翻译不出来，这很正常。但是平时跟人家交流，我们带翻译过去，都没问题。

采访者：言外之意，现在我们想建很多寺院，但是我们这边从事主持这方面的人员还是不足。

YYF：对，尤其是缺师资力量。在欧洲很多城市，都有佛教协会，如果有师资力量就可以开新的寺院，就好像有了营业执照，就可以开分会。只要有佛教总会，在欧洲国家是可以进行分会配备的，因为欧盟直接拿这个证件就可以开，连手续都不用，只要把执照拿出来，欧洲国家都认可的。

采访者：也就是说现在有了这个营业证书，去荷兰开也是可以的？

YYF：对，可以的，因为协会政府已经认可了。所以说我们现在缺的不是地方，是师资力量。

采访者：那么华二代、华三代想致力于做这个的人多吗？

YYF：挺多的。我在欧洲认识很多华侨华人，比如意大利的那不勒斯、荷兰的阿姆斯特丹，还有西班牙等地的华侨华人，他们都有开设寺庙的愿望。但是他们不能只来找我，我一个人不可能管理那么多的地方，所以现在有些人自发从当地请一个法师去那里，现在手续办起来比较容易。我们有自己的佛教协会，只要去当地政府的会计事务所和律师事务所那里做一个公证和登记，其他手续全部由协会来做。所以这是我们最大的一个优势，有认证文件。我们过海关有时候，只要这个文件拿出来，海关就让你过了。

采访者：这就是你们在欧洲立足发展的契机。

YYF：对。当时早一批出国的人，不管他们出国多早，出家人没有把协会成立起来，也没有认证。我 2016 年去了法华寺，2018 年提交了申请材料，同年 12 月 3 号就批复下来了。其实当初我也只是试一下，批复结果会怎样，大家也都不知道。后来批复下来后，2018 年在法国正式成立了欧洲佛教协会，2019

年在联合国搞了一场大型活动。法国侨界的人，基本上所有的协会的会长都参加我们这个活动。在联合国总部一号大厅，我们的开幕式、活动会议和合影等都直接在那里进行。这种活动在联合国举办，算是历史性的，以前联合国总部从来没有过类似的活动。

采访者：在欧洲来说这种活动和组织能打入联合国，应该来说历史上没有过。

YYF：对，当时联合国秘书长也说，有史以来这次你们和尚的阵势最大了，100 多个和尚去联合国总部，加上信徒、所有侨界的会长们，几百号人去联合国，这样有史以来还是第一次，影响力很大。

采访者：其实佛教的发源地是印度，印度都没有这样干，我们能够把这个做下来，这是载入史册的。

采访者：是的，具有开创性的意义，以前毕竟没有人这样做。

YYF：对，以佛教为主题的文化交流的活动在联合国总部举办，是历史性。当时法国也有侨胞组织其他活动，但是这么大规模的还没有。

采访者：佛教是人类的精神宝藏，人在想不开的时候到寺庙让法师开导开导也就豁然开朗了，这是非常好的一种方法。那么你是怎么结合和灌输爱国爱教的思想？

YYF：我们的生活没有离开过佛法，佛法也没离开过生活。学佛不是过另外一种生活，把我们当下生活能够过得更好，就是佛法。很多人以为佛法一定要在寺院里或者拜菩萨，引导某一个人信佛的思路，或者灌输某一种思想，不是的。佛法就是让我们能够生活更规律，心灵更健康，生活更美好，心情更舒畅。所以说，我们要存好心、说好话、做好事。这就是我们对所有来祈福的人寄予的厚望。只要人有善念，时时刻刻有善心，社会就会更和谐、家庭会更和睦，事情也会更和美。所以说，"和"是我们佛教教育的核心。只要有信徒来接触，我们都会用同一种方式来教育，不会分出个好坏，也不会让信徒对国家政策进行评议。我们不会说佛教是最好的，只要是好的教育，我们都要接受。其他的宗教有其他宗教的优点和特色，佛教有佛教的特点。佛教信徒信了佛教，其他宗教也可以去，这个并不矛盾。就跟学习一样，学生有那么多门课程，他可能只选择了这门课程进行研究和学习，并不说其他课程就不好。这才叫作"圆融无碍"，不要因为信佛，就规定教堂不能去。错！这个是文化交流，要多去看看人家，再看看自己，这样才能反射自己，看清自己的本来面目。佛法本来就是让我们认清本来面目，如果自己本来面目没有的话，我们能怎么进步呢？其实修行修什么？修的是内心境界的提高，生活过得好，这才是好。如果天天在寺庙里，什么活都不干，没有看到外面的世界，内心烦恼一大堆，学佛学到最后还是白学了。

采访者：对，是这样的。我对国家有一种崇敬之情。基督教什么的我也不太懂，但是你说的集各教派的优势来完善自己，这一点我很认同。但是有的人信了佛教，再让他去基督教，他不一定去的。

YYF：佛教讲的：人不能有分别心，有了分别心就会有烦恼。不论众生，本来就是一，没有二，没有你我之分。如果人起了一个分别心，那是自己的烦恼。如果作为佛教徒，看到基督教徒都头痛，这是不是烦恼？不要有分别心，大家信教都是好的。佛和基督，你干嘛区别它们？把基督当作佛，大家都是佛家弟子。

采访者：我们中国有佛教、道教、儒教。儒教风格已经分得很清楚，道教和佛教现在混合在一起，你在国外是怎样区分这个问题？

YYF：“文化大革命”之后，我们老前辈信仰上很混乱。当时教职人员把法师和道士没有分清楚，现在很多老一辈把民间习俗信仰拿出来当佛教来信仰，所以导致了佛教背了一个黑锅，叫“迷信”。其实很多人去烧纸钱、送元宝、烧香磕头，这些其实都是民间的色彩带入了佛教，不是佛教的本意。佛教讲的“禅”，是让我们用清静的心去做无为的事，达到清静无为。那为什么民间采用这种有为的方式呢？是因为当时民间的习俗，人家一代传一代地告诉子女，实际上是错误的观念，比方烧纸钱，人死了，在温州要烧纸钱，其实佛教根本没有“烧纸钱”这么一说。

采访者：这实际上就是一种营销手段。

YYF：是的。所以我们要有历史根据和历史因缘去分析整个问题的。大家在口口相传的时候没有把整个脉络理清楚，道教、佛教也没分清，觉得自己都信佛。其实道家和道教，他们也没分清楚，一个是正儿八经的道家，一个属于民间信仰，不一样的。当地的民俗，比如信一些王母娘娘，山顶上的养生馆，这属于民间信仰。民俗，就是自己地方上崇拜的神。道家的文化传统体系是很完善的，它是有传承的，像佛教一样，有一代、二代、三代，一代传承一代的。

民俗是什么？是空降的，是自己人民心中妄想出来的，空想出来的保护大家的神。为什么很多人的佛道不分？责任在于当时很多法师没有把信徒教育好，是自己的老师的问题，因为当时缺乏这样的教职人员和法师给信徒们讲解，所以大家都这样误认为。当时“文化大革命”时期法师都还俗了，根本没有和尚，所以信徒们用自己的观念加上一点点了解，就当作佛教文化的理解，导致了今天这个局面。所以到了西方国家我们不能犯同样的错误，一定要跟大家把佛教的核心内容、宗旨、方向搞清楚。其实几大宗教都有各自的特色，道家讲身体，佛家讲身心，儒家讲身表。所以佛教要养“心”，道家要养“生”，儒家要“表”如里。儒家的“表”就是说要像书生一样儒雅。每个东西的内在都不一样，但是把心养好了才是根本，人的烦恼来自“心”。心术正，世界观就正。如果心正确了思想就正确，思想正确了语言就正确，语言正确了行为就正确。如果心错了，什么都错。所以佛教叫“明心见性”。心清净，才一切清静。心自在，才一切自在，这才是佛教说的幸福。所以我们给年轻一代的教育，一定会从文化角度、教育方面、佛法认知方面入手，让他们从心灵上找到方向和寄托。这跟国内老一代的佛教教育方法不一样，不能让他们整天去烧香拜佛。佛教的本质是什么？是文化。佛教的传播实际就是教育，不是去搞迷信。建了寺院，让人家来烧香拜佛，这不是佛教的本意。佛教在西方国家不能被人取笑，要体现出佛教文化的优势和亮点，以及佛教文化能替人解决问题的实用性，这才是我们要做的，不是有人来拜佛就行，要明白拜佛有什么作用和意义。如果你能明白这些，不仅仅是“明心”，也是一种觉悟。当你明白，拜佛的时候跪拜下去，是求佛帮助收心，可以去除傲慢，求取智慧，能够带来很多的启迪，净化心灵。拜佛的时候恭恭敬敬、五体投地，攻击性就散去了。人有傲慢心态的时候，是不会低头跪拜的，即使拜下去，动作也不对，不会甘心。所以我们要从这方面来引导和教育新一代，他们的素养修养就会好很多。

采访者：您现在有多少弟子，或者是您有没有专门培训下一代的法师？

YYF：有的，目前在寺庙里就七八位出家的。离开寺庙的不算，因为这些人有自己的思想、主见、做法和生活。但如果寺庙有需要，有活动，他们都会出席或者帮忙。他们有的在寺院长大，长大了总会分开。但是分开后，有事情肯定会回来的。

采访者：您现在去法国是以什么身份去的，是有拿到绿卡了还是怎么样？

YYF：我是 2017 年拿到了那边的居留。没有居留，过去很不方便。如果是普通旅游签证，有效期只有半个月，最长的时间也只有三个月，时间到了就要回来，所以国内的法师不愿意去。现在要拿居留，首先要求在法国待满一定的时间，而他们过去最多一次不能超过 90 天。

采访者：您是有居留身份的，所以这样来回比较方便点的。

YYF：对。如果没有身份，在那边很不方便，很多事情也做不了，生不了根。国内法师即使出国，在欧洲最多待三个月就必须要回来，不然变成黑户就不好了。就是因为这个问题，导致现在法师们去那边工作，就像去旅游，签证一到期，又必须要回来了。所以我们希望，如果有宗教政策支持免签，那就好了。但是目前来看是不大可能的，他们有可能会放宽松政策，把宗教往来当作公司邀请，给工作人员发放一年或者三年的工作签证。如果有一年或三年的签证，也会好很多，做事情就能有连贯性，我们可以多请几个法师轮着来。如果旅游签证两个月三个月的有效期，签证办下来都很麻烦。

采访者：所以总的问题，就是人才不足以及签证问题。

YYF：其实签证问题就是导致人才不足的原因。如果师资力量充足，我们在欧洲会发展得很快。欧洲几大国家的华人这几十年以来，语言都不错了。因为有那个证书，直接找个地方建个寺庙就可以，在当地的政府开一个税号单，后续的手续都不用了。所以到时候有不同的分会，每个分会一个税号单，财务分清楚就行了，各管各的账，不混在一起就可以。

采访者：对的，这就涉及交税的问题。

YYF：国外对经济管控这块比国内严格得多，我们寺院也一样，这个 WYD 主席知道的。现在即使是小范围的民情，都很难搞，都要通过技术处理来做账，比方说把他当成我们的协会会员。一个月交 200 块的会费，都要开发票的，通过弄成支票存到银行，慢慢变成民情。国外那里做账，不像国内，有专门的会计师理账。欧洲对经济和税收这块太严格了，连佛堂寺院都不可避免。

采访者：人家捐献一块钱也要入账吗？

YYF：理论上是这样的。但是也要看捐献的场合和情况。有些人捐款不希望别人知道，因为捐多了，政府会查你的钱从哪里来，如果捐的钱比交的税还多，肯定不行。所以捐款还要考虑用什么方式去捐，还是比较麻烦的。欧洲人他们自己喜欢直接捐给他们的基督教会，因为教堂的功德箱里面有多少钱，政府不会查。佛教属于外来文化，他们要查的，要对账的。比如说有人捐一万欧元给寺庙，那这一万块钱哪里来的？钱来路不明给了寺庙，别人就会怀疑寺庙洗黑钱。

采访者：看来在国外，捐钱都还不能乱捐，在中国捐多少都没关系。

YYF：国外对于经济怎么疏导，是他们的政策，大家都没办法。意大利半黑半白的，搞不清楚关系不大。法国就别想走歪门邪道，不要投机取巧，一出问题马上把地方都封掉。所以说法国人生活过得很安逸、很安心，全部税收都交给政府，走的时候什么都带不走，只能在那里享受政府给的待遇。而在意大利的华侨可以拼搏几年，然后关门不干了，为什么？因为他所有赚的东西在自己手上，在法国所有赚的东西在政府手上，不一样。在法国，一个人的资料、资产、财产全部在国家。欧洲人没有存款，不像中国人动不动几十万、几百万存款，欧洲人没有的。他们每个月发的工资到月底就吃完了用完了，不像华人有积蓄，疫情的时候熬个一年半载还有积蓄，欧洲人三个月都熬不下去。现在他们为什么要解封？没办法呀，再不解封就要闹饥荒了，难民都要出来抢了。

采访者：对。提到疫情，这次法华寺和普华寺，有提供捐助吗？

YYF：有的。我们第一时间知道武汉发生疫情，那时候的一群年轻人就开始捐赠物资了，那是第一批。接下来的第二批，温州华人会、法国华人会、欧洲佛教总会就开始采购物资。瓯海的第一批捐助物资就是佛教协会捐赠的10万个口罩。上次我看到《海外华商汇总》上面都有，包括DZG他们，统战部他们也都有统计，这些捐助我们都是少不了的。华人的爱国情怀一直都在，以前国内台风或者其他灾难物资捐赠都是必不可少的。只要中国一有事情，海外就开始组织。估计中国当时还没组织发起捐赠，国外已经开始发起了，他们跟国内信息沟通很好。普拉多的年轻人他们在整个欧洲采购物资捐给武汉，国外的抗疫物资都被买到中国去了，所以后来欧洲疫情爆发，当地人就物资匮乏了。那个时候口罩、防护服、温度枪等采购，中国人真的是不惜代价。捐助的物资上面盖一个佛教协会章，海关通关也好通。后来其他协会有记不清捐赠来源的，协会也帮他们出了证明，方便物资运转回国。

采访者：法华寺的寺庙组织机构丽岙籍人的占比情况怎样呢？

YYF：这个比例还是相当多，就没有必要一一点名了。总的来说，丽岙华侨偏多，50%肯定有的。仅在法国，丽岙人就有三四万人之多。

采访者：您是丽岙哪个村的？

YYF：我出生是在温州平阳的。

采访者：今天法师在这里给我们上了一堂生动的佛教课和爱国主义课。

采访者：达到您这种修行，没有慧根的情况下，我们十年二十年可能都不行。

YYF：其实修行这东西，不是时间的问题。时间再多，没有悟性，20 年、30 年、50 年也没有用。有些老太太在寺庙里待了四五十年也没有用。佛教讲究的"心悟"，一念之间明白事理。人其实就隔离一层清净心，只要捅破就可以了，所以说"烦恼即菩提，菩提即烦恼"。人心其实就是一瞬间的一个念头的转变，而不是在于修炼的时间的长短，这样人的烦恼反而更多。当下你思想能够转变过来了，你就"悟"了。迷茫找不到突破口的话，十年二十年也没有用。

SUN：在家里我爱人喜欢找什么东西去跪拜。我觉得，做好事、做善事就可以。

YYF：很多事情跪拜是拜不明白的。当然拜也是有好处的，可以锻炼身体。但是，主要还是看你能不能够"悟"明白。如果能把佛法的"圆融"落实在现实生活当中，这就是修行，这就是佛教。一个明理的人，只用给他一点点拨，他马上就能觉悟，就能重新开始人生目标，内心重新修整去开始做事业。

采访者：您今天已经把我们带到了一个佛法的境界，虽然我不是佛教信徒，以前也没有特别关注过，但是今天听您这么一讲，对修佛有了一定的了解。您看看最后还有什么其他想补充的吗？

YYF：现在佛教讲究的是"行化"。要对一个东西进行批判，你要先对这个东西了解，不了解就不能盲目地去批判一个任何东西。我对一些弟子讲，千万不要评价任何的东西对与错。第一，你没有资格；第二，你对它的整个背景不了解。世界上没有好与不好的东西。不好的东西，你会用也会变成好东西。而好东西你不会用，也不行。有的人佛法学了，但把它颠倒迷惑，就会害人。佛法好不好？很好，但是如果没有弄明白，心智迷乱了还出去传播，佛教就变成邪教。相反，邪教里面好的方面拿过来，用正确的方式给人正能量，也是帮助别人。没有绝对的对和错，我们要去其糟粕，用其精华。佛教到了欧洲一定是要像水一样的"圆融"，固执的中国传统观念如果不打破，在欧洲是行不通的。中国的信徒都是纯粹的善男信女，而欧洲多元文化促使了他们有各种各样不同信仰的人。佛教不能把持着旧的传统，不能按照我们固执的方法去读解读，只要原则性不变就行了。和尚就像水一样，不管杯子是怎么样的，是三角形、正方形、圆形，他就要变成这样的形状，佛法才能有更多信众。我现在在意大利、法国，是因为这两个国家是我们华人最聚集的地方。但是我们协会是欧洲佛教协会，定位就是在欧洲，哪怕是欧洲的小国家，比如捷克、希腊以后都有可能开分会。欧洲这条线我们会尽量去推广文化，让更多的华人能够凝聚起来走到一起，这也是我人生经历的剧本和自己经营的人生。你们在家人有在家人的事业，我们出家人有出家人的事业。既然已经做了选择，我要有担当地把这条路一直走下去。我希望之后欧洲佛教有所传承，几年后有接班人来继承我们的事业。我的人生规划是在60岁之后不会再操劳任何事情。

十八、受访者：ZSC

采访时间：2020年7月23日

采访地点：丽岙侨联办公室

采 访 者：徐辉、杨志玲

采访者：您好，我们温州大学侨务公共外交研究所侨乡研究课题组正在与丽岙街道和丽岙侨联合作编写《丽岙华侨百年史》。我们也采访了很多人，但是目前我们采访的大多数都是男性比较多一点，所以我们希望在我们华侨史里面不仅有男性，我们女性也能顶半边天，所以今天我们把您邀请过来，就想了解一下您的情况，到时候我们会把今天的一个采访会整理成文再发给您，之后我们再进行修改。

ZSC：好的。

采访者：我们今天把你邀请过来，其实我们聊聊天，就听听您自己的故事。您先简单介绍一下您自己，比如说学历什么的。

ZSC：我的学历不是很高，是初中毕业。出国前，我曾经在村里面的小学当老师，现在我在中国国内基本上都是做生意这一块的。我爸爸是我们村的党支部书记，也算是个老书记了，现在已经过世了。我哥哥ZSG你们也认识的，是丽岙茶堂村的侨联主席。现在我自己的家庭，有两个儿子，大儿子是中国籍,他老婆也是中国籍,也是我们丽岙人。小儿子是在国外出生的,他是法国籍。我自己还是中国籍,没有加入法国籍。

采访者:您是哪一年出生的呢?

ZSC:我是1965年4月2日出生的。

采访者:1965年,您看起来很年轻,真看不出来年龄,保养得很好。

ZSC:我的大儿子34岁,小儿子26岁了,跟着我一起生活,一直到现在的。

采访者:您是什么时候去法国的?

ZSC:我是1991年。出去之后,做黑工做了六七年,太苦了。我当时也是"包送"出去的。

采访者:当时路上经历了多长时间,是几天还是几个月?

ZSC:在路上也就一个月,我是当时走的那一批里面最后到的。当时我们一起走的就分开两批,有的人早一点到,有的人晚一点到。

采访者:当时您出国的动机是什么?

ZSC:在国内做生意,赚不到钱。我在国内那个时候做的是一些小买卖,比方服装、小商品等。在温州一些毛衣原料拿过来,这里加工也有,反正是有什么做什么。那时候真的赚不到钱,常常会亏钱。在我出国的时候,还欠了七千块人民币,那时候工资才二三十块钱一个月。

采访者:30年前七千块钱也不少的,再加上包送出去的费用。

ZSC:刚过去法国是很苦的,两个人包送要二十几万,都是高利贷借过来,从亲戚朋友那里借过来,然后有一部分从国外朋友那里借的。还要还做生意亏的七千块。

采访者:您当时国外有朋友,是吧?

ZSC:有,我有同学在那边。

采访者:当时那二十几万的债务需要多长的时间能够还清?

ZSC:我们省吃俭用也要两三年。那时候很省,日子也过得很苦。刚出去,还欠人家那么多钱,再加上人生地不熟,也没有说一个很好的亲戚来帮我们,都是我们自力更生。

采访者:您当时从温州到法国,途经了哪些城市?

ZSC:我们是从上海出关,然后到法兰克福。到了法兰克福后坐火车到荷兰。再从荷兰在去法国。

采访者：其实如果从上海出关的话，应该来说走正常程序的。

ZSC：那时候走出去是正常程序的，然后到了法兰克福就走小路了。那个时候是包送的人把护照办起来的，护照上面有法兰克福的劳务签证。大致是这样子的。这个已经有三十年了，具体细节也记得不太清楚。

采访者：到了法国之后，您先到服装厂工作，当时你们住在哪里呢？

ZSC：刚开始是住在一个远房亲戚那里。他也是租过来的，一个房间，里面挤着三个人住。我进去住了十几天，三个人住在一起。没办法，后来才去外面租房子。

采访者：当时您没有身份，是您朋友帮你租房子还是自己租房子？

ZSC：租房子不需要居留的。我们华侨华人有的人房子大，有一个房间租给你，是这样子。

采访者：当时您在服装厂做了多长时间？

ZSC：做了七八年。我 1991 年过去，当年的法国大赦赶不上，我是第二批 1997 年的时候办的居留。头尾加起来就是七八年。我 1995 年的时候去意大利，拿了居留证，再回到法国的。回到法国之后，就开始申请法国的居留。要准备很多证明材料，我是 1997 年正式取得法国居留身份的。

采访者：取得法国居留身份之后，您就不用做黑工了，是吧？

ZSC：做衣服还是继续在做，不过工作时间短了，没有以前这么长，那时候我也没有什么技术。拿到法国居留一年多后，我把两个儿子从中国带出去了。还没有居留的时候，我大儿子一直待在国内。小儿子在法国出生，由于工作没有时间照顾小儿子，出生后便把他送回中国养了两年，然后把他们带到法国的。

采访者：现在两个儿子都在国外。

ZSC：是的，现在我们一家都还发展得不错。

采访者：现在您孩子主要从事什么工作？

ZSC：大儿子两夫妻在法国开日本餐馆，餐馆的名字叫 Fuku kyo。我小儿子经营酒吧，丽岙很多人都知道的，酒吧的名字叫 tabac de la passerelle。他们两兄弟分开经营的。

采访者：两个儿子都结婚了吗？

ZSC：大儿子已经结婚，小儿子还没有结婚，还在谈恋爱，还只有 26 岁。

采访者：您刚才提到的您的大儿子现在结婚的对象是我们中国人，您小儿子现在的恋爱对象呢？

ZSC：也是中国人。我不太喜欢外国人做儿媳的。我小儿子 15 岁的时候，我就限制他，说以后他如果娶老婆找外国人的话，妈妈不接受。我给他讲了几个道理：第一，我们是中国人，中国人做事情有个习惯性，如果你的风俗习惯不一样，你就走不进中国人这个圈子，你就走外国人的圈子。第二，外国人的离婚率很高的。他们一旦感情不好，就马上分开了。一个家庭需要两个人的牢固的关系，否则孩子是很苦的。我自己亲身经历过，是吧。所以我希望孩子不要有不好的结果出现，要有一个美满的家庭。他刚开始是反对的，现在他思想也转变，走我们国内的传统思想的路线。

采访者：您现在还经常去法国吗？

ZSC：我是去年 12 月份去了迪拜旅游，然后回到了中国，就没有出去了，因为这里发生了疫情，出不去了，然后我就一直留到今天。现在我就不想出去了，我就想在这里过晚年生活了，儿子他们的生意自己也会做了，也不需要我来协助了。大儿子家有一个儿子今年 8 岁了，小女儿两岁了。小儿子还在谈恋爱，还没有结婚，他自己也很独立，他做事也都不需要我。两个儿子以前跟着我开了 5 年的酒吧，后来我大儿子把他媳妇和孩子申请出来到了法国，之后我们就分开了。现在两兄弟都有了自己的事业。小儿子现在咖啡店怎么经营也知道了，不用我帮他了，我就可以安心地留在中国，我也很喜欢待在中国。

采访者：您在意大利回到法国后，就开始开酒吧吗？

ZSC：不，那时候我回法国后就开了自己的服装厂。那时候很苦的，我一边要开服装厂，一边要带两个小孩。服装厂开了一年多，然后就开进出口公司做贸易，做了八九年，然后把贸易公司卖掉，之后就跟儿子开了 5 年的酒吧。五年以后，两个儿子他们分开开店。2000 年之后我的路都是很顺的，我觉得自己很满足。

采访者：您刚才提到，拿到身份之后，办了一两年的服装厂，后来做进出口贸易，然后又去从事餐饮，这个行业跨度比较大。

ZSC：其实就是启动资金的问题。刚开始的服装厂，我是跟一个外甥女合伙的，那个时候开一个服装厂也需要本钱的，我刚开始哪里有钱，没有钱的。

然后我拼命打工赚钱，后来跟我外甥女一起合伙开的服装厂。我外甥女跟我合伙半年不到，她就不做了，我就一个人做了一年，赚了一些钱。后来我有朋友叫我一起去做进出口，于是我就跟这个朋友一起开了一个进出口贸易公司。一年后，她也觉得没赚钱，就退出了，我把公司接手了。那时候我大儿子已经有十六七岁了，他也拿到了法国居留，我就有一个帮手，后来我叫我姐姐过来帮我看管店面，还请了几个工人，自己就来回地跑中国进货。

采访者：就是说，每次您的合伙人分开之后，事情做得更顺一些了。

ZSC：是的，我到今天为止，觉得是很顺利。开餐馆也是比较顺的，酒吧也是很顺的。当时开酒吧要有法国籍，我小儿子正好有法国籍，就是这样巧合，我们佛教来说是因缘和合，是吧。如果他没有法国籍，我们酒吧也开不成。而且他也正好十八九岁他就当老板。这五年酒吧开下来，他所有经营的事情都从头到尾的经历了一遍，什么都会了。我儿子能管理得好，我就放心了。

采访者：您的两个孩子教育的水平怎么样？

ZSC：教育水平不太高。我大儿子法语也不是很好，所以他想来中国发展。后来他和我在中国待了半年多，觉得赚不到钱，最后他说要回法国生活，所以他和老婆都申请到了法国。小儿子的教育水平，高中毕业，法语可以说是母语，他是从小在那边长大的，做生意上还是可以的。

采访者：您从迪拜回来之后，就没有去法国。接下来您准备什么？

ZSC：接下来我想长期在这里（丽香）生活了。餐馆、酒吧的事情儿子都会了，我出去也是多余了。可能就是他订婚、结婚、开业过去一下，当旅游一下或者怎么样的。我后面的打算还没有正式决定，现在还只是一个想法。

采访者：您现在在国内待 8 个月了，如果您长期要在国内生活的话，您接下来有没有正式的计划或者说接下来准备在国内做点什么呢？

ZSC：我 1965 年出生，今年 55 岁，正好可以退休了，哈哈。

采访者：您一直打拼过来的，如果突然间闲下来，有点不适应，是吧？

ZSC：是的，现在我有在找一些事情，还没有确定下来。吃力的事情、用脑力的事情，我估计跟国内的人比我们也差得很远，看看有没有机会吧。如果真没有，我也无所谓了，反正现在生活各个方面都不错。也毕竟打拼了这么多年，该休息休息了，是吧。

采访者：在疫情期间，海外华侨华人给我们国家，还有丽香家乡捐物捐资,您在这方面当初是怎么做的?

ZSC:我们在华侨华人妇女会里面都有捐资的,捐资到温州第二医院。

采访者:当时是怎么组织的?是有人在群里面呼吁,然后大家开始捐款吗?

ZSC:是。是通过法国华侨华人妇女联合会捐赠的,我是里面的一个会员。这个妇女协会影响很大的,她们里面每个人都很厉害的。我当时是一个朋友带我加入的,她让我去看看外面的世界,叫我不要经常待在家里。里面文成县的、温州市内的很多,她们都很厉害,丽岙的还不太多。

采访者:您大概是哪一年加入妇女协会的?

ZSC:我加了三年,2017 年加入的。法国华侨华人妇女协会创办有 14 周年了。

采访者:您提到您给国内的一些捐助通过妇女协会,那对法国在住国的捐助情况,您了解吗?

ZSC:法国那边是我儿子负责的,具体怎么捐我也不太清楚,我只记得他有回来说起要捐给谁。

采访者:就是说,您的捐助主要是针对国内,孩子捐助国外,是吗?

ZSC:是的,这样会好一点。

采访者:我转个话题,您父母还在这边吧。你现在回国一方面自己休养,更重要的还是要陪妈妈,是吧?

ZSC:我妈妈现在 93 岁,她很担心我,也很爱我,她觉得我还没有长大一样,总是把我当小孩子一样看待。她觉得我长期在外面,也是吃了不少苦。她觉得我一个人不容易,带两个儿子。

采访者:您除了妈妈在这儿,您有几个兄弟姐妹?

ZSC:我总共四姐妹和一个哥哥,就是五个兄弟姐妹,他们现在都在国内。我大姐家,有两个女儿在国外。二姐家,只有一个女儿在国外。三姐本来全家都在国外的,现在她两夫妻也回来了,儿子也回来了,有一个女儿在意大利,他们打算在这里过晚年生活,儿子以后也不出国,在这里生活了。我哥哥两个女儿在国外。

采访者:也就是说老一辈的华侨,就像您哥哥这一辈,基本上都在国内,但是孩子们都在国外,基本上都是这样子。

ZSC：对的。

采访者：那么其实老一辈的华侨都还是想回来，落叶归根？

ZSC：是的，落叶归根。大家都想回来，我的大儿子和儿媳妇也有准备想把孙子都带回中国发展。他刚刚出去才两年，所以看他情况，他现在有这种打算。

采访者：对，他可能就是因为刚刚出去，语言各方面的问题可能还是有一点不适应。

ZSC：是的。然后我这个孙子中文讲得很好，他爸妈觉得他在中国发展会比较好，可能是这个原因。

采访者：这个事情是他们决定吗？

ZSC：我不可以决定他们的事情，他们有这样的想法，但是到底怎么着还不知道。现在总的来说，世界看好我们中国，我们华侨华人，为我们的祖国骄傲，是吧？

采访者：对，爱国，是这样子的。

采访者：但是总体上来讲，国外的生活节奏要慢一些，你一下子回到中国的话，很多人都会不太适应。

ZSC：对，他们如果不在国内出去的话，在那边出生的回来，在这里生活他们也会觉得有难度，跟不上。他们刚刚出去的，还可以的。像我小儿子就不可以，中文也不好，再加上他们的思想和思维，跟这里差距很大，他自己也不会打算回来。回到这里要有一段时间适应的，像我们刚出国的那一段时间一样，苦成那样子。总的来说，因人而异。

采访者：您在法国当年受了很多苦，当时特别难熬、特别麻烦的事情，有没有？

ZSC：最艰难的日子是刚开始带着两个孩子的时候。不过法国对妇女和儿童的福利是很好的。刚开始(2003 年)的时候，法国他们对小孩和家庭妇女保护得很好。我是经历了这个过程，觉得法国这方面做得比较好，其他国家享受不到。我也去过意大利，意大利也没有这种福利的。

采访者：疫情期间您也没有机会回法国。我们国家也推出了一些政策，在疫情期间很多华侨华人想回国却回不来，这个事情您是怎么看的？

ZSC：我的想法是这样子，我们国内也不是很限制他们。如果有条件，现在每个星期都有几班飞机，是吧。主要看他们自己的想法。我有几个朋友，刚开始法国疫情开始的时候，我知道可能要封城了，就叫他们快点回来。他们不想回来，说在那边是长期的生活，不可能说回中国一两月就可以把疫情躲过去。他们现在还在法国。也不是说100%的想回来。我感觉就是国内的保护让人觉得比较安全。国外其实福利也是有的，我们看病也不用钱的。就是说，中国比较法制，专家说要大家怎么做，大家都听话。你看国外，都是崇尚自由的，他们不会考虑明天会发生什么事情，他们认为命好像天决定的。戴口罩什么，他们也没有觉得一定要戴，你看他们游行的时候不戴口罩的人还很多。像我们中国那时候，疫情期间没有一个人不戴口罩。如果有一个人不戴口罩，大家都在歧视你，是吧！10个人当中有1个人不戴口罩，其他9个人批评你，你自己也觉得害臊，是吧！现在你坐公交车，你不戴口罩就不让你上车。总体来说，这样是对于大家有好处，是吧！在国外，他们懒懒散散的人很多，感染的人也很多。所以他们想回国的人，基本都是从安全的角度，不会说什么是为了免费医疗。即使有，这种人，我觉得也不多。

采访者：所以主要还是从安全角度考虑，不是从经济角度考虑。

ZSC：对。我的想法是这样子。但是林子大了什么鸟都有，有的时候媒体报道方面也会把事情扩大，说得严重一些。我觉得我们温州这边的人会好一些。来自中国北方的那些，还有一些学生都是读书的，可能因为经济来源的问题，会考虑得多一点。

采访者：温州人做生意多，相对来说从经济方面来说比北方的华侨华人好一些，是不是？

ZSC：我认为是这样子的。

采访者：他（您二儿子）的社交圈还是以中国人为主吗？

ZSC：现在他外国的朋友也有，中国的朋友也有，他文化融合得比较好，他在那边出生的，他也比较包容。

采访者：他中文不是很好是吧？

ZSC：他有回国内学习中文一年，插入四年级，然后再读到小学毕业。以前他的中文还可以的，写一个小的段落也可以的，现在不行了。现在回来跟奶奶可以沟通，他讲温州话可以的。普通话、温州话、法语，他都可以的，语言方面没有问题的，毕竟还是半个中国人。

采访者：您在法国在国外待这么长时间，对我们祖国现在高速发展，你是怎样认为的？

ZSC：国内发展迅速，我觉得是太快了，因为我近 15 年内做进出口，都是在中国跑来跑去。我很爱我们祖国，现在的发展我觉得很骄傲。那时候我们的中国护照，人家都看不起，现在出来，人家都讲你们中国很好。我以前在法国学法语的时候，我跟老师说我们中国发展怎么样，中国人怎么样，他们都说：现在的中国很好，我们也经历过了以前的发展，那时候我们在发展的波峰，现在我们在从波峰往下面走，而中国现在正从下面往上面走。说起中国，我觉得很骄傲。他们很多人没来过我们中国，只要有来过中国的人，都会觉得中国好。

采访者：是的，去年我一些美国的朋友来中国旅游的时候就赞叹不已。

ZSC：远的不用说，在温州市区，我这 8 个月在温州待的时间多。你看我们的白鹭洲公园建得这么好，还有杨府山公园，不要说什么杭州，我感觉温州已经发展得不错了，是吧？

采访者：而且现在温州是大拆大建，再过个三五年会更好。

ZSC：所以我觉得很骄傲，我们是炎黄子孙。现在慢慢的，世界舞台和以前完全不一样了，现在我们不仅站起来了，也富起来了，也强起来了，而欧洲一些发达国家他们在走下坡路，我们走上坡路。

采访者：所以说这个也是跟我们国家强大，党中央的领导紧密联系的。

ZSC：对，国内的治安好，国外哪里有这么安全。在国外，大家都是人心惶惶的，走路都不安全的。在国内的就是大摇大摆的，什么东西都不怕，晚上走夜路都不怕。在法国，晚上稍微晚一点，一个人都不敢出去，无缘无故某些国家的某些人就会来打劫你。我这个包在国内放在副驾驶座上，在国外哪里会敢放这里？在国外，我们开车包都放在身边，或者放在脚下面。如果你车里有个包，坏人就会把你的玻璃砸了。我已经被砸了五六次了。尤其是巴黎“美丽城”那一块，大家出门项链之类的都不敢戴，尤其那些整天游手好闲的人明目张胆地过来抢。在路上都不敢随意这样，名牌包都不敢拿，出门都用那种黑色塑料袋装起来。

采访者：好的，谢谢您的分享，我们基本上问题也就这么多，看看您还有什么其他需要补充的？

ZSC：目前看没有，如果想起来我们再联系。

采访者：好的好的，再次感谢您的支持。

十九、受访者：CSC

采访时间：2020年7月23日

采访手段：微信(线上)采访

采 访 者：杨志玲

采访者：CSC女士您好，感谢您接受和配合我们的采访。您那里现在是什么时间？

CSC：我这里是下午2:30。我们时差是6个小时，意大利这里慢一点的。

CSC：恩，是的。在我们正式开始采访之前，我先说明一下。由于我们线上采访，没有办法合照，所以我会在我们聊天的时候截一下图，方便我待会在我们的温州侨乡研究的公众号上面进行采访报道。等一下采访完了之后，如果您方便的话，发一张单人照给我，这样可以吗？我可以放到通讯稿里，好吗？

CSC：好的。

采访者：我们今天的采访完了之后，我跟您后续的跟进有三个文件。第一个，是我们今天采访的报道，写完报道后我会把报道的文章和链接推送给您，让您过目一下。第二个，今天采访的内容，我会将后期录写成采访稿的形式，发回给您，麻烦您看看哪些修改。第三个，是我们和丽岙街道和丽岙侨联合作编写的《丽岙华侨百年史》，我们采访完之后，会把您的个人情况编写成1 500字左右的文字，把您当时出国的一些奋斗和创业史进行一个简单的概述。我们现在采访和收集到的有20位男士，今天下午已经采访了一位女士。您现在是第二位接受采访的女士。非常感谢您，同时我们也希望能把这个事情做好。

CSC：好的。

采访者：那好的，我们开始吧。您先介绍一下您和您的家庭的基本情况吧？

CSC：我自己这边共5个兄弟姐妹。两个姐姐，二姐过继给叔叔家，一个哥哥，一个弟弟。我老公这边是三兄弟和一个姐妹。我家里目前妈妈还健在，今年有 89 岁了。我老公的爸爸还健在，他现在也有 94 岁了。去年 11 月他被电动车撞倒了，现在有点老年痴呆，生活不能自理了。我家里这边的大姐和姐夫、哥哥和嫂子，他们两对夫妻，还有我妈妈在国内，其他的下一辈的，基本上都在国外。我老公这边是有两个哥哥和嫂子在国内，有一个姐姐一家在国外。我家自己有一个儿子和一个女儿，我现在是跟我女儿一起在西西里巴勒莫生活，我老公和儿子是在另一个地方打工。

采访者：也是在意大利吗？

CSC：是的，在意大利，他在北部，我在南方，相当于也是两地分居。

采访者：您孩子年纪多大？

CSC：我女儿是 1990 年出生的，我儿子是 1991 年出生的。

采访者：那就都是 30 岁左右了。当时他们的教育情况怎么样？

CSC：我两个孩子都是国内高中还没有毕业。我老公 2000 年的时候到了欧洲，我和两个孩子在家里生活。后来 2007 年的时候，我老公的团聚的手续批准下来了，我就把高中还没有毕业的两个孩子带出来了。

采访者：带出去之后他们没有继续在意大利上学吗？

CSC：带出来的时候，我女儿已经 18 岁了，我儿子满了 17 周岁。我女儿刚开始在一个中国人办的意大利语学校读了两个月，她自己觉得读起来很困难，就没有继续读了，后来就去打了一段时间的工。我儿子当时也让他去语言学校读过，但是他年纪大了，意大利语的基础也没有，他觉得也是浪费时间。后来 18 岁后，他就出去打工了。儿子刚开始出去打工时，我叫他去餐馆厨房里学技术，掌管内部，将来成家，老婆在外面当跑堂，接待客人，再加上我们夫妻，可以开一家小型餐厅。但儿子不同意，他说自己要去当跑堂，边工作边学语言。最终，拗不过他。

采访者：他们现在意大利语水平怎么样？

CSC：现在意大利语还可以的，我女儿基本上的交流还可以。儿子刚开始出去打工时，他就说要立志做当地人的生意，跟老外接触会多一点。所以他语言方面打下基础，现在口头表达能力还可以的，可能写或者读方面差一点，两姐弟都是一样。

采访者：他们现在都是中国国籍吗？

CSC：对，我们都拿的是中国国籍，意大利的居留。我们反正也是临时的居留，居留都是两年一换的。

采访者：那他们现在工作的情况怎样？

CSC：反正这几年的欧洲的经济状况都不好。我儿子已经结婚了，现在也有两个孩子了，前几年一直是打工的。去年他跟别人合伙做了一家外卖店，是在旅游景点，今年受疫情影响情况很差。我女儿今年情况也不好，疫情这样子，这些零售店都会受到影响，是吧？

采访者：那今年肯定受影响了。

CSC：意大利的经济本来就不好了，今年就更不用说了。

采访者：那没有想到回国吗？

CSC：现在已经出来了，还能做得动，就再做几年。家里还有老人，如果能早点回去的话，就会回去了。我老公在服装厂做烫斗的，现在年龄大了，烫斗也很重，他说自己干不动了，一直说要回去。我想等我们经济状况再好一点再回去，回去的话岁数也不年轻了，趁现在还可以做得动，就慢慢干，能做一天算一天，能赚多少算多少，真的觉得累的时候，就休息一下。他去年一直说要回去，家里还有两个老人，我觉得自己的生活条件还不允许自己回去安心养老，所以我就想在外面再做几年。

采访者：所以说您现在保留中国国籍的主要原因还是想几年之后回来。

CSC：是的。

采访者：当初您提到了您老公 2000 年出国，2007 年的时候把您接出去，当时出国的动机是什么呢？

CSC：当时在中国，也是感觉到自己生活很困难。我们丽畲大部分人都认为出国是唯一的出路。那个时候，如果你去借钱办工厂的话，钱都借不到的，但是如果你是去借一笔钱出国，那还可以借得到的。所以我老公就是给自己找一个生活出路。

采访者：您是后来申请家庭团聚才去的意大利，那当初您老公出去的时候，是通过什么方式呢？

CSC：那时候是通过包送的，花了十几万元，都是找别人借的钱。

采访者：当时他出国的时候路径是怎么样，您还记得吗？

CSC：这个我不太清楚的。我是申请团聚的形式，所以出来还是比较顺利的。

采访者：你们母子三个出去的话，可能花的钱不是很多。

CSC：那个时候是找别人办的申请手续，应该有 1 万多欧元。当时 1 个欧元兑换 10 来块人民币的，1 万多欧元算起来，也要十几万元的。

采访者：跟要送的相比可能还是划算的。

CSC：对，只能这样算了，反正我们也没有打听这个。我老公出去的时候，要十几万元。我们母子花了十几万，出去的路比较平坦一点。

采访者：听说您现在在办一个语言学校。当初您 2007 年出国，是如何想到去创办语言学校，这个过程是怎样子的呢?

CSC：当时出来因为我那个时候已经有 40 多岁了，我是 1963 年出生的，算了一下 44 岁了，是吧? 我当时来到欧洲，毕竟我是在中国也是当老师的，所以第一个要找的工作就是到学校里面去看看，能不能找一个当老师的工作，毕竟这个工作熟悉一点。可是出来以后到了罗马和普拉托这些中国人比较多的地方去看一下，到学校里面了解了一下，人家看到我的岁数这么大，一个学校回复说要年轻一点的，另外一个学校说现在不缺人，所以也找不到合适的当老师的工作了。我们家庭还有负债，当时我老公又在外面打工，所以我也只能找个地方打工了。现在想起那几年来都觉得艰辛。

采访者：那肯定是吃了不少苦的。

CSC：对。那个时候虽然我们是团聚了，其实我们四口，只有一个晚上是住在一个屋檐下，第二天就把两个孩子直接送到别的地方去了。外面的生活就是这样，也很艰苦的。

采访者：那后来是怎么开始创办语言学校?

CSC：语言学校创办是很偶然的。我在外面的学校里面找不到工作，然后也就放弃了，没有找了，后来就到德国的亲戚家待了一年多，帮我侄儿带小孩。刚开始在意大利也是零零散散地做一些小工，也赚不了钱。后来德国的亲戚把我带到那边去，但是我意大利的居留两年要换的，每次意大利要换居留了，有时候从德国回来办意大利居留都不顺利，要么居留过期了，要么移民局换局长要等新的信息发布，反正就是回意大利办居留都很困难。所以我经常买的意大利和德国的来回飞机票作废。有的时候只能坐火车或者坐汽车回去。反正就是各种办法来回跑吧。

采访者：这样来回了一年多，是吧？

CSC：是的，一年多，直到 2009 年我女儿结婚。我当时从德国回来了，但是那一次也是因为居留问题回不去。我就在巴勒莫这里看了一下。巴勒莫这里有一个华人批发市场，以市场为中心，方圆 100 公里内大约有三四千华人在这里生活，没有一个中文学校。孩子们下午一两点放学，有的跟着父母上班，有的在家里看看电视、玩玩游戏；还有的大一点的孩子带着小一点的孩子在家里等父母下班回家。了解到这些情况后，我就立志要在这个边远小岛扎根。不为别的，只为能让孩子初步了解中华文化的博大精深，也为了能继续圆我"老师"梦 。后来经过几个月的筹备，2010 年 3 月我开始招生上课。第一次招生的时候，报名的只有 8 人。最小的 5 岁，最大的 15 岁，当时孩子被分成两个班。开学不到一星期，就有两个孩子不读了。那时候，我真的怀疑自己的教学能力。为什么孩子来了留不住呢？怎样才能让学生进得来、留得住呢？对，我后来想到了，一定是教学方法和教学质量！后来功夫不负有心人，经过不断努力，我采用多媒体教学，从家庭式教学到小型学校；从一位老师两个班级到四位老师六个班级；从单教中文，到偶尔把国内数学的思考方法教给孩子们，以及后来的意大利语补习。渐渐地，我在巴勒莫战胜竞争对手，站稳脚跟。这样既满足了家长孩子的需求，又体现了自己的人生价值。

采访者：您现在办学的规模大概有多大？

CSC：不大，西西里岛虽然是意大利最大的一个岛屿，但巴勒莫仅仅是这个岛上很小的一块。意大利的地形使得这里的人住得很散，人也不是很集中。虽然说巴勒莫是一个市，有的小孩子来我这里读书，开车送过来都要半个小时，加上路上的堵车，有些家长根本就没时间接送小孩子。所以如果有招生的话，一个班级招过来也就十来个学生，一般都是附近的学生，走过来方便的。那些远一点的学生，如果需要用开车每天接送的，他们家长也坚持不了，没那么多空闲送，这样子每一次的招生也都是每个班十来个学生。学生不是很多。虽然这里的店铺都是中国人开的，但这里毕竟是一个岛，只有一个二手的小批发市场，能每天都上课的孩子不多。但我喜欢这份工作，在这里有一个遮风避雨的地方，家人在外面打工也安心点。我老公说"赚多赚少没关系"，这样有"家"的感觉了。就这样，我在这里稳定下来了

采访者：一个班十来个学生，好几个班的话，学校总人数应该还可以的。

CSC：我们是小班制上课，几乎每年都招生。一年级和二年级分成两个时间段学习，如一年级下午3：00—5：00上课，二年级5：10—7：10上课。一位老师带两个班。前年，因有5个班，需要3位老师，去年6月份有一个班4个学生毕业了，剩4个班，觉得这两位老师都很负责任，也不计较报酬，就留下了。目前4个班，40多个学生，3位老师。暑假时，我会开办全托班，进行两个月的中文学习，尽量做到学完一册内容。刚到这里时，一个班学生年龄相差很大，一样的内容，接受能力不一样，给教学带来很大困难。现在的新生年纪差不多，也好教了。低段班，每班有十来个学生，多的时候招到15个。最多的时候，我一个人带两个班，总共26个学生，那是最多的。我们教的中文到三年级的时候，基本上常用字他们也掌握得差不多了。基本上中文的书，他们能够看下来，也看得懂了，就是表达能力还差一点。如果不巩固，再加上语言环境的影响，学习效果也不是很好。所以，我决心把他们带到小学毕业。但是由于他们到了初中，甚至有些读高中以后，他们就没空了，再说下午我们这里上课的时间段跟他们初高中课程冲突，他们也就不读了。所以，到了高级段，就寥寥无几，不得不把他们合并成一个班。我在这里待了10年多了，其实带了六年毕业的只有两个班，而且这两个班坚持下来到毕业的总共只有8个人。

采访者：您说的坚持到毕业是按照五年还是六年算？

CSC：六年制的。我按照中国的中文教材来，跟中国完全一样的教材。我真的很想让这里的孩子能够读完小学，但是毕竟我们中国人在国外，家长也是很辛苦的，有些孩子也是很苦的。我们最近在上网课，在上课的时候，发现有一个小孩子上课不专心，后来我就问他家长。他妈妈告诉我，孩子父母的店里很忙，孩子今年还只有8岁，还带着一个弟弟，两兄弟在家里。

采访者：那里的孩子也不容易啊。

CSC：是的，孩子也很辛苦的，有条件的家庭，会给孩子报各种各样兴趣班。有一次一个男孩子，在我这里读四年级，他后来也没读了。他说他很忙，自己要考高中了，回家爸爸妈妈还要等着他做家务。所以我心里是想着让这些孩子能够六年坚持下来，可是一直有很多困难。我们现在高年级，四年级，也就10来个小孩子。

采访者：那么如果比较勤奋一点的，或者说资质比较高的学生，他四年级就能够达到五六年级的水平，有没有可能？

CSC：我这里有一位高年级的老师，她带孩子也很用心的，她教的孩子作文都写得挺好的，表达能力也挺不错的。我在这里带了十年的学生，家长对我学校的教学还是比较认可的。我刚开始的时候只有五六个小孩子，现在还是有一定的规模的。我这里来学中文的学生，基本上都还是很认真的学的。

采访者：您方便待会把有的学生写的中文作文发给我，当作范例吗？

CSC：等一下我手机里找找看，应该会有一些的，我等一下发给你吧。

采访者：您这里学习中文，收费情况怎么样。

CSC：今年也是比较特殊的。我女儿的班现在网络上课，一个班有 20 来个学生，我这里也是网上上课，今年大家都是第一次。网络上课都才刚开始，效果怎么样，大家也都是值得怀疑的，所以现在这里的收费也很低，我现在一星期上六个小时，你知道我收费是多少吗？

采访者：这个数字我没有概念，国内网上的儿童辅导机构，我听说的半小时大概是 20 欧元左右吧。

CSC：我现在网上上课收费是 80 块钱一个月，一个星期只有 20 块钱。一个星期六节课，每节课只有三块钱了，一个学生就三块钱。我原来上课收费也不高，一个月收费是 130 欧元，星期一到星期五每天两个小时，星期六还有三个小时，加起来每个星期 13 个小时。我刚开始想让我女儿跟我一起教的，我女儿说这么一点点工资她才不做，她嫌我的收费太低了，工资除了开支正常的开销以外，也真的没有剩下多少。直到今年 6 月，我开始上网课，她帮我把整个网络搞起来，她也慢慢过来帮我一点忙了。当时我们在家里待了五六个月都没有上课，我刚开始网络上课，上完课以后我自己眼睛也不行，作业字太小，看不清楚，作业很难改。她看我那么辛苦那么累，也过来帮一下我。

采访者：您招生的都是华侨华人子弟吗？

CSC：是的，基本上都是本地的华侨华人的孩子。我在这里待了这么多年，因为我自己的语言不行，意大利语我不会说的，所以有老外过来，他也听不懂，所以学生也没有收。

采访者：您女儿会一点意大利语，她接下来如果能够接手学校的话，可能会有一些更多的当地人参与到学校的学习当中，有没有可能？

CSC：有可能。前几年也有一些老外过来问，主要也是没有把这一方面的广告打出去，现在我就是想把网课开起来，让更多的那些远一些的中国孩子能够学一点知识。

采访者：接下来您的学校应该还会有更好的潜在的发展机会。

CSC：是的，现在最大的问题就是网络。网课可能还需要一定的技术，是吧？技术这块，我女儿还行，她现在已经上了两个月，这段时间看看她做得挺好的。

采访者：那就好，看来您后继有人了。

CSC：如果她真正接手过去，我也可以安心了。今年大家都是在上网课，你能不能在网络上站得住脚，就是看你付出多少，你自己用心一点，把自己的课备好，上课的时候有趣味一点，让孩子们能够学一点回去，让更多的人能够学到一点中文，这也是好事，我们钱赚得多一点少一点也无所谓。

采访者：总体参考国内的收费标准看，确实是很低的。

CSC：我这几天也正在考虑能不能把收费稍微调高一点。特别是今年的一年级的从拼音开始教的这批新生，在网络上他们读的发音不准，我们根本不知道，我们只能用课外的时间一个个去听。

采访者：是的，付出跟回报要成一定的正比。可能也会比较难，因为受疫情的影响，很多家长收入也受到影响。

CSC：现在我们还不知道怎么办，所以走一步算一步也行。

采访者：我再问一下关于本次疫情，您昨天已经给我发了一个新闻报道，是关于西西里巴勒莫华侨华人联谊会的捐助情况。当时组织的情况是什么样子，大家是怎么来进行捐款的，您还记得吗？

CSC：我们西西里巴勒莫华侨华人联谊会成立已经好几年了，这一次的捐资发起的时候，我正好在国内，我看他们微信群里面发了捐资的通知以后，然后我就叫国外的女婿帮我捐的，反正我也没有捐多少钱，献些爱心，尽自己的力量。

采访者：除了您对中国的捐助之外，请问您对意大利有没有捐助呢？

CSC：有的，在意大利，我们是通过华人教会，当时有人组织捐了一些钱。教会当时是以奉献的方式，也没有谁记下来具体捐了多少。我们教会在国内疫情发生的时候，也给中国捐过了一笔。后来我们教会里面还买了好几次的口罩，送给那些老外。

采访者：当时也有一些新闻说，很多海外华侨华人，在疫情期间，他们本身有自己感染了病毒之后，他通过吃药或者说用其他方式那么躲过了机场检查之后，悄悄地回国来进行治疗。您对这个事情是怎么来看的？

CSC：拿我们海外的华人来说，其实我真的很同情他们，也很尊重他们的想法。他们回国也好，留在这里也好，不处在那个环境当中，很难体会那种担心害怕这种感觉。第一，这些老外哪怕疫情很严重了，他们口罩也不戴，我们这里基本上做的都是老外的生意，然后他们过来跟你来一个拥抱，他们都是这样子的，在这里们真的很担心的。所以有人有条件的话，我也赞同他们回去，第二，你到医院里面去看病，你语言不通你怎么办？外国有医院，他们医疗技术也好，也是免费的，不需要你花钱，也会给你安排好。但是给你开什么药，怎么做检查，你需要会他们的语言。所以在国外这里也有医院，我们中国人还有很多人都愿意回国看病，为什么？主要就是语言不通，特别是年纪大的这一批。他们虽然跟老外打交道，日常用语都会说，但涉及一些专业词汇的时候，就说不来了。那么你到医院去看病，你需要跟医生交流，你哪里不舒服，你怎么描述呢？不可能把自己的那种不舒服的那种感受跟医生说清楚。所以我们平时在这里如果真的觉得身体很难受，熬不过去了，也是带着年轻的自己的子女帮我们去做翻译，可是疫情期间你的子女也不敢跟你接近，去了医院也不让进。所以说，如果不回去，就只能等死了。有人已经感染了，还要回去，他们是担心自己的病治不好。再说我们中国疫情已经控制了，我们回中国也很放心，对吧？所以说，有人回中国治疗，我赞同。我们在国外有很多的实际问题，在国内的人根本没有经历过，不知道在国外的这种生活状况，要面对的许许多多的困难，根本不知道。

采访者：每一个海外华人都不容易，这个我能体会。

CSC：对。所以我尊重他们的选择。他们愿意回去治疗，我觉得他们肯定有他们的原因。但是我觉得如果是没有感染的，还是建议不要走动，就待在这里。我们虽然接触的都是老外，我们把自己关在家里总没问题吧？我们管好自己，也是可以做到，我大不了就是关门，避免和老外接触。我今年 1 月的时候，回去的时候正好是武汉封城，因为我前面提到我公公被电动车撞倒的事情。事情办好了之后我就回到意大利了。那个时候意大利还没有病例的时候，我们学校就已经关门停止上课了。我是 1 月份开始放假，后来 6 月份才刚刚开始网上授课。虽然我平时也用多媒体上课的，可是网络上课的一些操作，我也不知道怎么弄，就做不起来。这里 5 月份，其实他们都开门做生意了，我是 6 月份才转到网络上课。

采访者：所以今年1月到6月，学校就没有开，是吧？

CSC：是的，一直没有开。

采访者：您刚才正好有提到，您过年的时候回国主要是因为您公公身体不太好。您在国外的话，对于赡养父母这一块是怎么做的？

CSC：我公公没有出这次车祸之前，他身体一直很健壮的。他都是一个人自己烧饭，一个人吃的，虽然还有两个哥哥在家里，但是老人说自己喜欢自己做饭，方便一点，想吃什么就吃什么。去年11月份，他出了车祸之后就是不行了，需要人照顾了。像我公公他在医院里面躺了20来天，保姆一天是200多，然后医药费好几万元。他现在生活不能自理了，我老公这边有四姐妹，轮流负担，我们请人照顾一个月5 000多块。有的人在欧洲打工一个月也就1 000多欧元，中国一个月保姆的费用就差不多1 000欧元没有了。

采访者：所以目前还是有一定的困难，比方说物价过高，赡养父母开销过大，是吧？

CSC：赡养父母是我们的本分，主要还是开销太大。

采访者：我的采访内容基本上就这么多，您看看最后还有什么需要补充的？

CSC：我办学就是想让更多的孩子能够学一点中文知识，了解中国的文化。所以我们这里收费也是很低的，主要让更多的下一代，比方侨二代、侨三代等，更多的跟中国的“根文化”建立联系。我也是希望孩子每一次过来学习都能满载而归。

采访者：是的。非常感谢您今天抽出宝贵的时间接受我的采访，我们继续保持联系。

二十、采访对象：AFD

采访时间： 2020年7月22日

采访手段： 微信(线上)采访

采 访 者： 徐辉

采访者：请您做一下自我介绍(学历、工作、家庭子女等)。

AFD：我是 AFD，1960 年 9 月生于瓯海区丽岙街道河头村，持中国国籍；1985 年 7 月毕业于瑞安师范学校，出国之前一直在丽岙镇中学工作，1983 年荣获浙江省优秀教师称号；1988 年 12 月出国，现居荷兰王国，职业厨师。育有二男二女。

采访者：请介绍一下您当时的出国动机。

AFD：为了家庭团聚。

采访者：请谈谈您在荷兰的生活。

AFD：我具有基础荷兰语文化程度，已考取融入荷兰社会的文凭。语言学习主要是通过学校、电视、荷兰人、老华侨和自己子女的学习；学习荷兰语要多问多讲，不怕难为情。年龄将近六十岁，半作半息。

采访者：请您谈谈华侨华人社团的参与情况。

AFD：在荷兰的中国人居住很分散，我很少参与华侨社团活动。

采访者：能谈谈您孩子教育、婚姻及工作问题情况吗？

AFD：孩子们在荷兰都有受过高等教育，也都已工作。大儿子毕业于荷兰 Delft 理工大学建筑设计专业，硕士学位，现在香港工作，已婚。大女儿，鹿特丹大学经济系毕业，自主经营企业，已婚。二女儿鹿特丹大学经济系毕业，已工作，未婚。二儿子 Leeuwaren 职业大学旅馆和酒店管理系毕业，已工作，未婚。

采访者：请告知您在海外生活中遇到的棘手问题及应对方法？

AFD：身居异国他乡，地生人不熟，语言不通，困难重重。刚到荷兰就像一个聋哑人，借助肢体语言也难以表达自己的意思。在荷兰有一个社会工作者组织，他会免费帮助我们解决问题，一般我的亲戚朋友也会帮助我们。后来孩子们长大了，他们也会帮助我们，再加上自己也去荷兰成人教育学校学习了一些荷兰语，就这样慢慢地适应了生活。我的体会是：凡有困难，自己努力争取解决，多问多学多交流，一切问题都会迎刃而解。

采访者：请谈点您对家乡的情感与联系(包括父母的赡养问题等)。

AFD：月是故乡明，人是家乡亲。百善孝为先，我的父母亲也去过荷兰和法国，父亲几年前已去世。我们时常会和家人联系，我母亲的一切生活我们有足够的能力赡养她，母亲在国内还有我妹妹的照顾，所以我们在外很放心。

采访者：对国内目前的发展状况的看法及想法。

AFD：祖国母亲的强大，就是我们千百万海外华侨华人的骄傲。现在可以抬头看老外，挺胸做人，老外经常竖起大拇指夸我们伟大的祖国建设发展和大好河山。祖国的繁荣昌盛和强大力量是我们每个海外赤子的坚强后盾。

采访者：您最终是否回国养老？

AFD：荷兰的退休年龄是 67 岁，等退休后我会回国养老。树高千丈、落叶归根。

采访者：您是否已经加入荷兰国国籍？

AFD：我是中国国籍，我是中国人。

采访者：关于欧洲各国疫情，您如何看待？

AFD：国情不同，法律与法规也不同。中国人众志成城，临危不惧、勇往直前，一方有难，八方支援，从上到下一条心。西方国家做什么事都有反对派的态度和立场。疫情发生之前，国民戴口罩也要罚款，同时还会受到不公正的歧视。到如今也只有在公共交通工具上佩戴口罩，很多人还经常集会抗议戴口罩。欧洲人的自由散漫，在这次抗疫中表现得淋漓尽致。当今中国是全世界最安全的国家，也是最可靠的国家。现在的中国到处是“路不拾遗、夜不闭户”的景象，是现代版的“贞观之治”。

采访者：海外华人回国治疗疫情，您的看法和想法？

AFD：天下兴亡、匹夫有责。国家有难，我们责无旁贷不能袖手旁观。今年年初新冠病毒在我们国家蔓延，这牵动着每个海外华侨、华人和留学生的心，大家纷纷捐款捐物，把国外药店的抗疫药物买空，包机送抗疫物资捐赠给祖国。以前我们国家发生自然灾害也都有我们的支援帮助。后来国外也发生了新冠病毒，那时有许多华侨华人和留学生回国避疫情和治疗新冠病毒。各人有各人的想法和做法，依我的想法我不会回国给国家添麻烦。当然如果我们国家确是有能力，也可以力所能及地帮助侨胞们解决困难。“祖国建设你不在，千里投毒你最快”这是国内少数人对我们的偏见和伤害。孙中山先生讲过：“华侨为革命之母”，就是对这些人最好的回答。

采访者：除此之外，您还有其他要分享的吗？

AFD：我一定会把祖国培养我的一切知识和能力、回报给我们的国家和人民，积极参与侨务活动，努力实现自己的愿望，做一名优秀的“白忙官”。我向政府提建议：第一，为华侨华人写好《丽岙百年侨史》的同时，要为华侨提供更好的服务和保障，要为华侨的未来发展和生活创造更好的条件。第二，我们华侨刚刚办好的户籍和身份证，据说今年的人口普查就要取消。建议政府不要取消华侨的户籍和身份证。华侨是中国人，并没有加入外国国籍。国家的政策和法规要有连续性。第三，建议政府，华侨可以凭《中华人民共和国护照》在国内办理一切手续，如：养老保险。护照的地位和效力要等同于身份证，不能只是在出国过海关时那几秒钟有用。第四，建议为已入外国国籍的华人，建立“华人身份证”制度，虽然国家现在对他们实行多种形式的入境签证，但还有提高空间，可以尝试为他们提供更多的便利。

采访者：感谢您的分享。

二十一、受访者：DAY

采访时间： 2020 年 7 月 27 日

采访方式： 微信(线上)采访

采 访 者： 徐辉

采访者：DAY 会长您好，能听到吗？

DAY：可以的。

采访者：谢谢您在百忙之中接受我们的采访。

DAY：没事，应该的。

采访者：因为时间关系，我们就直接开始吧。就按照我前几天发给您的采访提纲的顺序吧！请您先做一下自我介绍。

DAY：好的。我是 DAY，1962 年温州塘下出生，有三个小孩，两个女儿(三十多岁)在中国出生，十几岁时带到法国。大女儿，大学毕业，法国籍；二女儿，高中毕业，中国籍。儿子，大学毕业(27 岁)，在法国出生，法国籍，在复旦大学学习中文 2 年。三个孩子都已经结婚。1989 年 6 月我来到法国。目前，家里人都在法国。到法国后，我是白手起家。先是做衣服，之后自己开办工厂，还去了葡萄牙做贸易。1993 年下半年回国和哥哥一起创办了一家公司一直到现在。刚开始时公司总部设在瑞安，之后由于扩建，2011 年的时候，总部由瑞安转到丽水。我们主要从事印刷和包装之类的业务，在国内来说，规模还是比较大，效益也还不错。当时，我爱人的哥哥在荷兰。

采访者：为什么大女儿加入了法国籍而二女儿没有加入法国籍？

DAY：大女儿加入法国籍是没有办法，她打算去美国读书，因为加入法国籍去美国读书手续等方面比较方便。不过现在都有一些后悔了，特别是经历过本次疫情后，认为还是我们中国好。

采访者：那么，他们目前主要从事什么职业？

DAY：儿子和儿媳在经营"Tabac"（卖香烟、咖啡等的店）。儿子很少回来。我让他回国当老板，他不愿意。大女儿一家在中国，因为国内我有企业，在我的企业工作过，现在在家里带孩子。二女儿做旅游，但是目前没有生意，刚刚回国了。我爱人也回国了，因为疫情。

采访者：出国前您从事什么职业？

DAY：出国前，我已经在创办工厂了。但当时工厂发展不是很顺利，就想着去国外发展。说实话，当时也不知道去了法国会不会发展得更好，只是想去看看。因此，1989 年 6 月就以劳工的身份前往法国。我记得很清楚，当时就是从温州到香港，再从香港到巴黎，很顺利的。

采访者：您的目的地就是法国，是吗？

DAY：是的。但是，当时办理前往法国很难办，就先办理去荷兰，途经法国。但是到了法国我们就留下来了。

采访者：也就是说，办理的手续是去荷兰的，但到了法国就停下了，最终没有去荷兰。

DAY：是的。到了法国后，下了飞机我感觉我这辈子完蛋了。在国内的时候，我家的条件还是可以的，我老爸是企业的领导，我自己也算是个小老板。到了法国，语言不通、没有好的朋友、人生地不熟，最重要的是没有正式居留身份。当时虽然我爱人的哥哥在法国，但是，与国内的人际关系比起来在法国的人际关系很冷漠，可以说没有友情、没有亲情，人与人之间只有金钱关系。因为不了解情况，稀里糊涂就来到了法国，当时很后悔。看看身边的中国人，大家基本上都一样，很无奈。但是，既来之则安之，因为什么事情都不做再回去，不是很丢人吗？

采访者：您如何看待海外华侨华人？

DAY：我们中国人都能吃苦，很勤奋。老外不做的，我们都做。

采访者：能谈谈您到法国后的工作情况吗？

DAY：先是做黑工，因为没有正式居留身份，主要做衣服，每天时间很长，很辛苦，就这样做了一年多，后来自己开工厂。

采访者：您没有正式居留身份，可以自己开工厂吗？

DAY：因为法国可以申请临时身份。临时身份拿到后可以的。当时和现在还不一样，相对来说比较宽松。现在国内发展得比较好，年轻人都不来了。

采访者：您自己开工厂是从哪一年到哪一年？

DAY：1991 年开始到 1993 年。之后在葡萄牙待了几个月。

采访者：之后呢？

DAY：1993 年下半年我就回国了。

采访者：为什么回国？

DAY：我哥哥打电话给我，让我回国帮他。出国前我自己开工厂，我也做销售。我哥哥了解我的工作能力，说国内形势挺好的，你先回国看看，之后再决定。当时，他主要做印刷包装机械。后来，我就回去了。之后就决定和他合作。谁知，合作后就出不来了，因为太忙了。当时，就想也没有必要回法国了。

采访者：之后，您还是回法国了，是吗？

DAY：是的。国内公司稳定之后，我就回来了。因为毕竟我家人都在法国，儿子也在法国出生。之后，在法国买了店铺。现在是两头跑。

采访者：返回法国大概是什么是时候？

DAY：2000 年。在 2000 年之前，我也是有回法国的，有时候是 1 年一趟，有时候两年几趟，2000 年之后，因为在法国买了店铺，经常穿梭在中国和法国之间。国内还要管理销售，两头跑。

采访者：您的店在巴黎的哪个区？

DAY：19 区。

采访者：您的店铺主要从事什么生意？

DAY：主要做酒店。这个酒店是和朋友一起合作经营。

采访者：大概什么时间开始合伙经营的？

DAY：一家是 2009 年开始的。

采访者：有好几家店吗？

DAY：是的。

采访者：也就是说，您在国内外都有做。

DAY：是的。不过，现在国内我侄子主要在负责，就不用我操心了。法国酒店我也是偶尔去看看，吃吃饭，给他们经营。所以说，我现在是专职做会长，专心做会里的事情。

采访者：您是什么时间开始华侨工商联合会工作的？

DAY：我是 2000 年加入工商联合会的。

采访者：加入工商联合会的动机是什么？

DAY：因为我们是做生意的，工商联合会也很适合我们。目前巴黎有一百多个协会，但是平时真正有活动的也就二十多个协会。而且，这二十几个协会的会员基本上都是我们温州人。因为在法国的华侨主要是温州人和青田人。

采访者：能谈谈您在工商联合会的工作情况吗？

DAY：我是 2017—2019 年担任工商联合会的会长。事情很多，比如办理身份证。因为在法国的很多人来自温州农村，农村里的身份这个登记当时很不完善，再加上温州话和普通话差异很大，很多父母在报孩子的名字、出生年月的时候会出现一些错误，从而导致了现在的身份证和以前的身份证不一致。现在国内发展好了，很多人就前来办理新的身份证。在我担任会长期间，我把办理身份证的事情作为我们会的一项重点工作做。我还给省、市相关领导等写了关于办理身份证有出入的事。因为身份证和护照不一致的话，办理相关事情很麻烦，时常还会不给办理。2012 年才开始可以办理了，总算有了名目了。除此之外，还帮助华侨办理一些公证、委托书。现在更好了，温州成立了“全球通”业务，通过网络视频来解决存在的问题，比如民事纠纷、老房子拆迁等。我认为，既然做了会长，一定要为海外华侨做一些事情。据我了解，目前法国有 70 万多万的华侨华人。但是我们和犹太人比起来，在参政议政方面还是不够的，可以说是很少很少。在欧洲，华侨华人要站住脚跟，要发出自己的声音，就必须融入当代社会，参政议政。很多华侨华人在法国赚很多钱，但是没有参政议政的意识。近几年还比较好了一些，部分年轻人出来选区长，这是很大的进步。因此，近期我也把在法国留学的中国留学生召集起来开了一个座谈会，目的一是了解在疫情期间他们的需求；二是了解他们毕业后的去向；三是鼓励他们参政议政，因为他们有语言和专业优势。但是，经过座谈，我非常吃惊，因为大部分留学生不知道法国有这么多的华人社团。在他们眼里，我们这些会长每天就是吃吃喝喝。在法国华人要参政议政，没有华人社团的支持，我认为很难当选。

采访者：是的。

DAY：所以说，他们根本不了解华人社团存在的真正意义。在会上，我们把华人社团的目的，责任等一一向他们做了解释，他们才真正了解了我们华人社团的作用。同时也强调，如果大家有参政议政的意识，请和我们联系，我们会全力支持。留学生了解中国文化，又有语言和专业优势，如果当选肯定会为我们华侨华人服务。我现在虽然不再担任会长，但是希望在法国的赚了钱的中国人能够意识到华人参政议政的重要性，同时也期望他们能够投入更多的时间和精力在这上面。因为，华侨华人在欧洲钱赚得再多，不参政议政，始终没有话语权和地位。我们在法国生活了 30 年了，很了解。很多会长都没有参政议政的意识，包括我儿子在内。因此，在法国，乃至整个欧洲，华人参政议政已经是迫不及待的事情。我建议大使馆设立参政议政基金会，在经济上支持有意向参政议政的人。现在马克龙办公室副主任就是我们温州人，他老爸是做皮包的。

采访者：您在法国生活了 30 多年，对法国和法国人有何看法？

DAY：感觉法国治安不是很好。除了法国，欧洲各个国家比如意大利、西班牙等治安都比较差，相对以上国家德国会比较好一些。我个人认为，有难民的地方，社会治安好不起来的。我刚来的时候，好的包包还可以背背，好的手表还可以戴戴。现在都不敢了，会被别人抢。如果在法国或欧洲其他国家，如果赚不到钱，待在这里一点意义都没有。还不如回国发展，现在我们中国发展多好呀。

采访者：能谈谈在本次疫情期间，贵会对祖国的捐赠情况吗？

DAY：首先我要说的是，法国华侨华人商会或协会的会长以及会员们都很爱国，特别是在国家遇到灾难的时候。我们协会大概捐了 9 万多欧元。我们根本没有想到本次疫情会如此严重。我是中国大年三十到法国的，因为大年初二我们有一个侨胞游行活动。2 月 24 日出来的。2 月 25 日到巴黎，2 月 26 日打算游行。当时国内疫情已经爆发了。这个时候恰好有来自武汉的 12 名中国人来法国旅游，老外看到我们中国人就躲得远远的。所有的社团活动全部取消。之后，各个社团就开始到处买口罩。短短的几天，几乎欧洲所有的口罩都被我们华侨给买了寄回国内。等到法国、意大利等国疫情来临的时候，他们国内都没有口罩了。从而出现了总统说不用戴口罩的言论，其实就是没有口罩。2月24日我带了2.7万个口罩回国。2月26日的时候，巴黎出现三例。我回国的时候，听说法国已经没有病例了。谁知后来大爆发，很吃惊。之后我女儿打电话给我，说我买了那么多口罩，家里怎么没有一个。真的不知道法国的疫情会那么严重。之后就出现了想回国回不去的现象，很多海外华侨心里还是不舒服的。我认为，这个时期，不管是华侨还是华人，他们都想回国，但是回不来，他们心里很憋屈的。因为我们也是中华儿女，我们也是中国人，有家不能回，或者说有家不让回，心里当然不好受了。我们也可以理解政府建议大家不回国的理由，很多人还是不理解的。很多华侨说，新中国成立初期，华侨为了国内建设贡献了很多，现在国内发展好了，不需要我们了，就不管我们了，这也说不过去呀。他们还说，越南这么小一个国家，政府还派飞机把他们接回国了。但是话又说回来，后来国家先后派了支援队前往欧洲各国，还带了很多中药，发给每家每户。这也给我们海外华侨华人吃一颗定心丸。说明我们祖国没有忘记我们，还是惦记着我们的。因此，很多华侨之前的那些负面情绪也慢慢地减少了。也有人说我这个会长在最关键的时候离开了法国，不称职。但是，我真的不知道之后法国会那么严重。其实，回国后我自己掏腰包在丽水买了很多中药寄到法国，通过我们协会送给了我们社区的每家每户。所以说，当会长也不是很容易的，经常被人误解，但是，我始终相信身正不怕影子斜。

采访者：当时法国华侨华人有多少人感染？

DAY：大使馆说是40多人，其实不止的，因为很多人感染了也不上报，我们知道的。我们在购买口罩等医疗物资的时候，领事馆也就打打电话，通过视频慰问一下，也没有人走出来和我们一起帮助侨胞，没有的。领事馆本来就是要负责侨胞的事情，为侨胞服务的。我们有时感到很寒心。不过，浙江省侨联、温州市侨联在本次疫情中做了很多事情，也很关心我们海外侨胞。

采访者：您对国内经济高速发展有何看法？

DAY：国家的经济高速发展对我们海外华侨华人来说有很大的帮助。在国外，老外是根据一个国家发展程度来决定对你的态度。国家强大了，他们对你的态度就会好，不然就不好，很明显的，这一点我们很有感触。另外一点，海外华侨中有很多有打算回国投资的，但是真正回国投资的人不多。因为十几年前，你手上有一两百万元就可以在国内投资。现在，没有上亿元的资金不敢回国投资的。所以说，祖国的强大，是我们海外华侨华人的后盾，我们也可以挺直腰板做人，当然自己也要努力发展起来。

采访者：好的，谢谢您的分享。以后回国，欢迎来我们温州大学交流。

DAY：可以可以，XSH 不是温州大学吗？我们认识的。

采访者：他现在是我们温州大学的党委书记。

DAY：哦！一定。

采访者：再次感谢您花费宝贵时间并给我以支持。

二十二、受访者：JGY

采访时间： 2021 年 1 月 30 日

采访地点： 丽岙街道下章村

采 访 者： 徐辉

采访者：今天非常感谢您抽出时间接受我的采访，也感谢您对《丽岙华侨百年史》编撰工作的支持。

JGY：应该的。十分抱歉，早上有一些事，耽搁了一会。

采访者：没事。也感谢您介绍 CJS(杨宅村村委书记)、LCQ 先生(法国侨领)和 CJQ 先生(法国侨领)给我认识。

受访者：他们都是我的好兄弟。

采访者：由于时间关系，我们就开始吧！

受访者：好的。

采访者：请您简单地介绍一下您自己和您家人的情况。

JGY：我是 1963 年 5 月在杨宅村出生的，初中毕业。1983 年结婚，我爱人也是丽岙人。我有两个儿子，目前他们都在法国。

采访者：您是哪一年出国的呢？

JGY：我是 1992 年出国的。

采访者：当时出国的动机是什么？

JGY：当时，国内比较贫穷，一个月的工资才两三百元。看到村里老一辈出国的人挣了钱，就打算出国了。

采访者：您当时是通过哪一种途径出国的呢？

JGY：请人帮忙的。就是花钱出国。

采访者：当时，大概花了多少钱？

JGY：大概 13 万元。

采访者：13 万元左右的钱，在当时是很大一笔钱呀！

JGY：是的。1990 年开始到 1995 年，我们丽岙形成了一股出国潮流。我当时就借了钱，出去了。

采访者：家里人很支持吧！

受访者：是的，因为听说当时在法国一个月的工资就有人民币两三千元，是国内的十倍左右。

采访者：您当时从温州到法国，大概用了多长时间？

JGY：半年左右吧！途经温州、北京、黑龙江、俄罗斯、德国之后到法国。因为在德国出了一点事，待了三个月。

采访者：花了很长时间呀！您爱人是什么时间出国的？

JGY：她是 1993 年出国的。

采访者：两个儿子呢？

JGY：他俩都是在 10 岁左右被我们带出去的。

采访者：能简单介绍一下他们吗？比如年龄、学历和婚姻状况等。

JGY：大儿子，1985 年出生，大学毕业，持中国国籍，已婚，现在有四个孩子（三个女儿一个儿子）。二儿子，1987 年出生，高中毕业，持法国国籍，有三个孩子（一个女儿两个儿子）。兄弟俩人的爱人都是我们丽岙人，而且各自都经营一家进出口公司，其中，二儿子还经营了一家卖香烟、咖啡的店。目前，二儿子的情况比大儿子好一些。

采访者：那您孙子的中文好吗？

JGY：他们的中文一般，因为他们在法国出生，不过每周有两次中文课。

采访者：在家里你们用什么语言交流？

JGY：我们老一辈当然用温州话，孙子们法语讲得比较多。

采访者：那他们有没有参加国内举办的“寻根”暑期夏令营活动。

JGY：有的，不过去年(2020 年)由于疫情影响，没有参加。

采访者：您到法国后的生活和工作情况能简单地介绍一下吗?

JGY：刚到法国由于没有正式居留身份，生活过得很苦，直到 1997 年拿到合法居留身份才慢慢地好起来。当时给别人打工，每天都要干十几个小时的工作，真的是苦不堪言。取得正式居留身份后，自己开店一直到现在。目前都是孩子们在经营，我就退居二线。

采访者：我也采访了一些和您经历比较相似的侨领，深深感受到你们当时的不易。

JGY：当时大家都差不多的。当然也有部分生活条件比较好的，比如他们的家人事先在法国已经扎根，他们的生活就比较容易。

采访者：突然换一个话题，听说，您十分关心家乡杨宅村的建议。

JGY：其实也没做什么，而且我认为是应该的。毕竟是自己出生的地方。我十七八岁的时候，村里还只有一座小石桥，只能人走，推车、板车都过不去。一下大雨，河水漫过桥，人也没法走。小时候杨宅没人来，城里人管我们丽岙人叫“山边人”。1998 年，我回国听说村里修桥经费差 20 万元，大热天的，老人家都一大把年纪了，挨家挨户地敲门，1 000 块、2 000 块地募捐，要募到什么时候? 当时乡亲们的行动感动了我。之后我和家人商量后决定，建桥需要多少钱，给多少钱。桥修好了，我共捐资 38 万元。花这个钱，心里踏实。我们在外辛苦赚钱，终于到了能为家乡做点事的时候。

采访者：您在杨宅村外溪桥的扩建、村里公园的建设等方面也带头捐款，是吗?

JGY：是的。那是 2009 年的事情，当时在我的带动下共捐款 83.5 万元。2013 年的时候，村里开展“清洁家园，美丽丽岙”为主题的一日捐活动，我个人也捐款 5 万元。2014 年，“五水共治”的时候也捐款 5 万元。2016 年我积极配合现丽岙街道侨联主席 WUD 解决了华侨大厦被拆时留下的一系列遗留问题。同年 12 月被评为丽岙街道侨联第十届常务副主席。在我的发动下，近 4 年，海外华侨为我们家乡共捐资 548.8 万元。

采访者：在 2020 年疫情期间，听说您又捐了不少款和医疗物资，是吧!

JGY：也是应该的。我和我的其他三位合伙人共同捐资 50 万元给温州和丽岙街道。个人也捐款 2 万元，在国内急需口罩的情况下买了 6 000 只寄回国。

采访者：真心感谢你们各位侨领在国家需要你们的时候你们给予的帮助。

JGY：其实，我们海外华侨很爱国的。

采访者：您未来有何打算？有没有落叶归根的念头？

JGY：可能会回国吧！因为不知道什么时间法国那边会推出一些不利于我们华侨华人的政策，一旦有那么一天，我想，不仅仅是我，其他和我一样在法国的华侨也不得不回国吧！而且，目前国内发展挺好的，相信未来会更好 。

采访者：是的，目前国内发展形势比较好。

JGY：尤其是现在(疫情期间)，国外的疫情还是不稳定，而我们国内基本上已经得到了良好的控制，想想还是回来的好。不过真的要回来，必须把在国外的事情处理好，不然的话，很麻烦，是不是。

采访者：是的。也可以提交给孩子们去处理。您说您还有事情，我们改天再聊，可以吗？再次感谢您花费宝贵时间并给我以支持。

JGY：实在抱歉，我们下次再聊。

采访者：好的好的。

二十三、受访者：YNS

采访时间：2020 年 7 月 26 日

采访手段：电子书信

采 访 者：徐辉

采访者：您好，我是温州大学徐辉，请多多关照。

YNS：徐老师，您好。我是 YNS，1982 年出生在丽岙杨宅村。中专学历，在意大利遇到自己的老公，之后结婚，现育有一儿一女。1997 年香港回归那一年我去了意大利。我还有一个妹妹。父母已经回国，父亲半年前去世，目前妈妈和爷爷奶奶一起在国内居住。

采访者：您出国前，一直在丽岙生活，是吧。

YNS：是的。小学、中学都在丽岙。SUN 是我的班主任。

采访者：那您有读高中吗？

YNS：有的，高中毕业后就读了中专。但是中专没有读多长时间(大概一个学期左右)就去了意大利。

采访者：在您去意大利之前，您父母是否已经去了意大利？

YNS：是的。我父母是在我读小学的时候去了意大利(大概是 1974 年吧)。

采访者：当时您父母通过哪种途径出的？

YNS：当时都是找人帮忙出去的。

采访者：您当时是通过哪种途径去意大利的？

YNS：我是以家庭团聚的形式去的。

采访者：您到了意大利之后，有没有去学习意大利语？

YNS：有的，不过不久。因为当时我父母在意大利开了一个小商店，我在店里帮忙。以后自学意大利语，现在日常对话是没有问题的。

采访者：目前您是从事什么工作？

YNS：我在做国际贸易，主要做小商品贸易。都是从义乌小商品市场取货，每年要回去很多次。

采访者：生意如何？

YNS：还好吧。今年由于疫情，有一些影响。不过还好，现在基本上已经恢复正常了。

采访者：目前，意大利的疫情如何？

YNS：比前几个月好了很多。基本上得到了控制。

采访者：您大概什么时间开店做贸易的？

YNS：大女儿出生的那一年，2002 年吧。

采访者：您父母什么时间回国的？

YNS：我们结婚后他们就回去了。

采访者：您在意大利生活中，遇到的最痛苦或最困难的事情是什么？

YNS：刚到意大利的时候因为语言不通，没有朋友，那一段时间有一些迷茫也很难过，不过很快就适应了。现在很好，没有什么问题和困难。有困难身边也会有朋友、亲戚帮忙。因为在我生活的这个地方，我们有自己的一个华侨圈子。谁有困难大家都会帮忙。也交了一些意大利朋友。

采访者：也可以说，您现在已经融入意大利社会中了？

YNS：也不完全吧，因为我们毕竟是中国人。

采访者：您在意大利有购买自己的房子吗？

YNS：有的，买了房子。现在正在装修。

采访者：在创业过程中，除了语言外，还有没有遇到什么问题？

YNS：基本上没有遇到问题。在办理各种手续的时候，意大利人很热情，帮你这个帮你那个，都很顺利。

采访者：能简单谈谈本次疫情期间您和您家人的生活和意大利华侨华人的生活吗？

YNS：中国疫情十分严重的时候，意大利的疫情还不是很严重，意大利人没有特别地重视，但我们华侨华人都很重视。后来，疫情在意大利开始蔓延，很多人也因为疫情而去世，我认为造成这种现象的主要原因之一在意大利政府，因为意大利是多党制，大家的意见不统一，耽搁了防控疫情的好时机。另外，意大利，也可以说是整个欧洲国家人都很喜欢自由，喜欢浪漫，不喜欢被束缚，该聚会还是聚会，该外出还是外出等，这也是造成疫情爆发的一个重要因素。第三，我认为媒体报道也是影响意大利疫情严重的一个原因。因为当时媒体报道说，疫情是一种流感，没有什么关系，平日该如何现在也如何，因此，意大利人也就信以为真了。

采访者：意大利疫情期间，华侨华人有没有被歧视？

YNS：我认为每个国家都有歧视现象，意大利也不例外。特别是语言不通的华侨华人经常被当地人歧视。我自己没有遇到歧视现象，因为我一般都是在自己的店里，很少出去。我们的店在一个商城里边，这个商城的管理还是蛮好的。

采访者：意大利疫情爆发后，我们华侨华人也给当地医院等机构捐资捐物，是吧。

YNS：是的。我们华侨华人走出去，免费发放口罩。相关华商总会给相关医院捐了很多医疗物资。

采访者：意大利疫情严重的时候，中国派遣医疗队前往意大利支援，当时的情况您了解吗？

YNS：是的。那个时候，因为很多人因为疫情而死，而恰恰在这个时候中国伸出援手帮助意大利，意大利人们都很感激我们。我居住地方的意大利人都很感谢中国医疗队。同时，中国医疗队的到来也给我们意大利华侨华人吃了一颗定心丸。因为当时很多人都有回国的打算，人心惶惶。

采访者：您有没有加入相关华侨华人商会？

YNS：我没有加入，我丈夫有加入。但如果有什么需要我们都会义不容辞地捐资捐款。比如买口罩、防护镜和防护服我们也捐了很多。

采访者：感谢你们对祖国的捐赠和对祖国的热爱。

YNS：这个是应该的。我们海外华侨感觉都很支持国家发展，也很爱国的。因为毕竟我们在别人的国家生活和工作。别人永远把我们当作是外国人，即使你的语言再好，因为我们的皮肤永远不会变。

采访者：是的，我自己也在日本生活和学习过，有很深的体会。

YNS：是吧！有出过国的人感觉都很爱国的。

采访者：是的，大多数定居或生活在海外的华侨华人还是很爱国的，毕竟是自己出生的地方。您未来有什么打算？比如有打算回国发展吗？

YNS：有的。不过不是现在。因为毕竟来意大利这么多年，生意和人脉都在这里，一时半会肯定不会回去的。

采访者：可以理解您和您家人目前的处境。有机会回国投资吧！您也看到了温州以及其他周边地区的发展和国内整体发展，机会还是很多的。

YNS：是的是的。有机会会回去的。

采访者：除了以上内容之外，您还有什么要补充的吗？

YNS：基本上没有了。其实，我和我爱人商量过关于回国投资的事情。但是，有很多顾虑，比如出来时间久了，对国内的情况不是很了解，虽然深知目前国内发展得比较好，还是很担心。另外，国内的人际关系比较复杂，习惯了国外的生活和工作，回去会很不适应，这一点我们也很担心。因此，回不回去发展，还要再看看。

采访者：好的。谢谢您的分享。

YNS：等疫情好转了，欢迎来意大利。

采访者：谢谢。

二十四、受访者：HPS

采访时间：2020 年 5 月 18 日

采访手段：电子书信

采 访 者：徐辉

采访者：请您介绍一下您和您的家族。

HPS：我是 HPS，1943 年出生在温州丽岙，毕业于华侨中学。担任浙江省华侨联合会常委，温州市政协委员，瓯海区丽岙镇侨联主席。目前定居法国。

采访者：出国前您从事什么职业？

HPS：我是丽岙信用社侨汇业务员，结算外汇。那个时候，为了偏远山区侨眷兑换外币，有时需要走三四个小时的山路。

采访者：您是什么时间出国的？

HPS：1984 年，当时 41 岁。

采访者：您在法国的第一份工作是什么？

HPS：第一份工作是在皮包加工厂做工人。当时很多海外温州人做皮包生意，设备简陋，一天工作十多个小时是常态，经常手指被割破刺伤，缠上几圈纱布接着做。这就是我们温州人精神，我们温州人每个人都能吃苦耐劳。

采访者：之后您主要从事什么职业？

HPS：经过几年在法国的打拼，1993 年开始投身外贸生意，把温州的小商品销售到法国(市场)。并参与组建法华工商联合会，加强同法国工商界合作，扩大与中国工商界往来。

采访者：您的几个孩子也在法国，是吗？

HPS：是的。目前儿子 HSW 不但拥有他自己的手袋品牌，还成了几个国际品牌的代理商。孙子 HIH 把自己的品牌推到了中国的京东“全球购”等平台上，生意听说还不错。

采访者：请您谈谈子孙的中文教育，可以吗？

HPS：我认为，后代人不管身在哪里，都要了解自己国家的文化，一定要把根留住。因此，家里的孩子(儿子、女儿、孙子、孙女等)读书期间，都要让他们回国学一年的中文。不会中文，不了解中华文化，是不行的。

采访者：在国家和家乡温州丽岙建设方面您也做了很多事情。

HPS：为家乡做一些事情是应该的。非典期间，我组织干部捐赠2.3万元人民币，资助灾区人民共渡难关；桑美台风袭击苍南，为邻县灾区送去7万多元资助款；四川大地震，向侨胞发出赈灾倡议，共筹集募捐款58.2万元人民币。并且为丽岙全街道建立了380万元的慈善基金会。也积极动员自己的海外子女为家乡公益事业做贡献，累计捐款100多万元。

采访者：能谈谈您创建"华侨之家"的动机吗?

HPS：丽岙街道是浙江省重点侨乡之一，又是全国著名侨乡。其中居民大多数是高龄的侨胞、空巢老人或留守儿童，很多事务办理起来有困难。面对丽岙街道以上现实，2010年，我牵头创建了丽岙百年侨史展览厅——"华侨之家"，并拓展成为侨服务平台，做到"以侨为侨"，创设了八大服务(外贸出口、车机票代售、公证和认证代办、复印打字传真服务、旅游咨询、机场接送、医疗体检和新生代华文教育)。"华侨之家"开馆之际，大批的学者、高校教师和学生以及对华侨华人感兴趣的团体和个人前来参观学习，接受爱国主义教育。

采访者：听说您也积极参与"警侨之家"系列活动。

HPS：2014年，我主动参与瓯海公安、法院、外侨部门组建的"警侨工作室""海外调解员工作室"的工作。我们通过海内外联络点实时互通，让咨询服务、材料预审核等变得更加方便、快捷，实现让侨胞们办事"不用回国、不需出门、不跨辖区"目标，在全省率先实现海外版"最多跑一次"改革，赢得社会各界一致好评。当然，除了我之外，很多法国华侨华人也积极参与其中，比如法华工商联合会会长DAY、副会长DGR，法国美丽城联合商会会长JJY等为了海外版"最多跑一次"平台的搭建，也付出很多辛苦和努力。现在这个平台已然成型，已经开始为海外侨胞提供便捷的服务。而其他协会，也开始积极搭建这样的服务平台。

采访者：您为中国和法国、为家乡、为侨胞付出了很多，也获得了很多荣誉。

HPS：2001年，我被巴黎市政府授以"巴黎市政府2000年荣誉勋章"，并被法华工商联合会授予"永远名誉会长"称号。2002年，在丽岙街道和侨联组织的邀请下，我回国接任了丽呑街道侨联主席一职，连任三届到 2016 年。2007 年、2008 年分别荣获“全国基层侨务工作”和“全国基层侨联工作先进个人”的光荣称号。2018 年，有幸荣获中国侨界杰出人物提名奖，听说我也是唯一获此荣誉的基层侨联“干部”。

采访者：将来有没有回国养老的念头。

HPS：目前还没有考虑这个问题。可能会两边跑吧！因为孩子们都在法国。

采访者：以上就是我想了解的，您还有其他需要分享的吗？

HPS：作为一名侨务工作者，我们应该一边把中华文化推广到外国，一边把国外的文化引进来。我目前虽然已经退居二线，但是打算为侨服务一辈子。现在侨界的大环境很好，这是以前没有的。整个侨社团结、和谐，是做大事的好时机。怎样融合大家的力量，继续为侨胞们做一些好事和实事，继续推进中法文化交流，这应该是每个侨社团都要思考的。另外，大家都说我是“白忙官”，其实，法国侨社团的那些会长，哪一个又不是“白忙官”呢？为协会出钱出力，其实没有什么回报，有时还会被人误解。说心里话，只要是为了海外乡亲服务，我们不要怕被人误解。你做了什么，最后大家心里都会明白的。现在信息很发达，你为大家做了什么，中国相关部门都会知道。

采访者：再次感谢您花费宝贵时间。祝您身体健康。

第四章 论文成果

一、温州丽岙华侨华人移民西欧调查研究[①]

徐 辉 吴征涛

摘 要：文章从微观的视角介绍了目前侨居欧洲的丽岙华侨华人的出国历史与原因、职业发展变化过程，以及新冠疫情全球大流行期间对祖国的捐赠和民族认同感。研究发现，丽岙海外华侨移民始于20世纪20年代，自然灾害、国内政治、家族环境以及中国独生子女政策等是影响和触发他们出国念头的主要因素。在他们移民初期，他们由于非法居留身份问题，从事一些低端工作，到后来成为合法劳工，以及后来自主创业，即从做苦力，到当雇工、小商贩、摆地摊，到各种规模创业的过程。疫情期间，他们不忘祖国、为祖国慷慨捐资捐款。对祖籍国以及家乡情怀在他们的社会价值观中占了主导地位，并且在本次疫情的特殊时期得到了很好的体现。

关键词：丽岙欧洲华侨华人；移民；疫情；民族认同

丽岙是浙南温州市瓯海区的一个小型街道，总面积34.7平方公里，华侨华人遍布27个国家与地区。全街道海内外共有人口4.2万人，海外华侨2.2万人，占全街道海内外总人口的52.4%。有归侨、侨眷1.6万人，占全街道现有人口的38%，海外华侨加上街道内归侨、侨眷占全街道总人口的90%左右[②]。为

---

① 本文已载于《华侨华人蓝皮书：华侨华人研究报告(2021)》(社科文献出版社，2022年版)获授权转载，作者略有增删。

② 以上信息来自2020年4月3日笔者对丽岙归国华侨联合会秘书长孙芸荪先生的采访。

了更好地了解丽岙华侨的出国相关情况，笔者开始对欧洲丽岙华侨进行了深入的访谈，本文是研究成果之一。

（一）研究目的及方法

了解丽岙华侨华人移民历史以及各阶段的特点；当初选择出国的原因和动机；出国之后，在国外主要从事的职业和在疫情期间对祖国的捐赠情况以及对祖国的认同是本文的研究目的。

本文的研究对象是定居欧洲的丽岙籍华侨华人，采用的研究方法是访谈。访谈主要是通过滚雪球抽样的方式完成。滚雪球抽样是指先随机选择一些被访者并对其实施访问，再由他们提供另外属于同一类所研究目标总体的调查对象，根据所形成的线索选择此后的调查对象。调查人员根据后续调查对象，进行此后的调查。滚雪球抽样往往用于对稀少群体的调查。笔者选择的调研单位是丽岙街道归国华侨联合会，并对其主要负责人进行了访谈。之后，委托丽岙街道侨联主席、侨联秘书长、丽岙街道统战部以及温州市瓯海区商务局、温州市归国华侨联合会相关负责人引荐海外丽岙华侨华人，以便采访。在采访过程中，笔者又委托受访者介绍符合条件的其他海外华侨华人。最终，成功介绍了在欧洲定居和生活的 41 位温州籍华侨华人，其中有效案例为 20 位。笔者对他们进行了深度采访，听取了他们的个人移民及发展历史和疫情期间的相关事项。考虑到伦理问题，本文所有受访者采用匿名的方式。20 位受访者的个人信息见表 1。

表 1. 受访者的个人信息

序号	姓名	出生年（年）	出生地	学历	出国时间（年）	职　业	定居国家	采访时间
1	WYD	1961	路溪村	初中	1990	贸易公司经理	法国	2020.04.13
2	HUA	1962	路溪村	初中	1991	贸易公司经理	法国	2020.04.19
3	CJY	1963	路溪村	小学	1987	贸易公司经理	法国	2020.04.20
4	CLJ	1967	丽岙街道	中专	1989	贸易公司经理	法国	2020.04.20
5	DGR	1957	华侨新街	小学	1983	会计事务所所长	法国	2020.05.08

续表

序号	姓名	出生年(年)	出生地	学历	出国时间(年)	职　业	定居国家	采访时间
6	DZG	1981	下川村	工商管理硕士(MBA)	2002	贸易公司经理	意大利	2020.05.09
7	JJY	1963	丽岙街道	初中	1991	中华料理店经理	法国	2020.05.10
8	MHY	1969	丽岙街道	中专	1996	小百货店经理	意大利	2020.04.06
9	WSM	1964	丽岙街道	初中	1990	贸易公司经理	法国	2020.04.23
10	YZH	1968	丽岙街道	初中	1979	贸易公司经理	法国	2020.04.25
11	ZCB1	1972	丽岙街道	高中	1993	贸易公司经理	法国	2020.04.25
12	ZCB2	1964	后盾村	初中	1988	贸易公司经理	法国	2020.04.24
13	YCD	1965	丽岙街道	小学	1990	小百货店经理	丹麦	2020.05.13
14	YLZ	1963	丽塘村	初中	1990	贸易公司经理	西班牙	2020.05.16
15	LSB	1975	茶堂村	小学	1986	贸易公司经理	西班牙	2020.05.12
16	YYF	1970	丽岙街道	大专	2009	佛教寺院住持	意大利	2020.05.21
17	ZSC	1965	下章村	小学	1987	小百货店经理	法　国	2020.05.18
18	JGY	1963	杨宅村	小学	1985	小百货店经理	意大利	2020.05.09
19	HXS	1965	叶宅村	初中	1978	贸易公司经理	法国	2020.05.20
20	VUZ	1968	河头村	小学	1989	中华料理店经理	法国	2020.04.17

注：以上资料根据笔者 2020 年 4—6 月的调研制作而成，其中 HXS、VUZ 的访谈第二章中未收录。

本次的访谈主要通过以下三种方式完成。第一是通过微信(线上)采访。这一部分采访对象目前都侨居欧洲，不在国内。采访前几日，笔者把采访提纲通过微信发给受访者，之后约定采访具体时间。考虑到欧洲和中国的时差问题，笔者把采访时间放到了受访者比较方便的早上 10 点钟以后(中国时间下午 4 点钟以后)。采访前，笔者征得受访者的同意，对访谈进行了录音。20 位华侨华人中有 14 位是通过此方式完成。第二是面对面采访。20 位华侨华人中有5位是通过面对面的形式完成。以上5位均是本次疫情爆发前回国，由于疫情暂时在国内生活。第三是受访者通过笔答的形式完成。即笔者先给受访者提供采访提纲，受访者拿到提纲后通过笔答的形式完成。20位华侨华人中有1位是这一种形式完成。采访完毕后，笔者第一时间整理采访录音。在整理采访录音的过程中，笔者用红色标注了采访中存在的疑惑和不明了的问题，之后以文字的形式发给受访者审阅并让受访者对采访录音稿的疑问和问题进行了进一步回答。针对笔答问卷，也采取了同样的方法。

如表1所示，20位受访者来自丽岙街道或其下属行政村。最大年龄63岁（1957年出生），最小年龄40岁（1980年出生）。出国前教育程度，小学学历有7位，初中学历8位，中专学历2位、高中、大专和MBA学历各1位。出国时间最早的是1978年，最晚的是2009年。从所从事的职业情况来看，贸易公司经理12位，小百货店经理4位，中华料理店经理2位，会计事务所经理和佛教寺院主持各1位。从定居国家来看，最多的是法国13位，其次是意大利4位，再次是西班牙2位，最后1位定居丹麦。

（二）丽岙华侨华人出国简史及原因

1. 移民简史

丽岙华侨华人移民海外有着悠久的历史。根据相关文献①和笔者调研，大体可以分为以下四个阶段。

第一阶段，1937年以前，“萌芽期”。20世纪20年代，丽岙华侨主要以劳工和经商的方式来到法国，之后慢慢融入法国②。早在1929年，丽岙街道下呈村汪迪斌等9位（其中7位去了法国，2位去了荷兰）先辈就离开家乡前往欧洲谋生。1934—1936年3年间，丽岙共有238人出国。截至1937年底，丽岙街道共有425人前往欧洲，其中92.7%前往法国，去往其他国家的占7.3%③。

第二阶段，1937—1946年，“回国返乡期”。1937年，由于抗日战争全面爆发，出国人数骤减，而且有大批华侨回国，当年丽岙街道仅有11人出国。当时

---

① 瑞安市人民政府侨务办公室. 瑞安市华侨志. 中华书局，2011.

② Live Yu-Sion, The Chinese Community in France Immigration, Economic Activity, Cultural Organizational and Representations, Chinese in Western Europe, by Free Press, 1991. 96 - 125.

③ 笔者对丽岙街道归国华侨联合会秘书长孙芸荪的采访。

大批华侨回国，其主要原因是日本全面发动侵华战争，为挽救民族危亡，具有爱国心的华侨纷纷回国参加抗日战争。1937年“七七事变”后，祖国与国外邮路不畅，欧洲华侨无法给家里汇款，部分华侨带钱回国[①]。WYD说：“在国家最艰难的时候，海外华侨心系祖国，有的华侨甚至把自己的房子卖掉，把钱捐献给国家；有的把正在读高中的孩子送他们回国学习驾驶战斗机[②]”。受第二次世界大战前期欧洲各国局势所迫，欧洲各国忙于备战，社会动荡，生意萧条，华侨处境困难。1939年，第二次世界大战全面爆发，丽岙街道白门出生的华侨4人死于国外，44人离开欧洲回国。1942年，下章村的华侨9人从法国的马赛回国。1946—1949年，由于国民党挑起内战，交通受阻，出国人员不多[③]。

第三阶段，1949—1978年，“停滞期”。新中国成立，出国审批相对严格，这一期间出国人数没有明显增加。根据章志诚和周福绵的文章[④]，1957—1960年丽岙街道仅8人出国；从1961年起出国人数开始增加，1961年共9人去法国；1962—1965年4年中，丽岙街道30人去法国，14人去荷兰；1950—1965年15年中，无前往意大利者。1966—1976年期间，丽岙街道有128人出国，其中前往法国的82人，前往荷兰的46人等[⑤]。

第四阶段，1978年改革开放以后，称之为“高潮期”。改革开放以后，出国审批逐渐正常化，出国人数有所增加。大批温州籍华侨开始前往法国，特别是20世纪90年代前往法国的温州籍华侨增多。截至1997年底，丽岙街道出国人数达到了9 402人，2005年底达到了24 191人（其中欧洲24 006人，大洋洲1人，北美洲87人，南美洲21人，亚洲76人）[⑥]。根据丽岙归国华侨联合会2019年的最新统计数据显示，丽岙街道23个行政村共有海外华侨华人32 706人，其中人数前五位的国家是法国（17 814人，占54.5%）、意大利（13 213人，占40.4%）、荷兰（586人，占1.7%）、西班牙（464人，占1.4%）、葡萄牙（217人，占0.7%），其他国家和地区（412人，占1.3%）[⑦]。

2. 移民原因

根据笔者的调研，丽岙华侨华人出国主要是因为受自然灾害、国内政治形

①③⑤⑥　瑞安市人民政府侨务办公室. 瑞安市华侨志. 中华书局，2011.

②　2020年4月13日笔者对WYD的采访。

④　章志诚，周福绵. 浙江瑞安市白门乡华侨历史（未公开出版），1990.

⑦　丽岙归国华侨联合会办公室内部资料。

势和身边及周边华侨的影响、欧洲经济的快速发展和国内计划生育政策等原因的影响。

第一，受自然灾害的影响。1853 年，丽岙遭受了一次严重的水灾①。1929 年又逢特大的虫灾，稻禾枯死，收成大减。当时丽岙的虫灾十分严重，一亩地仅收十几斤谷子。由于丽岙地方农民生活口粮不足，生活穷困，许多缺粮户，或以地瓜丝、南瓜等杂米做饭，过着半饥半饱的生活。一直以来，一些生活贫苦的农民、手工业者，为生计所迫，而离乡背井，出国谋生②。HUA 说：出国之前，我在一家集体企业工作，一个月也就 30 几块钱，感觉也没有什么前途。父母担心我个子小，找不到好工作，就让我去学习木工，也就是做木工学徒。之后看身边的人出国了，还挣了钱，就打算出去了。③ ZCB1 说："当时国内很穷，虽然我家的经济条件要好一点。当时我父亲是一个工匠，我爸也让我做工匠。当时亲戚朋友都出国赚钱了，我也就跟着出去了，想着出去赚一点钱吧。④

第二，受国内政治形势的影响。丽岙早在第一次国内革命战争时期就有农民协会组织。参加这一组织的贫苦农民，在协会的领导下，同当地的土豪劣绅做艰苦的斗争。第二次国内革命战争时期，该镇下呈村贫农出身的杨炳春、郑兴芝等人参加了中国共产党领导的"二五减租"斗争，矛头直指土豪劣绅。当地的土豪劣绅勾结地方官吏，对杨炳春等人进行政治迫害。杨炳春被捕入狱，郑兴梁被抓去坐"老虎凳"，郑兴芝被列入追捕对象。这几个人经组织营救保释出狱以后，感到在当地待下去会有风险，为免遭再次政治迫害，便星夜筹措旅费，逃出丽岙，奔赴欧洲各国避难⑤。

第三，受丽岙本地华侨的影响。丽岙首批旅欧华侨经商获利的消息传到家乡后，不少想发财的贫苦农民和手工业者跃跃欲试。比如 1935 年与 1936 年全镇掀起出国热潮，在林岩甫、张岩林等人在法国经商获利的影响下产生⑥。在旧社会丽岙人出国谋生，也遇到了不少困难。首先是旅费问题。当时，从上海到欧洲各国，每人要支付 450 到 500 银元。为了筹措旅费，有的卖田卖屋；有的向亲戚朋友求助。其次是办理护照困难。DGR 说：出国之前，我在集体企业工作，当技术员。我太太在一家国营单位工作，生活、工作、比较安

①②⑤⑥ 笔者对丽岙街道归国华侨联合会秘书长孙芸荪先生的采访（2020 年 6 月 20 日）。

③ 2020 年 4 月 19 日笔者对 HUA 的采访。

④ 2020 年 4 月 25 日笔者对 ZCB1 的采访。

稳。当时周边的好多亲戚朋友都出国工作、生活，得知他们在国外一个月的工资下来可以顶我差不多一年工资了（当时在20世纪80年代我的工资还是四十多人民币一个月），他们不到几年的时间自己开起了小作坊做皮包，买了小汽车，很羡慕他们。那时候我感觉到国外的钱比中国好赚，就开始有出国的念头了。在亲戚的帮助下于1985年7月我终于实现了出国的梦想，来到了法国巴黎①。

第四，受周边其他地区华侨的影响。20世纪初，青田县前往日本、欧洲经商的华侨回国先后在丽岙的丽塘、泊岙和下章等村购买田地、房屋、安家落户。比如1912年前往日本的陈仁德，1928年转赴法国做生意，赚了一笔钱，1932年回国，在泊岙村买了40亩田地，房子3间，全家迁入泊岙村定居。以上事例对丽岙人出国谋生产生了很大的影响②。

第五，受欧洲经济发展需求的影响。20世纪20年代末至30年代中期，欧洲各国经济发展迅速，需要大批劳动力，当时政治环境比较宽松，出国相对比较容易③。WSM说：我爷爷的堂弟，也就是我的叔爷爷在法国，他是一九三几年出国的。当时我爷爷的几个兄弟都以做劳工的方式去了法国。受他们的影响，我也决定出去打拼一下。我记得很清楚，当时从法国回来的华侨前辈们很吃香，我们都围着他们转④。

第六，受国内生育政策的影响。中国自从20世纪70年代以来开始实施计划生育，提倡一对夫妇只生育一个孩子，而丽岙当地的人们生育观念仍然以“多子多福”为主导。部分丽岙人为了多生几个孩子，逃避计划生育出国。ZCB1说：我出国有几个原因，其中之一是为了逃避计划生育。我们是农村人，一个孩子是不够的，想多生又不让生，现在才可以生二胎。本次笔者采访的20位受访者中，育有三至四个孩子的占80%以上⑤。

通过文献和本次调研可以发现，目前出国的手段或途径相对比较多，但是年轻一代的丽岙人始终保持着老一辈华侨所持有的传统习惯，如通过中介、借款或筹款等方式出国。因为受身边亲戚朋友的影响，出国就能赚钱的念头始

① 2020年5月8日笔者对DGR的采访。
②③ 瑞安市人民政府侨务办公室. 瑞安市华侨志. 中华书局，2011.
④ 2020年4月23日笔者对WSM的采访。
⑤ 2020年4月25日笔者对ZCB1的采访。

终存在。过去是这样,现在也是这样。

(三) 欧洲丽岙华侨华人职业

丽岙华侨在海外凭着聪明才智和顽强的创业精神,在欧洲经历了从做苦力(打黑工)、当雇工、小商贩、摆地摊、创办工厂小百货商店等,到最后创业当经理,经历了很多挫折和困难之后,实现了从事产业的提升和转型。

打黑工是很多丽岙华侨来到法国的第一份工作或者说是不得不从事的工作。之所以要打黑工,与其移民欧洲各国的背景息息相关。在笔者采访的20位丽岙华侨中,有15位华侨是通过非法途径("黄牛掮[①]"),5位是通过旅游签证前往欧洲,之后滞留。因为初到欧洲(主要是法国、意大利和西班牙),没有合法身份,语言不通,为了生活,唯一的办法就是打黑工。王春光教授对海外"黑工"做了以下解释。他认为"黑工"有三层含义:第一层是没有合法居留权的人打工赚钱;第二层是那些有合法身份和打工许可证的人打工不报工,他们有经济收入不要缴税,同时可以领取失业救济金;第三层是虽然报工,但是做了修改,把在公司做工申报为个体户,以获取个体户享受的优惠税收政策待遇[②]。DGR说:刚到巴黎,没有身份,只能先在亲戚家皮包工厂打杂工,每天工作时间很长,大部分都做到夜里十二点以后才收工。那时候大家都是这样干活,工作时间太长、太累。出国之前觉得外国的钱好赚,出来之后才知道原来赚钱这么辛苦,再加上语言不通,说实在的当时有点后悔出国[③]。

YCD说:到法国后,我吃和住都在亲戚家,也在他们的皮工厂当帮工。因为当时没有合法身份,只能做一些黑工。但我不甘心,学了点法语后,离开亲戚到温州人开在巴黎3区的中餐馆做餐厨。[④]

WSM说:当时,我在越南人开的店里打工。经理给我的月工资是9 500法郎,因为我的技术已经很熟练了,每个星期休息一天,如果有加班,每天另外再给五百法郎[⑤]。

---

① 指带路人或组织者,一般是指那些把偷渡的人带出国境,从中赚钱的人,等同于"蛇头"。
② 王春光.温州人在巴黎:一种独特的社会融入模式.中国社会科学,1999(6):112.
③ 2020年5月8日笔者对DGR的采访。
④ 2020年5月13日笔者对YCD的采访。
⑤ 2020年4月23日笔者对WSM的采访。

从事小商贩生意和摆地摊。从1929—1939年的10年间,丽岙有302人前往欧洲各国,其中从事小商贩生意的人有281人,占93.05%[①]。邹韬奋在他的作品《萍踪寄语》中写道:"这种小商贩教育程度当然无可言,不懂话(指当地的外国语),不识字,不知道警察所的规章,动辄被外国的警察驱逐毒打,他们受着痛苦,还莫名其妙!当然更说不到有谁出来保护![②]"受访者MHY在介绍他的故事时说:在意大利做小商贩生意不容易,起早贪黑不说,还要看当地人的眼色,常常受到他们的鄙视和欺凌。有时候还会挨打,有苦难言,有理难诉。有的人因为没有居留护照,被当地警察局抓起来关押一个月、三个月,甚至六个月[③]。丽岙华侨华人在创业当经理之前几乎都做过摆地摊的生意。在欧洲,摆地摊有两种形式,一种是流动摆摊,一种是固定摆摊。但在法国,无论是流动摆摊还是固定摆摊都需要营业许可证。还需要收取一定的费用。费用根据摆摊的地理位置和所在地区不同而收费不同,最低每个摊位费是3欧元,比较高的地区是20欧元。而且每3个月必须向当地市场管理部门缴纳一次税金[④]。1939—1945年,丽岙华侨华人干苦力、从事小商贩和摆地摊占法国华侨华人总人数的72.8%[⑤]。JGY回忆说:在意大利,不是每天都可以去摆地摊的,有时间上的限制,比如一个星期只有两到三次。生意也不是很好,有时一天也卖不掉几件东西,离住的地方又远,早上早早出去,晚上很晚才回来,说实话,赚不到几个钱。如果说赚,也是赚个辛苦费[⑥]。

开工厂、开商店(小百货店)、开饭店、当经理。在温州人的眼里,当经理是富裕的象征,同时也是身份地位的一种体现。经过多年在外打拼,丽岙华侨不满足给他人打工、从事小商品买卖和摆地摊的生意,开始创业,如开服装和皮

① 瑞安市人民政府侨务办公室.瑞安市华侨志.中华书局,2011.

② 邹韬奋.萍踪寄语.北京师范大学出版社,2014.《萍踪寄语》是民国时期著名新闻记者邹韬奋所写的一部游记作品。书中收录了他通过考察各国的政治经济和社会状况,特别是各国新闻事业的实际状况,把他在国外的所见所感记录了下来,包括《船上的民族意识》《月下中流——经苏彝士河》《世界公园的瑞士》《华美窗帷的后面》《大规模的贫民窟》《谒列宁墓》《由柏明汉到塞尔马》等作品。本文中引用的是他在1933年7月,因屡屡揭露政坛黑暗,乘坐意大利轮船佛尔第号离国出走欧洲后的所见所闻,有一定的参考价值。

③ 2020年4月6日笔者对MHY的采访。

④ 以上内容是笔者在2020年4—6月采访中得知。

⑤ 瑞安市人民政府侨务办公室.瑞安华侨志.中华书局,2011.

⑥ 2020年5月9日笔者对JGY的采访。

革工场、皮革商店、餐饮店、跨国贸易公司等行业，涌现出一批又一批知名的企业家，如老一辈华侨郑振中先生、任岩松先生和杨岩生先生[①]等。1966—1986年，开设皮革商店和皮革工场的法国华侨占总人数的63.8%，以劳工为主的占23.7%，仅有0.41%的人从事较高层次（比如银行、公司等）的职业[②]。本次笔者采访的20位华侨中其中有12位经过省吃俭用、勤奋努力创办了跨国贸易公司并拥有自己的品牌产品，产品远销世界各国。HUA主要从事服装贸易（主要做女装，在法国和中国有自己的服装工厂），并创建了自己的品牌see u soon，产品远销美国、意大利、瑞士、澳大利亚、日本、迪拜、中国、西班牙、比利时等40多个国家和地区，深受年轻女性的欢迎。HXS初中没有念完就到了法国。从开零售店卖日常生活用品开始，到开连锁店，再到做内衣进出口贸易，最后到商业地产租赁等，经过近30年的打拼，2010年他经营的公司在巴黎正式挂牌上市。JJY在法国巴黎美丽城经营的中华料理店多次被国内的主流媒体（CCTV）报道，现今已经成为美丽城的一道亮丽的风景和海内外知名的饭店之一。DGY经营的会计事务所，经过二十几年的努力，受到了广大客户高度评价和信任，现已成为法国政府所公认的注册会计师事务所。除此之外，CJY、CLJ、YZH、ZCB1和ZCB2等人的跨国贸易公司，实现良好的业绩效益。

总结以上欧洲丽香华侨华人的职业，可以发现，他们主要从事“三把刀”［开餐馆（菜刀）、做皮包和皮衣服（皮刀）和裁缝（剪刀）］行业和做小商贩生意和摆地摊等自由职业。VUZ说：我们丽香人之所以从事“三把刀”职业，是因为这些行业投资比较少、技术含量不高，适合家庭式经营，而我们温州人最擅长家庭式经营模式[③]。王春光教授认为温州人在经营活动上的一个重要取胜诀窍就是极大降低成本和经营成本。他们的做法主要表现在，第一，充分发挥家庭各个成员包括未成年孩子（虽然在法律上是不允许的，但是家庭内部很难判定）的作用；第二，雇佣没有正式居留身份的人；第三，采用不同的支付工资

---

① 1939—1945年，丽香华侨华人在法国办了11家皮革工厂。1936年郑振中等人合伙在巴黎3区开办了“振瓯公司”，主要经营小百货批发业务。1938年，任岩松等人在巴黎开设了小百货批发商店和皮革工厂。1939年杨岩生等一行人在巴黎3区创办皮革工厂等。1945—1965年，丽香华侨华人在法国共建皮革工厂27家、餐馆4家、皮革商店1家和百货批发商店1家；在荷兰开办餐馆14家。以上数据来自2011年中华书局出版的瑞安市人民政府侨务办公室编的《瑞安华侨志》第228—230页。

② 瑞安市人民政府侨务办公室.瑞安华侨志.中华书局，2011.

③ 2020年4月17日笔者对VUZ的采访。

的方式，以降低雇佣工人的税金。第四，做工时间比较灵活，工作时间比较长。因此，可以说欧洲丽岙华侨华人充分利用自身潜能和群体资源，以自己独特的经营方式做着自己的工作，从而实现自己的经理梦。

（四）新生代华侨华人子女的教育问题

对海外温州籍华侨的教育问题，王春光教授在他的论文中写道：温州人文化水平和受教育的总体情况并不很理想。在法国巴黎的温州籍华侨华人成年人几乎没有接受过教育，生在中国但从小在法国长大的人比在法国出生的人的接受教育程度低①。导致这一现象的根本原因是温州经济建设和社会发展缺乏对教育的真正需求，社会对教育的需求不足②。众所周知，温州经济是以家庭经营为基础，以家庭工业和联户工业为支柱，以农民购销员为骨干，与城乡集体经济密切结合的双层合作经济。这种经济模式对劳动者的素质并没有很高的要求，教育被认为是可有可无的东西，从而导致了社会对教育的需求严重不足现象。

而在法国出生的华侨华人新生代的受教育程度之所以比较高有很多因素，其中一个重要因素是由于法国非常重视移民孩子的教育问题，凡是16岁以下的未成年人，都享受免费接受教育的权利，如果不去上学，居住地的学校会派人到家里动员；另外有合法身份而不去上学的，孩子的父母就会受到法律制裁③。除此之外，父母经济条件的改善和对教育的重视、国际环境的变化、新生代华侨自身对学习的觉悟等方面也是影响华侨华人新生代教育程度提高的因素。

本次采访的20位华侨出国前的教育程度相对比较低，高中和高中以下学历16位占80.0%。这一点和1999年王春光教授得出的结论相同。但是在谈到华侨新生代的教育问题时，WYD说：我自己也深深地体会到没有文化、没有知识的缺陷，因此，我从小告诉我的三个孩子，一定要好好地读书，有了知识，你们才会强大……三个孩子都是硕士研究生毕业，会说三个国家以上的语言④。

---

① 王春光.温州人在巴黎：一种独特的社会融入模式.中国社会科学，1999(6)：116.

② 鲍炳中，徐东民.温州教育的现状及其对策.上海师范大学学报，1991(7)：154.

③ 以上内容来自笔者2020年4—6月对受访者的采访。

④ 2020年4月13日笔者对WYD的采访。

采访中得知,丽岙华侨华人出国后因为文化程度不高给自己带来了很多不便或麻烦。很多华侨逐渐认识到知识的重要性,要学知识就必须接受教育。老一辈华侨由于工作等原因无法实现自己学习或接受教育的愿望,从而把自己的这一种愿望或者理想转嫁到孩子们的身上,希望通过孩子们来实现自己未能实现的梦想。

DGR说:因为我自己没有读过多少书,去了法国之后吃了很多苦,受了很多罪,认识到知识的重要性。为了不让孩子们走我当时的老路,也为了孩子们能够有一个稳定的工作、幸福的未来,我当时决定一定要给他们提供最好的学习环境和学习的机会。除了学习他们自己喜欢的专业课之外,我还要求他们必须学习中文。因为他们在上大学的时候,我和我爱人忙着打工、做生意,也没有太注意到他们在中文方面的学习。直到他们大学毕业后我才意识到他们的中文水平不是很好。于是就决定在他们正式走上工作岗位之前,每个人都必须回国学习一年中文。大女儿(硕士研究生)和二女儿(博士研究生)去了上海复旦大学学习中文。三女儿(硕士研究生)去了浙江大学学习了一年中文。儿子(硕士研究生)在高中期间去了上海,在法国人开的学校学习了一年中文,之后回法国读了大学和研究生①。

WSM说:我有三个儿子,大儿子大学毕业后继承了我的事业。二儿子1995年在法国出生,在法国一所大学攻读博士研究生,学的是理科,专业是有关电子方面的,具体学什么我也不是很了解。三儿子正在读大学。只要他们想学,砸锅卖铁我们也会支持他们学习②。

CLJ说:大女儿已经硕士毕业了,专业是金融管理硕士。目前作为一名审计师助理在法国一家知名审计所工作。小女儿在上大学,专业是法律③。

另外,本次采访中,在谈到丽岙华侨华人教育问题时,JJY说:我们那个年代,大家都很穷,大家都想着如何填饱肚子。你想一想,肚子都填不饱,哪里有心思去学习?很多人说我们温州人不重视教育,没有能力帮助孩子接受更好的教育等说法。我个人认为,他们的说法有一定的片面性,或者他们根本不了解我们温州人。你想一想,谁不希望自己的孩子能够接受良好的教育,出人头

① 2020年5月8日笔者对DGR的采访。

② 2020年4月23日笔者对WSM的采访。

③ 2020年4月20日笔者对CLJ的采访。

地呢……要接受教育就必须有接受教育的条件,没有条件,何谈教育。你说对不对。现在我们有条件了,不仅要鼓励孩子上大学,而且还要读研究生,甚至攻读博士学位(我二儿子就在攻读博士学位)。为什么他们会这样,原因很简单,因为现在整个社会发生了变化,他们的父母给他们提供了接受教育的条件[①]。

目前国家也十分重视海外华文教育。中国国务院侨办主任裘援平在"2013年海外华裔及港澳台地区青少年'中国寻根之旅'夏令营"期间接受记者采访时表示,华文教育是海外华人社会的"留根工程"和"希望工程",各方面都有义务共同支持这项事业,促进它更好、更快地发展[②]。海外相关教育机构也同样重视华二代、华三代的教育问题。西班牙华商协会创会会长、西班牙华商中文学校董事长李汝龙在"中国华文教育基金会国庆嘉宾座谈会"上说,"其实,每个海外华侨华人都非常关心华文教育,每个在海外的父母都希望自己的子女会说中国话,了解中华文化。华侨华人家庭如果没有将历史悠久内涵丰富的中华文化传承给孩子们,就太遗憾了[③]。"老一辈海外丽岙华侨受教育文化程度的确比较低,不是他们不愿意学习,而是受到当时一些客观条件和经济条件所限。他们经过海外打拼,认识到知识的重要性。GDR为了使自己的孩子学好中文,让孩子专程回国前往复旦大学、浙江大学等国内知名高校学习。CLJ和JJY的孩子们在本科毕业的基础上攻读硕士研究生甚至是博士研究生。

除了以上三位之外,VUZ、YCD等也纷纷表示一定要让孩子们在会说中国话,了解中华文化的基础上学习相关专业知识和技能。因此,很多华侨想方设法创造条件使他们的下一代接受好的教育,给他们创造优越的学习环境。也有部分新生代华侨接受比较好的教育已经进入了法国主流社会,进入法国政府机构或企业工作。

---

① 2020年5月10日笔者对JJY的采访。

② 裘援平:华文教育关系海外华人的和谐及可持续发展[EB/OL].[2013-08-04]http://www.gov.cn/gzdt/2013-08/04/content_2461040.htm.

③ 邢利宇.海外侨胞吁每一位华侨华人为华文教育出一份力[EB/OL].[2007-10-10]http://www.hwjyw.com/hjzx/hjxw/200710/t20071010_8270.shtml.

(五) 新冠肺炎疫情时期对祖国的捐赠与认同

面对突如其来的新冠肺炎疫情,党中央及时作出了部署,带领全国人民开始共同抵抗病毒。当海外华侨华人得知国内在抗击疫情过程中口罩、防护服、医用手套等医疗物资不足时,丽岙华侨华人第一时间召集并动员海外华侨华人给国内捐资捐物。之后,疫情在国外已经开始蔓延并迅速扩散。丽岙华侨华人比较集中的欧洲国家,特别是意大利、法国、西班牙等国家的疫情比较严重,欧洲的华侨华人又加入了新一轮的疫情防控战斗中。在笔者的访谈中,受访者提到:

HUA 说:国内疫情爆发的时候,我在泰国出差。听说国内疫情爆发,需要口罩。我在群里(法国华人高尔夫球协会群)就发了相关信息。当时发的主要内容是动员在法国的侨胞,能够齐心协力,援助祖国,抗击疫情。在这之前,很多侨胞都知道国内爆发了疫情,因为没有人倡导或者动员,他们也都保持沉默。我在群里发了信息之后,侨胞们都纷纷动员起来了。捐资、捐物。之后我们村的书记问我,有没有防护衣,说温州瓯海有一家医院很缺。于是,我就在泰国找呀找,最终找到了一万多只口罩,没有找到防护服。这一批口罩通过泰国温州商会寄给了温州红十字会……隔了一天左右,一位朋友打电话给我说:"HQC,你不是认识泰国前总统的儿子吗? 你问军队里有没有?"之后,我就立刻打电话给那个前总统的儿子。他说可以拿一点出来,因为军队里需要定期换的,其实他们的库存很多的。他们做化学实验的时候要用到防护衣的。他说的换是把新的拿进去把旧的拿出来。虽说是旧的但是也没有过期。他答应我三千多件,最后就给了一千多件。给温州邮寄了六百多件,给湖北的医院寄了四百多件,也给广东那边寄了很多医用手套。广东那边是卫健委收的①。

CJY 说:我们商会(法国华人服装业总商会)总共捐了 9 万多欧元(大约 75 万元人民币)。还捐了医用 N95 口罩、护目镜、防护服等。我们商会在购买上述医疗物资的时候,对质量要求都很高,因此在寄给国内的时候稍微比其他一些商会要晚一些。我自己也捐了一万七千多只口罩②。

---

① 2020 年 4 月 19 日笔者对 HUA 的采访。

② 2020 年 4 月 20 日笔者对 CJY 的采访。

DZG 说：当时由于没有航班，买好了口罩给国内邮寄的时候遇到了很多问题。我们先后通过各种关系把我们商会（欧洲华商联合会）的货运回中国，之后也帮助意大利华侨总商会运了很多货回国。在这期间，温州商会、永嘉商会、福建商会等都过来找我们帮忙。除了商会成员之外，也有很多华侨志愿者来帮忙。当时我们很着急，口罩等物资已经买到了，国内又急需，但是没有航班。我家离机场很近，一有空，就去机场看看有没有飞机。如果有飞机，立刻行动。很多货我们是通过"人肉带货"的形式运回国的。在机场，只要有飞机，只要看到像中国人，我们就主动上去打招呼，目的是为了让他们帮我们把口罩直接带回国，因为国内相关机场我们已经都联系好有志愿者专门接机①。

CLJ 说：我记得非常清楚，1 月 21 日武汉公布封城。22 日我就去买了 3 000 只口罩，赶紧寄到我们故乡，因为考虑到村里急需口罩的人没有口罩，24 日我就动员一家人在网上买口罩。但是，看了很多网站已经找不到口罩了，我马上感到不对劲。当时中国政府也已经说需要口罩了。特别是浙江省还发来了相关信息说是急需支援之类的。我就赶紧去找，最后在摩洛哥找到了 16 万只口罩寄给了温州市瓯海区政府。因为是医疗物资，在海关的时候，不让邮寄。最后我们通过各种途径，最终以服装为名先运到香港，再经深圳，最后才到温州。货物到达的时候是深夜，瓯海区人民政府派专人在机场等候，在机场口罩就被分掉，然后运到各个医院去②。

YYF 说：海外华侨华人的爱国情怀一直都在，以前国内遇台风或者其他灾难时，物资捐赠我们都有参与，今年国内新冠肺炎疫情刚刚发生的时候，意大利普拉多的人第一时间得到消息就开始不惜代价在整个欧洲采购口罩、防护服、温度枪等抗疫物资捐给武汉。为了方便海关通关以及提高物资运转效率，欧洲佛教总会在捐助的物资证明上提供力所能及的帮助。后来温州华人会、法国华人会、欧洲佛教总会开始采购和捐献物资，佛教协会捐赠了瓯海区的第一批 10 万个口罩的物资③。

人们常说，患难见真情。此次疫情期间，除了上述 HUA、CJY、DZG、CLJ 和 YYF 五位之外，剩余 15 位受访者均通过自己的方式为祖国各地捐资捐款，

① 2020 年 5 月 9 日笔者对 DZG 的采访。
② 2020 年 4 月 20 日笔者对 CLJ 的采访。
③ 2020 年 5 月 21 日笔者对 YYF 的采访。

这充分体现了海外华侨对祖国母亲的热爱。这种爱国情怀在采访中得到了充分体现。

WYD说：我经常告诉我的三个孩子，虽然你们加入了法国籍，但是你们的黑头发，黄皮肤是永远改变不了的。你永远改变不了你是龙的传人这一事实。因为当你走在法国大街上，在没有拿出法国国籍等证明材料的时候，人家就认为你是中国人或者说亚洲其他国家人，理由很简单，刚才我也提到了，你是黑头发，黄皮肤。我始终认为，只要自己国家强大了，我们才会强大，才会有更好的发展，才会被人家认可，才会被人家尊重。因此，无论如何都必须热爱我们出生的那片土地和生活在那片土地上的人们①。

YYF说：意大利的寺院叫"普华寺"，法国的寺院叫"法华寺"，两个名字都带着两个"华"字，就是不忘根本，时时刻刻提醒我们海外华侨华人要有爱国的精神②。

YCD说：我虽然身在海外，但是每天都在关注中国的新闻，通过新闻了解国内的发展。目前国内发展得比较快，福利也比以前有了很大提高。我虽然加入了丹麦国籍，但是我的心永远是中国心。你也在日本生活过，你应该了解作为一名海外华侨华人对祖国的热爱。只有走出国门，才能真正体会到什么叫爱国。不是说加入了外国国籍自己就不是中国人了，不是这样的。另外，我觉得作为海外华侨华人，我们的祖国强大了，我们自己也强大了，我们在国外的地位也提高了。我希望祖国日益强大③。

当国内疫情得到较好的控制时，丽岙华侨比较集中的欧洲国家，特别是意大利、法国、西班牙等国家的疫情尤其严重。在国内外便传出了"中国人打前场，外国人打后场，华侨华人打全场"的声音，因为疫情在国外已经开始蔓延并迅速扩散。海外华侨华人又加入了在住国的疫情防控的行列，因为这些欧洲在住国是他们的第二故乡。

HUA说：在法国疫情比较严重的时候，法国的华侨华人又开始和法国人一起抵抗疫情，并向法国相关政府部门和医院捐赠28万只口罩。法国前总理

---

① 2020年4月13日笔者对WYD的采访。

② 2020年5月21日笔者对YYF的采访。

③ 2020年5月13日笔者对YCD的采访。

Jean-Pierre Raffarin(让-皮埃尔·拉法林)还给我们发来了感谢信[①]。

政府部门也应该在海外华侨需要帮助的时候，为他们创造条件，发挥其更大的优势和作用。同时，为了他们在海外生活得更充实、更健康，我们应该充分以用国家相关政策、通过外交或民间社团的力量关注他们的需求、协助他们解决困难、保护他们的合法权益、改善他们的处境，帮助他们解决各种实际问题。

(六) 对欧洲人应对新冠疫情的看法

世界卫生组织 2020 年 7 月 27 日数据显示，本次采访的 20 位受访者所在国家法国、意大利、西班牙和丹麦四个国家中，累计确诊病例由多至少的顺序是西班牙 272 421 人，意大利 246 118 人，法国 217 801 人，丹麦 13 665 人[②]。笔者就"您如何看待所在国国家对待疫情防控方面的做法或态度?"这一问题进行了采访。

CJY 说：这个问题首先涉及中西文化差异方面的问题。欧洲人自由散漫惯了，认为有病的人才戴口罩，没有病的人是不戴的。其次，还是受到了宗教信仰的影响。欧洲国家的人们对死亡、病毒的看法比较淡定一些，这和我们中国人有很大差异[③]。

DGR 说：法国疫情如此严重的原因，我认为第一，欧洲各国对疫情不太重视，防疫不到位，采取措施不恰当。第二，欧洲各国政府的防疫物资和医疗资源匮乏，还提倡什么"口罩无用论"。为什么会提出口罩无用论呢？据我了解，其实，当时(现在也是)法国根本没有多余的口罩给人们。大街上都买不到，如果政府推出让大家戴口罩的言论，但是民众又买不到口罩，这样就会出现更大的问题，比如示威游行等。但是，随着疫情在法国的蔓延，法国政府也认识到戴口罩对疫情有一定的防控作用，从而推出了相关政策，比如 5 月 11 日开始，政府规定乘坐公共交通的人都必须戴口罩，否则就罚款 130 欧元等[④]。

---

① 2020 年 4 月 19 日笔者对 HUA 的采访。

② 海外网. 全世界疫情排名一览表：全球最新疫情数据前二十的国家有哪一些？[EB/OL]. [2020 - 07 - 07]. http://www.wmxa.cn/a/202007/698388_3.html.

③ 2020 年 4 月 20 日笔者对 CJY 的采访。

④ 2020 年 5 月 8 日笔者对 DGR 的采访。

DZG说：意大利人对戴口罩有他们的看法。意大利各党派之间的意见不统一，有的赞成戴，有的不赞成戴。从各党派的媒体发言来看，不戴有不戴的理由，戴有戴的说法。截至目前，戴与不戴之间还是模棱两可。这也给意大利人民带来了困扰，到底是戴还是不戴。还有一些很有意思的现象，意大利政府的相关人员、警察等他们有的有戴口罩，但是，戴的地方不一样。有的戴在手上、有的戴在嘴上（鼻子下边）、有的还戴在头上，还有的更好笑，把塑料袋剪开几个洞戴上，五花八门。他们还说，流感都死了那么多人，而且都是老人，不关年轻人的事。戴口罩就是玩玩而已，没有从思想上真正认识到戴口罩的重要性①。

ZSC说：第一，欧洲各国对感染病毒的人都没有采取严格隔离措施。政府虽然让大家隔离，但是街上还是有行人。第二，医院等医疗机构人员、床位等不足，从而造成了只接收重症感染病毒的人住院治疗，对中度和轻度感染的病人提倡自我居家隔离，也没有采取任何措施②。

结合对CJY、DGR、DZG和ZSC的采访和相关文献，下面简要分析欧洲各国疫情至今无法得到全面控制的原因。张幼斌、万鹏在论文中从口罩的起源和东西方文化语境中的符号内涵两个方面分析了中西方对同一重大突发公共卫生事件中，为何在对待戴口罩这个行为上有如此大的分歧。并指出：对东方国家来说，近现代爆发的多次大型传染性流感疾病，强化了口罩预防疾病的功能认知③。相反，西方国家自20世纪以来在传染性流行病毒方面的经历有限。虽然在1918年爆发的大流感中戴口罩发挥了重要作用，但在2019年美国爆发的大规模流感中，美国民众并未戴口罩。西方国家现代医疗技术的进步和历史原因，从而导致了全民范围对戴口罩防护功能和认知逐渐减弱④。本次访谈的受访者对欧洲国家人士对疫情的态度中，多数受访者表示欧洲当地人对戴口罩的看法与中国存在一定的差异，从而导致了人民对戴口罩不够重视。这一说法与张幼斌和万鹏的观点基本一致。

---

① 2020年5月9日笔者对DZG的采访。

② 2020年5月18日笔者对ZSC的采访。

③ 张幼斌、万鹏在他们的论文中列举了2002年中国广州爆发的SARS病毒、2009年全球肆虐禽流感、2011年日本福岛核电站大地震核泄漏、2013年中国PM2.5问题、2015年韩国被境外输入的MERS病毒等。

④ 张幼斌，万鹏. 新冠疫情中的东西方口罩面面观. 中外文化. 10：180－187.

在疫情期间东西方民众对戴口罩的态度和认知存在一定的差异，欧洲人的散漫和对自由的追求是导致欧洲各国目前疫情迟迟得不到有效控制的原因之一。张幼斌、万鹏也强调，西方人对戴口罩有以下两方面的理解，一是戴口罩者是病人，二是病人不顾他人安全外出。在戴口罩的双重社会压力下，人们坚持没病就应当不戴口罩。而在中国、日本和韩国等东亚国家，戴口罩延续其初始的保护意义之外，以更加频繁的姿态现身于人们的日常生活中。笔者认为出现这一种差异的另外一个因素和东西方人们的文化价值观也息息相关。疫情期间，中国、日本和韩国等东亚国家的权威人士向民众发起了戴口罩的呼吁，人们积极响应，而西方国家的相关权威人士则与东亚各国不同，这一种态度和行为差异进一步体现了中西方国家人们的文化价值观的差异。

宗教始终是西方国家(特别是欧洲各国)社会中的重要日常活动之一。疫情期间，虽然欧洲各国政府先后推出社交限制令严防疫情扩散，但是，依旧有部分教徒外出，甚至部分人公然反对政府，不顾疫情扩散风险要求教徒前往教堂参加相关集会活动。因此，政府与教会的关系在很大程度上影响了疫情防控[①]。用本次受访者的话讲，宗教信仰使得他们对病毒和死亡非常轻视。政府对疫情不太重视，防疫措施不到位，没有采取严格隔离措施，执行不到位也是原因之一。还有人担心，欧洲人没有存钱的习惯，如果疫情长期这样下去，欧洲国家的人们很有可能因为没有钱或食物而引发抗议或者暴动等现象。如果真的那样，首先遭殃的会是海外华侨华人。简而言之，受访华侨华人认为，欧洲各国疫情至今无法得到全面控制的原因主要表现在中西方文化和价值观存在一定的差异、宗教信仰以及国家领导人对待疫情持不同态度等方面。

(七) 结语

本文通过采访，从微观的视角了解了丽岙华侨出国历史与原因、职业状况以及疫情期间对祖国的捐赠和对祖国的认同。出于多种原因，丽岙华侨通过各种途径，想方设法移民欧洲，从打黑工到创业当经理，终于在欧洲各国立住脚跟，并为自己的后代创造了学习新知、创业发展的机会，改变了自己和新一

---

① 黄天颖. 欧洲东正教应对新冠疫情的措施与争议：以希腊地区东正教为例. 世界宗教文化，2021,2.

代华侨的命运。在国内疫情期间，丽岙华侨等几乎买断了全欧洲的口罩等医用物资邮寄回国内，帮助祖国渡过难关。丽岙华侨虽然身在国外，但是一刻也没有忘记自己是龙的传人，没有忘记自己是黑头发，黄皮肤，对祖国有着深厚的感情和热爱，也没有忘记他们的第二故乡，在欧洲各国疫情蔓延的时候，丽岙华侨也纷纷为所在国捐资捐物，知恩图报。由于中西文化差异等因素，丽岙华侨对欧洲各国政府以及当地人民在疫情中的表现有着自己独特的见解。

本文中笔者发现一些有待进一步讨论和研究的话题。比如调查对象数量有限，相关结论不能完全代表所有在欧洲的丽岙华侨。在接下来的调研中，需要增加研究对象数量，从宏观方面对欧洲丽岙华侨作进一步的研究。另外，研究群体也需要扩充。本次的调研主要以公司、小百货、中华料理店总经理等为研究对象，接下来从不同群体，比如海外华侨打工者、海外华侨女性和在法国出生的新生代华侨等群体进行调研是有必要的。

二、欧洲温籍华侨华人地缘和血缘社团的个案研究：以法华寺和普华寺为例

摘　要：法国巴黎的法华寺和意大利普拉托的普华寺是在地缘和血缘的基础上以温州籍华侨华人为主体的华侨华人社团组织。它们不仅具有指引人们从迷茫或困惑中走出来的特点，而且通过地缘和血缘，传扬中华传统文化，增强海外华侨华人，尤其是新生代华侨华人对祖国的认同和凝聚力，突出体现了海外温州籍华侨华人的家国情怀。

关键词：温籍华侨华人　地缘和血缘　法华寺　普华寺

（一）引言

温州是全国重点侨乡之一，现有华侨华人 68.8 万人，分布在世界五大洲 131 个国家和地区，约 38 万人分布在“一带一路”沿线 57 个国家和地区，国内归侨侨眷近 43 万人。在海外有规模、有活力、有影响的温籍侨团有 350 个，侨校 70 所，侨报（媒体）44 家。目前法国温籍华侨总数约 20 万人，有温籍涉侨团

体30家左右，主要分布在巴黎、美丽城、13区、19区等地区。意大利温籍华侨总数约32.1万人，有温籍涉侨团体43家，分布在罗马、都灵、米兰、普拉托等亚平宁半岛各地区。法国和意大利的温籍华侨主要涉及领域有服装、皮革、餐饮、零售等[①]。

疫情期间，笔者有幸与温州市瓯海区丽岙街道华侨归国联合会的相关负责人相识，之后双方也合作了相关课题[②]。在合作过程中，笔者认识了较多定居欧洲(尤其是法国和意大利)的温籍华侨华人，并对他们进行了比较深入的采访。采访中对法国巴黎的法华寺和意大利普拉托的普华寺有了一定的了解。法华寺和普华寺是在中国驻法国和意大利领事馆的支持下，由法国华侨华人会、意大利华侨华人佛教总会和旅居法国、意大利的华侨华人共同筹资共建的特殊的华侨华人社团。本文中所提到的地缘是指人们在区域地理上的因缘关系，而血缘是指人们在血统上的因缘关系[③]。本文尝试以法国巴黎的法华寺和意大利普拉托的普华寺为研究对象，借此在了解以上两座寺庙的基础上，探讨它们与温籍华侨华人的关系，以及两座寺庙存在的作用。

(二) 温籍华侨华人与法华寺和普华寺

法国巴黎的法华寺和意大利的普华寺的筹建和发展，与旅居法国和意大利的温籍华侨华人有着不可分割的关系。以下在笔者对法华寺和普华寺相关负责人和主持的采访以及相关文献材料的基础上，简要介绍法华寺和普华寺。

1. 法国巴黎的法华寺

温州人移民法国的历史可以追溯到20世纪20年代，当时他们主要以劳工的身份来到法国，之后经过打拼，成功进入法国社会[④]。20世纪80年代以来，前往法国的温州人增多，特别是90年代后，越来越多的温州人移民法国，成为法国华侨华人群体中的核心群体，并成立了以温州人为主的各种商会和

---

① 以上信息来源于温州市归国华侨联合会办公室。

② 丽岙归国华侨联合会与笔者合作，共同编著《丽岙华侨百年》一书。

③ 黄英湖. 地缘、血缘观念与温州人的海外移民. 八桂侨刊，2012(4)：15.

④ Live Yu-Sion. 1991 The Chinese Community in France Immigration, Economic Activity, Cultural Organizational and Rrepresentations. Chinese in Western Europe, by Free Press. 96 - 125.

组织[1],引起了社会各界人士的关注[2],位于法国巴黎的法华寺就是其中的一个具有代表性,以温籍华侨华人为中心的社团组织。

(1) 法华寺的筹建及内部管理。在中国驻法国领事馆的领导下,由法国华侨华人会和法国巴黎众多虔诚的佛教信众(以温州籍华侨华人为主)共同募集下,法华寺于 2000 年 7 月 30 日在法国巴黎正式成立。发起人有林德标[3]、叶品云、王加清、郑章超、郑志春、陈继光、宋日荣、徐荣弟、程文雄、陈超昌、金者银和戴克权等人。在法华寺成立的前几年,林德标团队已经开始了筹备工作。成立之时,礼请了中国柏林禅寺的净慧大师前来为法华寺开光主持大典。法华寺的宗旨是本着佛教慈悲济世和弘扬中国佛教文化。

法华寺隶属于法国华侨华人会,设有办公室、纪检部、法律法规部、财务部和日常管理部门等。现任法华寺的主要负责人及分管具体工作如下:法国华侨华人会常务副主席兼文化中心主任徐定华,负责法华寺的整体事务;华侨华人会常务副主席兼文化中心副主任丁仕定,负责寺里的纪检工作;华侨华人会常务副主席兼文化中心副主任董德义,负责寺里的法律法规相关事务;华侨华人会常务副主席兼文化中心副主任王兴国、华侨华人会副主席兼文化中心副主任何小林,负责日常事务;程学柱、张宪柱负责寺里的会计及财务等相关工作、徐炯泽、蔡建国、蔡君浩、黄忠兴、陈成龙、林昌听等兼副主任协助各部分做好寺里的各项具体工作。

(2) 地理位置及内部结构。法华寺位于巴黎近郊,交通便利。寺庙占地一千多平方米。其内部陈设沿袭了中国传统佛教的风格,建有大雄宝殿、观音堂和讲经堂等。大雄宝殿内建有大型释迦牟尼佛、阿难尊者、大业尊者、观音菩萨、地藏菩萨和十八罗汉等佛像,整体氛围庄严肃穆,安静祥瑞。大雄宝殿后方的观音堂,供奉着中国海外信徒虔诚信仰的观音菩萨佛像。紧接着观音

---

① 本文中所指的以温州人为主的商会至少符合以下三个条件之一。第一,以温州命名;第二,该商会三分之二以上的会员是温籍华侨;第三,该会会长是温州籍华侨。比如法国中法友谊互助协会、法国华人服装业总商会、法国浙江同乡会、法国华人进出口商会、法国华人青年企业家协会、中法服装实业商会、旅法华人经贸协会、法国中国和平统一促进会、意大利华人企业协会、意大利米兰华侨华人工商会、意大利华商总会、意大利米兰华侨华人妇女联合会等。

② 王春光.温州人在巴黎:一种独特的社会融入模式.中国社会科学,1999(6):112.

③ 林德标,温籍华侨,曾担任欧洲华侨华人联合会第 14、15 届主席,现任名誉主席。并担任法国华侨华人会第 17 届主席团主席,现任名誉主席。

堂的是讲经堂，为广大信众学习佛学提供便利。寺庙的斋堂，大寮等各项设施也一应俱全，与国内寺庙结构无异。

(3) 寺内活动。法华寺创建以来的这二十年期间，进行了一系列的法会活动，主要包括：(1) 每星期日举办例行的佛事共修课程，主讲佛门《四合经》(《药师经》《观世音菩萨》《普门品》《金刚经》和《阿弥陀经》)，中午举行佛前大供，下午结束时讲解经文。(2) 每月农历初一和十五，举行供佛诵经佛事。(3) 每遇诸佛菩萨圣诞，本寺必举行祈福佛事。(4) 每年农历七月必举行超荐佛事，奉佛修斋，礼拜《梁皇宝忏》。农历春节，从除夕夜开始，即有祈福法会，一直到农历十五。举行诸多佛事圣会，如除夕消灾祈福、新春礼拜《三千佛洪名宝忏》、供佛斋天佛事、光明灯法会等。

(4) 文化交流。法华寺自开光以来，皆有佛教法师领导宣扬佛法。2000年起由柏林禅寺净慧大师等主持法事。之后陆续恭请普陀山、温州、香港等地法师等弘法。2003年7月起，由台湾的慈青法师继续负责弘法工作。目前该寺已经有来自海内外的多位高僧大德莅临参访，开示佛法，如中国佛教学会柏林禅寺的静慧大师一行，以及来自浙江普陀寺，温州妙果寺、龙泉寺、圆觉寺，上海龙华寺，浙江佛教会，香港大觉寺和台湾的法师等。法华寺所弘扬的汉传佛教，为印度佛教北传之后的分支，进入中国后，延续了佛陀的大乘精神，同时融合了中国优良的汉文化。之后从中国向西欧扩展，并在欧洲陆地生根发芽并发展壮大。在一步一个脚印的佛法精神实践中，法华寺以不怕困难、奋力向前的积极精神，在异国他乡的欧洲大陆法国巴黎繁荣发展，这与法国的温州华侨华人的功德善业和乐于奉献的精神是分不开的。

(5) 公益活动。法华寺成立以来，热心公益[①]，助人为善，不仅团结和帮助乡亲，使无数的欧洲华侨华人受益，也打下了汉传佛教在欧洲的坚实根基，推行中国大乘佛教精神。在祖国和家乡建设方面也有所作为。一方面在国家受到自然灾害、重大疫情的时候进行捐资捐款，一方面为巴黎的当地华侨华人进

① 2002年，捐助轮椅给温州地区残疾人士1.9万欧元，扶助中国贫困儿童捐赠1.3万欧元；2003年，抗击非典(SARS)捐赠5.2万欧元，支援新疆兴建小学，捐赠2.1万欧元；2004年，支援四川造小学二所，捐赠4.7万欧元；2006年，协助温州苍南救灾，捐赠3.0万欧元，支援丽岙芙蓉修路，捐赠2.0万欧元；2008年，支援中国雪灾，捐赠6.0万欧元，支援四川汶川地震，捐赠8.0万欧元以及2020年疫情期间给国内捐赠医用口罩等医疗物资等多项。

行困难救助。寺庙所有护法义工、居士、信众等都秉着存好心、做好事的原则为大众提供力所能及的帮助，为法国的汉传佛教传扬尽一份心力。2020年初，当新冠病毒肆虐全球的时候，法华寺配合法国各华侨华人商会和机构，积极参加各项防疫活动，通过微信公众号发布弘法内容，保持信众沟通。目前，法华寺俨然成为法国华侨华人生活区域一个非常重要的佛教信仰中心，被称为法国巴黎的“人间净乐之域”。

综上所述，以新移民为主体的法国巴黎的法华寺，是21世纪初成立的以法国温州籍华侨华人为主的一个华侨华人社团，虽然在性质上它与其他商会有着一定的差异，但在功能上却有着独特的存在意义，它是人们心灵上的加油站，能够解除人们心中的困惑，去除思想上的迷茫。它是传播中国传统文化和佛教文化的一个重要的对外交流平台，而且以各种方式表达对祖国和家乡的热爱和关怀。

2. 意大利的普华寺

普拉托，位于意大利中北部，连接佛罗伦萨和博洛尼亚两地，是意大利中部华人群体最大的聚集地，不到20万的人口中有大约5万华侨华人，其中温州籍华侨华人有2万多人，有6 500家企业，绝大多数是服装公司①。普华寺就坐落在这里。

（1）普华寺的筹备。2009年，在中国驻意大利领事馆的领导下，由意大利华侨华人佛教总会、旅意华侨华人共同捐资，普华寺应运而生。2017年，普华寺在各界的支持下开始第二期扩建工程，同年11月24日，普华寺扩建工程竣工并举行开光庆典，邀请了中国驻佛罗伦萨总领馆副总领事周海燕，普拉托市市长马修·彼佛尼、普拉托省督府省督罗萨勒芭·莎拉、普拉托主教佛朗哥·阿戈斯蒂内利等当地政要，澳大利亚、中国香港、中国台湾、温州等地80位高僧大德，世界各地的信众、社会各界友好人士5 000余人莅临出席庆典仪式，引起社会各界的关注。普华寺始终坚持服务和支持社会公益，把慈善事业放在首位的宗旨，给人们提供各种各样的服务。

（2）地理位置及内部管理结构。普华寺隶属于意大利华侨华人佛教总

① 意大利这个城市的市长来温 10人中就有一个温州人. 温州都市报，2019-1-6.

会，设有办公室、财务部、监事部、秘书处等部门。现任会长黄树林[①]，第一常务副会长李秀娇，荣誉会长丁金荣，理事长吴建林，财务长叶者楷，监事长郑德枢，秘书长袁秋翔[②]，副秘书长张海、陈一瑾和 David（意大利本地人），常务副会长林敏、陈忠辉、叶周文、蔡善法、施志理、郑洁冬等。除了袁秋翔和 David 之外，以上人员均来自温州。为了能够为众多的信众、游客提供可口的素斋，寺院专门建立了可容纳 1 500 人的餐厅和一个专业化厨房。厨房配备了专业素食厨师和服务义工。

（3）寺内活动。创建十多年以来，普华寺定期举办法会活动，如在每星期日举办例行的佛学班、周末读书会、国学班拓展课程，唱诵《弟子规》等国学经典；菩萨诞辰节日举行法会；每年元宵节举办大型灯会等。该寺多年来坚持服务民众、慈善助学，受到了信众、游客和当地民众的普遍称赞，建寺至今累计接待世界各地宗教界人士、西方游客、华侨华人数百万人次。日常平均每天接待信众、游客 200 人左右，到寺院诵经的居士 50 多人；逢初一、十五或中国的重大节日，寺院访客在 500 到 800 人。举行各种法会时，寺院人流量平均超过 2 000 人[③]。

（4）文化交流。普华寺成立至今，始终保持与中国国内和欧洲各国保持友好往来，广结善缘，累计接待宗教界人士、华侨华人、善信法友逾 100 万人次。如 2015 年北京龙泉寺贤启法师和贤达法师到普华寺交流。再如 2019 年在普华寺，意大利华侨华人佛教总会、中国雪窦山联合举办了庆祝中华人民共和国成立 70 周年祈福法会。作为欧洲华侨华人规模最大并拥有自主产权的佛教道场，普华寺因地制宜，将原有的西方建筑改造为弘扬中华文化的佛教寺院。普华寺的各类活动吸引了海内外各界人士的广泛关注和浓厚兴趣，为弘扬中华传统文化、构建和谐当地社会、促进中意文化交流、发展海外佛教文化，为增进不同民族文化的交融和认知，发挥着更为积极的作用和独特优势。

（5）公益活动。在积极传承中华佛教文化和理念的同时，普华寺始终坚

---

① 黄树林，温州籍，1991 年前往意大利普拉托，创办服装生产销售公司，2017 年至今担任意大利华侨华人佛教总会会长，兼任意大利中国和平统一促进会荣誉会长、意大利中部浙江商会荣誉会长。

② 袁秋翔浙江省杭州出生，爱人是温州人，也可以说是半个温州人。

③ 佛教在线.意大利普华寺院为宾客提供免费食宿受游客信众好评[EB/OL].[2018-01-27] http://www.fjnet.com/texun/201711/t20171116_245833.html.

持服务和支持社会公益。普华寺曾为支持中国和意大利抗击自然灾害，为支持医疗、妇女儿童等社会福利事业多次捐赠善款，总额达 100 多万欧元；曾向当地宪兵捐赠巡逻警车等。2020 年新冠肺炎疫情期间，普华寺为中国和意大利抗击疫情捐款捐物等，表达中意两国人民的友好情谊，传递中华文化的和平、和谐和友善，受到了政府、慈善机构和民众的普遍赞誉。

综上所述，作为欧洲华侨华人群体中最大的佛教道场的意大利普拉托的普华寺，在意大利佛教总会以及意大利华侨华人的支持下，成立于 2009 年。其特点，一是以温州籍华侨华人为中心开展各项工作。二是始终坚持服务和支持社会公益，把慈善事业放在首位。三是心系祖国，时刻不忘祖国和祖国人民，通过各种途径传播中国传统文化，对祖国充满了执着和热爱。

（三）法华寺和普华寺作为地缘和血缘社团存在的作用

海外华侨华人在传播中华文化方面有着十分突出的作用。海外华侨华人社团组织是传播中华文化的重要主体之一。中国的传统文化经过他们的努力，也被当地社会所接纳，使中华文化在海外得到发扬光大[①]。地缘、血缘观念对华侨华人社团组织的建立和发展，具有很大的影响[②]。作为地缘和血缘结合而成的法华寺和普华寺不仅具有一般华侨华人社团的功能，同时也具有自身独特的存在作用和意义。

1. 传播中华文化的窗口和交流互动的平台

法华寺和普华寺主要是以血缘和地缘关系为纽带、利用在法国和意大利华侨华人在种族与文化上的共同性形成的组织。温州文化这一共同的文化取向，是身在法国和意大利华人社会维系的纽带，更是各温州商会及社团存在与发展的基础，所以法国和意大利温籍华侨华人无不把弘扬中华文化作为其不可推卸的历史责任和时代使命。如上所述，法华寺和普华寺内均设立相关部门，定期排练家乡传统节目，加强与当地华侨华人的情感交流。每逢佳节、重大庆典时都会举办相关庆祝活动。在提到普华寺在普拉托华侨华人群体和在普拉托的地位和作用时，中国驻佛罗伦萨领事馆王文刚总领事在普华寺开光

① 詹正茂. 发挥华侨华人的作用促进中华文化在海外的传播. 侨务工作研究：研究与探讨，2012(1). http://qwgzyj.gqb.gov.cn/yjytt/164/1966.shtml.

② 黄英湖. 地缘与血缘观念与海外华侨华人. 亚太经济，2012(6)：125.

十周年的庆典会上表示：佛学文化是中华文化的重要组成部分，中国人民享有充分的宗教自由。普华寺自开光以来，坚持弘扬包括佛学文化在内的中华优秀传统文化，乐善好施，热心公益，为意大利地震灾区及社会福利机构多次捐赠善款，受到各界一致肯定，体现了应有的社会担当和责任感①。

曾在意大利普华寺和目前在法国法华寺的住持A法师说：无论在法国，还是意大利，很多华侨华人以及当地的法国人和意大利人都纷纷前来参加我们举办的各种活动，比如我们中国传统的新春祈福等。尤其是在法国和意大利当地人参加我们的相关活动时，无形中让他们接触到了我们国家的传统文化和佛教文化。② 意大利华侨华人佛教总会现任会长黄树林表示：建设普华寺院不是为了传教和香火，寺院所承担的社会价值在于人心净化和价值指引、礼教人文和中华文明的传承。因此，寺院始终把立寺是为苍生，弘法是为了众生、承传存续中华文明作为建寺宗旨③。

意大利普拉托市市长马戴奥·毕弗尼在接受记者采访时说："普拉托有一个专门的区域，这一区域基本上都是中国人开的服装店，当然也有部分开餐馆的。我们意大利政府要更加了解他们的生活和工作状态，支持他们，帮助他们更好地发展，因为他们为当地发展做出了重要贡献④。"

法华寺和普华寺也为中意、中法文化交流做出了重要贡献。意大利普华寺在将来会进一步挖掘佛教文化所蕴含的人文精神，为华侨华人服务；进一步结合时代要求继承创新，因地制宜地为传播中华优秀传统文化服务。作为海内外佛教界交流窗口与平台，法华寺和普华寺将不断积极探索海外华人社会佛教文化发展新模式，为弘扬新时代中国佛学文化事业做出积极贡献。

2. 海外华侨华人心灵的加油站

目前，世界华侨华人总数约4 543万，欧洲华侨华人总数约为215万人，其中新移民约170万人左右⑤。海外华侨华人个人的发展因人而异，有所不同，

---

① 意大利普拉托普华寺举行庆国庆暨捐赠警车仪式. 欧华联合时报，2019－9－27.

② 2009年，A法师受意大利佛教总会会长的邀请前往意大利，跟普华寺结下缘分。2016年，再次以意大利佛教协会的名义邀请他前往意大利担任普华寺住持。2018年，他前往法国巴黎法华寺担任法师至今。以上信息来自笔者在2020年6月6日对A法师的采访。

③ 以上信息来自2021年7月10日笔者对黄树林会长的电话采访。

④ 意大利这个城市的市长来温　10人中就有一个温州人. 温州都市报，2019－1－6.

⑤ 庄国土等. 华侨华人分布状况和发展趋势. 侨务工作研究：研究与探讨，2010(4).

有一帆风顺的，也有不如意的等。根据笔者的调研，因为工作不如意而带来的孤独、无助、迷茫和心理上产生阴影的华侨人数也不少。另外还有一部分年龄比较大的，退休的老华侨，由于子女工作繁忙等原因无法得到家人悉心的照顾，从而出现了孤独、寂寞等现象，法华寺和普华寺的存在对他们来说是重要的心灵疗愈的场所。由于血缘和地缘的关系，居住在法国巴黎和意大利普拉托的十几万温州人基本上是集中居住在一起，加上语言相通，习俗相同，更容易在心理上相互认同，感情上相互亲近。

A法师说：首先，法华寺是人们解决心理困惑的场所。很多人在海外没有依靠，心灵上也没有寄托。他们在很迷茫、很无助的时候都会到寺院寻求心灵上的寄托。内心有祈求、有心愿，又不便跟其他人讲的时候，他们就会自然而然地想到寺庙（普华寺或法华寺）。我在意大利和法国这么多年也接触到很多不是当老板，靠打工生活的华侨华人，他们的生活过得很艰苦。他们中很多人在海外的生活很迷茫，比如到国外语言不通、人生地不熟，周围的人如果不是好朋友，话也讲不到一块去。这个时候，寺院就成为他们唯一的精神依托。无论在法国还是意大利，或者欧洲其他国家，都有人把寺院当作他们的精神寄托和支柱。因此，法华寺和普华寺对欧洲华侨华人来说十分重要。他们心中有苦时需要一个倾诉的地方，而佛教给他们提供了这样的场所。在寺庙他们可以倾诉自己心中的苦，从而找到心理上的安慰。在整个法国和意大利华侨华人社区里面不用普通话只用温州话。温州人太多了，一开口就是温州话。在意大利更不用说了，普通话都用不上。法国还可以用普通话，因为在法国从事各个行业的人来自国内各地。我们到了那里就有一种依赖性，在那里温州话仿佛是母语，法语是第二语言一样[①]。

正如A法师所言，在地缘和血缘观念的作用下，法华寺和普华寺已经成为法国和意大利乃至欧洲其他各国华侨华人倾诉、交流和精神寄托的地方，也是海外华侨华人心灵的加油站。

3. 促进海外华侨华人爱国爱乡

血缘社团是以姓氏相同为原则而组织起来的，讲究血缘关系，地缘社团是

① 以上信息来自笔者在2020年6月6日对A法师的采访。

海外居住在同一地区的华侨华人以祖籍地行政区划为单位而建立起来的社团。[①] 法华寺和普华寺是在地缘和血缘的基础上成立,突出体现了海外温州籍华侨华人对祖国和家乡的情怀,他们通过法华寺和普华寺这样的社团组织将祖国和家乡与海外华侨华人紧密联系在一起。从其功能上来看,不仅具有指引人们从迷茫或困惑中走出来的作用,而且通过地缘和血缘,传扬中华传统文化,增强对祖国和家乡的认同,从而增强海外华侨华人,尤其是新生代华侨华人对祖国的认同和凝聚力。法华寺和普华寺之所以称之为"法华"和"普华",两个名字都带着一个"华"字,就是要告诫人们不忘根本,时时刻刻提醒海外华侨华人要具有爱国爱乡爱家的精神,不忘记自己永远都是黑头发,黄皮肤,自己的根在中国。

(四)问题与对策

无论是法国巴黎的法华寺还是意大利普拉托的普华寺,都是人们解决心理困惑的场所,人们心灵上的加油站,也是宣传我们中华传统文化和佛教文化的一个重要窗口和交流平台。但是在发展过程中始终还存在一些问题。根据笔者的调研发现法华寺和普华寺存在从事佛教的专业人才匮乏、有关人员的签证问题和语言障碍问题。

首先,从事佛教的专业人才匮乏问题。这个主要表现在年轻专业人才不足方面。众所周知,华侨华人几乎分布在欧洲的各个国家和地区,人们需要如法华寺和普华寺这样的社团,欧洲佛教协会也打算在欧洲其他国家或地区建造佛教寺庙,但是因为从事佛教的专业人才不足也不得不暂缓实施。对此,笔者建议,无论是法华寺还是普华寺未来的发展有必要和国内相关佛教及相关机构[②]保持密切联系,制定长期有效的人才培养方案,定期开展文化学术交流,有目的地培养佛教专业人才,弥补目前人才匮乏现象。

其次,前往法国和意大利工作人员的签证问题。根据笔者的调研结果显示,即使有打算前往欧洲各国工作的佛教专业人士,由于签证问题,也不得不放弃。因为一般的签证只有几个星期或几个月时间,时间一到就必须回国。

---

① 黄英湖.血缘地缘文化与华侨华人及其社团.八桂侨刊,2004(1).

② 国内相关佛教及相关机构如中国佛教协会、中国佛学院、杭州佛学院等。

而从事这一行业的人，几个月内很难做成事。对此，笔者认为，法华寺和普华寺相关负责人是否可以通过与中国驻法国和意大利领事馆沟通或协商的方式，对从国内前往法华寺和普华寺工作者采取一些特殊照顾的形式，比如在相关工作人员签证到期时，不必要回国，在法国和意大利就能直接更换签证手续等。

最后，语言障碍问题。很多前来法华寺和普华寺的外国人对中国文化很感兴趣，但是，主持或法师因为不会说外语（法语和意大利语），没有办法和他们沟通。虽然有时候会聘请相关专业人士临时翻译，但毕竟不是长远之计。再加上主持和法师的年龄都比较大，学起来也不容易。对此，笔者认为，可以在法华寺和普华寺内举办相关学习法语和意大利的公益辅导班，工作人员根据实际情况参加学习和培训，提高语言表达能力和交流沟通能力。

（五）结语

本文从微观的视角，以个案的方式对法国的法华寺和意大利的普华寺的成立、内部管理结构、开展的相关活动、温籍华侨华人之间的关系、存在的作用和意义以及在发展过程中存在的问题进行了简要描述和分析。华侨华人社会的血缘、地缘以及以此为基础建立的华侨华人社团是特定历史条件下的产物，是华侨社会形成和发展的基础。它们是中华文化的传播者，中华文化交流和民间交往的桥梁，在祖国建设中发挥着重要作用，成为影响海外华侨华人社会的一种不可忽视的力量。

参 考 文 献

郑乐静.温州人在日本：温籍华侨华人口述历史.浙江大学出版社，2017.

暨南大学国际关系学院/华侨华人研究院编著.归侨口述史.暨南大学出版社，2019.

王春光.移民的行动抉择与网络依赖——对温州侨乡现象的社会学透视.华侨华人历史研究，2002(3).

[美] 威廉·麦克尼尔著.余新忠，毕会成译.瘟疫与人.中信出版社，2018.

章志诚主编.温州华侨史.今日中国出版社，1999.

吴晶主编.侨行天下：青田华侨文化研究.大众文艺出版社，2006.

李明欢编.福建侨乡调查——侨乡认同，侨乡网络与侨乡文化.厦门大学出版社，2005.

林胜.侨乡跨国家庭的形成，维持与挑战.求索，2019(2).

玄理.新冠肺炎疫情背景下西欧右翼民粹主义政党的动员策略与未来走向探析.当代世界与社会主义，2021(2).

张健.后疫情时代欧盟的战略自主与中欧关系.当代世界，2021(4).

俞云平.泰国华侨华人社会的血缘地缘纽带[C]//《谱牒研究与华侨华人》研讨会论文集.新华出版社，2005.

吴煜煜.谈华侨华人的血缘地缘纽带[C]//《谱牒研究与华侨华人》研讨会论文集.新华出版社，2005.

后　记

温州大学在明确办学定位"特色鲜明的高水平教学研究型大学"的同时提出了三大建设发展目标：创建浙江省重点高校、增列博士学位授予单位和创建以侨为特色的高校。创建浙江省重点高校于2019年已经实现。增列博士学位授予单位的结果也即将揭晓，创建以侨为特色的高校是在创建浙江省重点高校和增列博士学位授予单位之后的又一大奋斗目标。

本书是在以上背景之下孕育而生的产物，是温州大学华侨华人研究系列丛书，也是温州大学校级特色研究培育项目"丽岙旅欧华侨华人口述历史"(项目编号：WDQP20－ZZ002)的最终研究成果。相关章节在《华侨华人蓝皮书：华侨华人研究报告(2021)》上公开发表。

笔者真正意义上从事海外华侨华人研究开始于2010年。最初的研究课题是关于"在日中国国费留学生异文化适应问题研究"。研究此课题的动机是因为笔者是自费留学生，对国费留学生的生活及文化适应问题比较感兴趣。研究生期间，在导师的指导下，完成了以《在日中国国费留学生异文化适应问题研究》为题的硕士研究生论文。在此论文的基础上，笔者又开始了以在日福建人为研究对象的"在日新华侨的生活状况的调研"，论文成果2014年在马来西亚人文与社会科学学报上公开发表。2012年硕士研究生毕业后，笔者开始了博士研究生课程的学习，并在导师的指导下开始了《在日印度人文化适应研究》为题的博士论文的准备与调研工作。经过3年多的田野调查和文献梳理等，完成了博士论文初稿。2015年9月通过了博士毕业论文答辩并获得了博士学位。2016年3月，笔者正式回国来温，开始了温州侨乡研究。2017年被邀撰写《中国国内の華僑博物館》(《中国国内的华侨博物馆》)和参编由日本华侨华人的事典编辑委员会主编的《華僑華人の事典》(《华侨华人的事典》)。以上的研究经验为本书的完成提供了学术方面的基础。

除此之外，本书在调研过程中也获得了众多机构与人士的帮助和支持，没有他们的帮助和支持，本书很难与大家见面。

在此，要感谢温州大学提供这样一个如此完美的科研平台和经费支持。感谢温州大学外国语学院和温州大学侨务公共外交研究所各位领导和同仁对本书的支持与鼓励。

感谢温州市瓯海区丽岙街道党工委褚纯略先生、丽岙归国华侨联合会王云弟主席、孙芸荪秘书长、丽岙街道党工委滕挺树部长、瓯海区商务局张守丹女士、丽岙河头村邵大兴先生和温州市侨联基层建设部姜瑜部长等介绍各位侨领与笔者认识。如果没有你们的介绍和联系，很难在最短的时间里完成调研任务。

感谢厦门大学李明欢教授、王付兵教授、华侨大学游国龙教授、温州大学张一力教授、宁波大学郑乐静博士等对本书在文章结构、论文选题、修改等方面提出的建议和指导。

感谢各位侨领在百忙之中抽出时间接受采访，没有你们不分昼夜地多次修改和内容核对，本书也很难成行，再次感谢你们。

同时也要感谢笔者所在的温州大学侨务公共外交研究所温州侨乡研究课题组成员的杨志玲老师、苏玉洁和吴征涛博士、温州大学人文学院王兴文教授和他的两位研究生、陈晓璐同学等对本书的大力支持和在校正方面的付出。

最后，感谢我的家人在生活和精神方面的支持。说走就走的笔者给你们带来了很多麻烦和困难，没有你们这个坚强的后盾，本书很难能成功出版。

囿于水平，不足与疏漏在所难免，敬请广大读者批评指正，以帮助笔者能做得更好。笔者将把大家的支持、鼓励和批评化作为工作的动力，继续为广大读者提供更多更好的侨乡研究、海外华侨个人事迹，让更多的人们从中得到收益与启示。

徐　辉

2021 年 6 月 10 日于温州大罗山下

图书在版编目(CIP)数据

旅欧丽岙华侨华人口述历史 / 徐辉著 .— 上海 ：上海社会科学院出版社，2022
ISBN 978-7-5520-3720-3

Ⅰ.①旅… Ⅱ.①徐… Ⅲ.①华侨状况—研究报告—欧洲 ②华人—概况—研究报告—欧洲 Ⅳ.①D634.35

中国版本图书馆 CIP 数据核字(2022)第 022210 号

旅欧丽岙华侨华人口述历史

著　　者：徐　辉
责任编辑：周　霈　杜颖颖
封面设计：黄婧昉
出版发行：上海社会科学院出版社
上海顺昌路 622 号　邮编 200025
电话总机 021-63315947　销售热线 021-53063735
http://www.sassp.cn　E-mail:sassp@sassp.cn
排　　版：南京展望文化发展有限公司
印　　刷：上海展强印刷有限公司
开　　本：710 毫米×1010 毫米　1/16
印　　张：14.25
插　　页：4
字　　数：224 千
版　　次：2022 年 3 月第 1 版　　2022 年 3 月第 1 次印刷

ISBN 978-7-5520-3720-3/D·649　　定价：85.00 元